阅读成就思想……

Read to Achieve

创投帝国

企业风险投资策略与最佳实践

[美] 安德鲁·罗曼斯（Andrew Romans）◎ 著
周宏亮 唐英凯 ◎ 译

MASTERS OF CORPORATE VENTURE CAPITAL

Collective Wisdom from 50 VCs Best Practices for Corporate Venturing How to Access Startup Innovation & How to Get Funded

中国人民大学出版社
· 北京 ·

图书在版编目（CIP）数据

创投帝国：企业风险投资策略与最佳实践 /（美）安德鲁·罗曼斯 (Andrew Romans) 著；周宏亮，唐英凯译 . — 北京：中国人民大学出版社，2018.4

书名原文：Masters of Corporate Venture Capital:Collective Wisdom from 50 VCs Best Practices for Corporate Venturing How to Access Startup Innovation & How to Get Funded

ISBN 978-7-300-25207-0

Ⅰ . ①创… Ⅱ . ①安… ②周… ③唐… Ⅲ . ①风险投资—研究 Ⅳ . ① F830.59

中国版本图书馆 CIP 数据核字 (2017) 第 300917 号

创投帝国：企业风险投资策略与最佳实践

［美］安德鲁·罗曼斯（Andrew Romans） 著

周宏亮 唐英凯 译

Chuangtou Diguo： Qiye Fengxian Touzi Celüe yu Zuijia Shijian

出版发行	中国人民大学出版社		
社　　址	北京中关村大街 31 号	**邮政编码**	100080
电　　话	010-62511242（总编室）		010-62511770（质管部）
	010-82501766（邮购部）		010-62514148（门市部）
	010-62515195（发行公司）		010-62515275（盗版举报）
网　　址	http://www.crup.com.cn		
	http://www.ttrnet.com（人大教研网）		
经　　销	新华书店		
印　　刷	北京中印联印务有限公司		
规　　格	170mm×230mm　16 开本	**版　　次**	2018 年 4 月第 1 版
印　　张	16　插页 1	**印　　次**	2018 年 4 月第 1 次印刷
字　　数	228 000	**定　　价**	75.00 元

推荐序一

看见未来，激活企业创新

余晨
易宝支付总裁

安德鲁·罗曼斯的这本《创投帝国：企业风险投资策略与最佳实践》在中国的出版，对于今天处于升级转型期的中国企业来说具有绝佳的参考意义。

许多企业在度过创业早期的艰难后面对的问题之一就是，会慢慢失去创业初期那种生机勃勃的创新活力。如何更进一步激活企业的创新活力，成为近几年处于升级转型期的中国企业重点关注的话题之一。

如何破题？陈春花老师出版了《激活组织》一书；和我联合发起“互联网大篷车”的宗毅提出了“裂变式创业”；海尔、视源等诸多企业都在激活企业创新实践中探索出了喜人的成果。

无论有多少种方式去激活企业创新，有一种重要的力量就是资本，而恰恰在这个问题上，埋头实干的企业家们往往会略感生疏或者浅尝辄止。

易宝自 2003 年开始做支付，迄今已经 15 年了。我们能够更好地找到金融与实业的结合点。今天，除了支付之外，易宝已经形成了一个生态体系，支付只是其中的一个板块。易宝旗下不仅拥有十多家公司，而且还专门成立了“创悟邦”，专注企业风险投资，孵化更具创新活力的企业。

为什么易宝如此重视企业风险投资呢？

第一，我们要应对人才挑战。今天，很多杰出人才对创业摩拳擦掌，跃跃欲试。他们已经不满足于在相对成熟的公司里做一位职业经理人，而是希望开辟属于自己的一片天地。公司已经无法简单地用高薪、高职位来留住这样的人才，但要轻易放走这样的人才实在可惜，所以从创新人才战略角度考虑，企业要考虑布局投资孵化。

初创企业通常与母公司既有业务关联性，又要在诸多方面实现合作和协同。初创企业的业务可以是新的，但其文化和价值观要与母公司保持亲缘性。很多初创企业的创始人就来自母公司，对母公司既有的业务流程和人员很熟悉，这意味着合作和协同从开始就有很强的信任基础，而且可以大幅度减少沟通成本和磨合成本。

第二，我们要应对创新的风险。目前技术呈加速发展趋势，而且出现了跨界交融趋势，市场环境也千变万化。步入成熟期的企业在某种程度上会求稳，这与创新需要的冒险精神可能产生抵触。

创新实践需要一支特种部队，成员不要多而要精，他们能够敏锐地感知环境的变化，这样做，失败了成本可控，而成功了收益无穷。需要注意的是，不仅仅要考量资金成本，还有人事、流程和业务的成本。独立的创新主体可以将风险控制在一定的范围内，实现风险与收益的平衡。

对于初创企业而言，创新往往集中在一些“精华”之处，而且对传统有一定的继承。更重要的是，诸如人力、财务和营销等部门完全可以利用母公司既有的资源，不需要从头开始摸索，这样就可以全力以赴地做自己喜欢和擅长的事情。

第三，我们要实现未来与现在的平衡。短视的企业注定要被淘汰出局，但市场的状况又常常迫使企业聚焦眼前，这个时候就要考虑平衡长期布局和短期业务的冲突和矛盾。而长期布局存在一个挑战，即未来的方向并不总是那么明确，企业往往会面临很多选择，不知道哪一个才是正确的。只有尝试进行企业风险投资，对可能的方向提前探索，企业在未来才更有把握找到正确的方向。

初创企业需要的不仅仅是资金，如果只是单纯需要资金，有很多风投机构都可以提供，它们更需要的是一旦创新有了好苗头，资源就能够快速复制创新的成果，从而助力企业快速进入良性发展的轨道。

企业风险投资其实意在实现与企业主体业务的协同布局，而不是单纯的财务诉求导向，这不仅能够给初创企业带来更大的创新空间，而且还意味着未来可以为初创企业快速复制创新成果提供有力的技术、产品、渠道和营销等支持。

过去二三十年，互联网实现了大部分商业应用，商业环境已经发生了巨大的变化。而且如今，无论人工智能、区块链还是更多的技术创新，都会给未来的商业世界提供无穷的想象空间。企业要积极地预见未来并把握未来。一些企业风险投资行为今天看来也许只是一小步，但若干年后你会发现，这可能是具有历史意义的一大步。

推荐序二

威廉·基尔默（William Kilmer）
英特尔资本欧洲公司（Intel Capital Europe）前负责人

当安德鲁·罗曼斯告诉我，他想写一本关于企业风险投资的书时，我非常赞同，因为我认为这个主题非常有意义。现在比以往任何时候都有必要写一本关于企业风险投资的专著，而且这本书对于安德鲁来讲意义重大。

为什么这个时候需要这样一本书呢？随着这本书的出版，企业风险投资进入了具有标志性意义的一年。2015年，我们看到在过去的2014年中，企业风险投资投出的钱较上一年增长了37%，超过了750亿美元。企业风险投资交易约占风险投资交易的1/5，而且经常有企业风险投资介入的大笔交易震惊媒体。

然而，如果你静下心来仔细听，你会发现有些人在唱反调。他们会告诉你，企业风险投资是一种有组织的奇思妙想，与超额的企业利润以及破裂的互联网泡沫有关。他们把风险投资称为"笨钱"。他们还说，一旦经济形势恶化、利润下滑，企业风险投资人也会受牵连。

毫不夸张地说，这一次会截然不同。科技的快速变革、市场的激烈竞争、全球化、市场准入成本的降低以及有着更大威胁的小众市场的出现，使风险投资几乎成了每家企业的当务之急。

尽管如此，如果企业想在风险投资团队的带领下进入竞争性市场的未知领域，或者希望风险投资团队为它们获得新的创新铺平道路，或者支持它们的战略计划，它们就需要让其企业风险投资计划得到非常良好的执行。这种执行以两个因素为基础：企业风险投资能够从战略和财务上给企业提供哪些回报？企业风险投资能够为其投资的公司提供哪些差异化价值？如果没有前者，企业风险投资团队将无法履行其使命；如果没有后者，企业将无法获得最有趣、最炙手可热、最有价值或者最具相关性的战略投资。

这就是这本书如此重要并且值得一读的原因。书中详细介绍了企业如何进行风险投资以及进行风险投资的原因，这些基本信息是每一家企业都需要知道的。安德鲁在这本书中分别从一流的企业风险投资、传统的风险投资以及与企业风险投资公司合作的初创企业创始人的角度提出了企业风投投资人需要了解的三个独特观点。为了实现这个目的，安德鲁听取了三种不同的声音，这些声音有助于企业风投投资人理解如何成功优化组织结构、如何在未知领域中奋力前行。

我有一些独特的经历：作为一位投资人，我曾在英特尔集团的企业风险投资团队——英特尔投资公司（Intel Capital）担任执行总裁；作为一位咨询顾问，我曾为一些准备成立企业风险投资团队的大企业提供过咨询服务；作为一位首席执行官，我所在的公司接受了一家企业风险投资机构的投资；我还曾是一位风险投资人。我已经从不同的角度仔细观察了企业风险投资，我相信《创投帝国》这本书提出的观点将更有助于你了解企业风险投资。

无论你是在大企业、风投基金还是初创企业工作，我都希望你能够喜欢这本书，并从书中众人的见解中有所收获。希望你能享受这次阅读体验。

中文版序

写这本书缘起于之前与我经常合作的一家大型中国企业找到我，并邀请我为其即将成立的企业风险投资团队提建议。

在我过去20多年的职业生涯中，我担任过技术创始人、风险投资和并购银行家、天使投资人以及风险投资家。我曾经从朗讯科技（Lucent Technologies）旗下的企业风险投资公司募集到2800万美元，还从金融风投手中募集到另外1亿美元。我在企业风险投资方面的经验不仅来自我作为创业者时的经历，而且还来自我作为一名银行家以中间人的身份安排与企业风险投资公司的交易，以及最终作为金融风投与企业风险投资公司共同投资，并将我的初创企业组合出售给其母公司的经历。我想，正是这些丰富的经历让我更多地了解了企业风险投资，而帮助我的中国客户了解企业风险投资的过程以及为撰写本书所进行的研究又让我学到了很多东西。企业风险投资这一话题比我最初接触它时要复杂得多。我们都容易犯错，但是如果做得对，甚至只做对了一半，回报就可能是巨大的。

我接受了这家中国公司的咨询工作，并对我已经建立起联系的20家顶级企业风险投资公司进行了访问，比如英特尔投资公司（Intel Capital）、谷歌风险投资公司（Google Ventures）、高通风险投资公司（Qualcomm Ventures）、微软创投（Microsoft Ventures）、IBM风险投资公司（IBM Ventures）和思科等。我向所有受访者提出了相同的问题：你为企业风险投资设定了什么目标？你为什么要这样做？你如何平衡战略回报与财务回报？你的基金采用了何种架构？你的投资组合构建得足够明确吗？你需要一个业务单元来支持投资吗？投资委员会由哪些人员组成？你如何处理薪酬事宜？你与你的企业发展/并购团队是什么关系？还有其他很多问题。当我提交了报告和建议后，我又用了一年的时间对超过100家企业风险投资公司进行了访问和研究，这就是本书的研究基础。

对中国而言，企业风险投资非常重要。低成本劳动力的套利机会正在向印度和越南等国家转移。如果中国不迅速引入机器人、无人机和人工智能等技术，那么一些工厂就有可能被转移至其他劳动力成本更低的国家，中国将有可能受到不利影响。中国必须拥抱变革，以保护其现有的收入来源和经济。很多工作和业务正在快速且不可避免地实现自动化。

中国需要帮助那些即将失业的工厂工人了解并掌握一些新技术，比如软件工程、区块链工程、大数据、物联网、人工智能、机器学习和其他相关技术。软件或将统治整个世界，它不会放过任何一个行业。如果你认真审视所有业务流程并写出人类所能做的所有工作，你就会发现，运用智能化、自我学习、网络化、自动化的软件以及机器人、无人机来代替人类工作其实并不难实现。

这其中有两个机遇。第一，培育新一代的初创企业，它们有可能成为下一个阿里巴巴、腾讯或者百度；第二，同时也要防范大公司破产或者落后于那些能够更快地拥抱这种技术变革的竞争对手。

中国需要实现经济多元化并进行重新投资，为现有的大型企业增加数十亿美元的新收入。每家企业都应当与其并购和人力资源部门合作进行企业风险投资，以实现业务多元化。如果每家企业都这样做，那么中国经济终将实现多元化。过去，中国使用的是低成本劳动力；未来，中国的劳动力将提供技术和金融服务。从农业到汽车行业、到医疗保健行业，再到制造业，现在各行各业都需要技术。无论现在还是未来，技术都将一统天下。大企业要么拥抱技术，要么走向灭亡。

很多地方政府想要复制硅谷模式，在其管辖地域内创建一个新兴的创业社区。政府担心的是，那些还未出生的“婴儿”是初创企业。在我看来，这当然很重要，但更重要的现有的“婴儿”，也就是你所有的大企业。在中国任何一个省份，规模最大的 20 家企业能够提供 50% ~ 80% 的收入，并使用着大部分劳动力。如果这些公司不拥抱技术，它们或将全部破产。

这不仅关乎中国经济的多元化，也关乎能否将科技初创企业和大型高增长企业吸引至中国的二三线城市。这关乎区域经济的发展。

企业风险投资就是解决方法。既然现在我们有了方法，我们就必须熟练地使用它，不要犯前人犯过的错误。不要犯那些有着高昂的资本或时间代价的错误。要从一开始就做好准备，并逐步实现你独特的目标。

之前来中国时，我发现似乎有大量的风投追求更高估值的交易，而同样的初创企业却无法从硅谷的风投手中拿到如此高的估值。到目前为止，我所接触的很多企业风险投资公司似乎一直在犯错误，而这些错误很多美国和欧洲的企业风险投资公司都已经犯过了。这是可以避免的。我对企业风险投资了解得越多，就越能够明白这个过程的复杂，而且大多数错误是能够被纠正的。犯错之后立刻改正是可以做到的。比起与设计不当的企业风险投资项目抗争，正确地启动一个企业风险投资项目要容易得多。

从地域上看，企业风险投资并不是要在本土成立初创企业，它应当是全球化的。中国的企业应当制订一份规划，以获得硅谷、纽约、伦敦、特拉维夫以及世界其他科技中心的技术，并且以合伙、特许经营、合资和并购等形式将这些技术更快地引入中国。

把像我这样的人送到北京去投资中国本土的初创企业是一个大错误，我甚至连普通话都不会说。把在美国出生的华裔人士送到北京去投资本土企业也是一个错误。我对此深有体会。显然，正确的方法是聘请土生土长的中国人来投资本土的初创企业。另外我还发现，很多企业只会把员工送到硅谷，员工却没有学会如何达成最好的交易。这些企业没有实现使用企业风险投资实现中国经济多元化的核心目标，甚至没有实现进入顶级交易流程和财务回报的简单目标。

要想有效地进行企业风险投资，就需要开展国际合作以及多种将技术引入大型中国企业并逐步实现经济多元化的方法，以创造新的持久的就业机会，重新培训劳动力，并且为长期高增长的经济带来繁荣和稳定。

每家企业都面临着不同的问题。为了实现各自独特的目标，每家企业在制定战略和企业风险投资计划之前都应当进行自查，找到存在的问题并进行分析。企业必须制订符合自身实际情况的企业风险投资规划，而且该规划应当与企业发展 / 并购以及人力资源部门的计划相吻合，以实现董事会提出的既定目标。我发现，避免个人职业目标和发展规划的干扰是一项很大的挑战，因为它们经常与企业的目标发生冲突。这也能够得到纠正。

我鼓励中国的管理者和我的读者将企业风险投资和风险投资视为他们目前的五年规划的一部分。风险投资是一项长期的战略游戏。大部分风投基金的存续期都是

10 年，所以这实际上是一个 10 年规划。它应当被视为 20 年规划、50 年规划甚至 100 年规划。风险投资和企业风险投资的美妙之处在于它实际上是能够赚钱的。如果使用了合理的投资组合和投资策略，它会赚很多钱。所以若干年后，企业风险投资和风险投资可以被视为零成本研发，它们不仅没有花费任何现金，而且实际上还会产生现金和财务回报。不同于你的研发预算很难看到现金流回笼，企业风险投资和风险投资的成果可以用现金支出和现金流入的分类账来衡量。这样的规划将能够确保大企业受益于无法回避的技术变革，而不是成为牺牲品。关键在于你会一直赚钱，并且在实现战略回报的同时将企业风险投资和风险投资作为利润中心经营。

请把我当成一个朋友，以及一个愿意讨论合作和机会的人。一切皆有可能，特别是对于中国来说。我期待参与这场变革。我期待有机会成立新的风投基金、新的企业风险投资基金，并为我的读者和在中国结识的新的商业伙伴提供拙见。

让我们一起开启这段旅程吧！

目 录

企业想要获得外部创新必须战略先行，与加速器合作是选择之一。企业可以投资一个或多个加速器，但是投资独立加速器的风险很大，可能无法获得其所寻求的战略价值。实现战略目标的最简单方法是将安排员工在一个或多个独立加速器担任导师。考虑成立加速器的企业应当意识到大多数加速器的单位经济效益正在减少的这一事实，而且这可能是企业风险投资中盈利概率最低的一种投资方式。

企业实现第1章中提及目标的最快、最可靠的方法就是先投资FoF，再进行直接投资。同时，这种方式也会降低失去时间和资本所带来的大部分金融风险。另外，能够帮助你始终对大环境保持关注的方法之一就是投资整合了所有风投策略的FoF。

本章将为你解答以下问题：企业风险投资公司为何有令人失望之处？为什么企业需要调整步伐，以适应初创企业的发展速度？为什么企业风险投资需要企业内外部联动？如何构建你的企业风险投资交易以实现最优化？为什么要考虑优先谈判权和优先通知权？硅谷的企业风险投资办事处如何选址？有限合伙人（LP-IR）入驻计划是什么？

Masters of Corporate Venture Capital

引 言

你不可能总是得到你想要的，
但如果你试过，
你会发现，
你已得到你想要的。

滚石乐队

什么驱动了企业风险投资

20 世纪 90 年代以前，科技创新需要几百亿美元的研发项目。那时，创新主要在 IBM 和惠普这样的科技巨头公司中诞生。在过去 20 年中，创立和培育初创企业的成本急剧下降。在美国硅谷和纽约、英国伦敦、以色列和中国，早期的天使投资和微型风投的生态系统迅速发展，投资者竞相投资那些处于种子前期和种子期的初创企业。在更成熟的生态系统中，初创企业在其发展的各个阶段以及有上百亿美元估值的预上市阶段都能拿到投资。这些变化都表明，创新现在更有可能发生在初创企业，而不是大企业内部，甚至那些有大笔研发预算的企业。如今，越来越多的专利来自初创企业，未来将会更多。生活在这个世界上的年轻人都是听着史蒂夫・乔布斯、比尔・盖茨和马克・扎克伯格的故事长大的，一流大学的毕业生都想到初创企业工作，而不是到大企业、银行和咨询公司工作。今天，IBM 和惠普都到公司之外去寻找创新，并把这些创新带回公司内部。企业风险投资就是一种为这类机构在当今做这些事而准备的主要工具，而且这种趋势越来越明显。

我的身份也由创业者转换为风险投资人士，因为我发现企业风险投资是一个值得研究的课题。最终，这种投资将使初创企业更成功，为创业者和投资人创造财富，并且给大企业带来更大的价值。当你读到这些文章的时候，你会受益匪浅。我相信，所有的大企业在某种程度上都应当参与这种风险投资。我希望，这本集合了企业风险投资生态系统中前沿实践者观点的书，将让所有参与者（初创企业、风投公司以及企业风险投资公司）受益。在我的上一本书中[①]，我关注的是企业风险投资公司、风投公司、创业者、银行家和律师，而且通过采访他们，我收集了几十年间的数据、事实、经验和教训，这些内容都非常真实。我加入了自己的评论供你参考，你也可以直接忽略。在为那些想要成立企业风险投资团队的公司提供咨询服务的过程中，我发现，很明显，对于企业风险投资还没有一种“放之四海而皆准”的模式。每个人都是独一无二的，每家公司也一样。因此，对我们每个人来说，制定最佳战略需要具体分析。我希望这本书能够为你提供清晰的视野，帮助你更加成功。

企业风险投资和风险投资的区别

这本书是关于企业风险投资的。大多数企业风险投资公司的运营与传统的风投公司（我现在将其称为“独立或者传统的风投公司”）的差别很大。企业风险投资公司一般指的是投资技术型初创企业的大企业，比如英特尔公司、高通公司（Qualcomm）、IBM、威瑞森公司（Verizon）和诺华公司（Novartis）等。这些企业风险投资公司与硅谷传统、独立的风投公司有很大的不同，后者主要是从不同的有限合伙人那里募集资金，然后投资那些单纯追求财务回报的资本。这些风投公司既有责任、也有义务在合理的年限内将本金归还给它们的有限合伙投资人，因此大多数风投公司都希望通过 IPO、并购或者二次出售部分或全部股权，从而实现从初创企业中退出。然而大企业对此的积极性并不高，而且通常不会接受在特定的时间范围内退出。大多数独立的风投公司都宣称它们能够帮助投资者实现增值，即试图将战略价值传递给投资组合中的初创企业，而不仅仅为这些企业提供资金，然而这只是它们策略的一部分。策略的真正目的是使它们的投资业绩更好，吸引更好的现金流，最终实现盈利。我敢说，大多数风投公司只关注财务回报。在我的风投公司中，我把我们的合伙人视为股东，把投资组合中的初创企业视为我们的客户。企业风险投资公司则截然不同，通

---

① 即《风投大师：揭秘创业与融资》（*THE ENTREPRENEURIAL BIBLE TO VENTURE CAPITAL: Inside Secrets from the Leaders in the Startup Game*）。——译者注

常驱动它们投资的是对公司有价值的战略回报和一些财务回报，或者只是想实现盈亏平衡。

一些企业风险投资公司会告诉你，它们的企业风险投资团队是完全独立于公司而存在的，但是从我二十多年的工作经验来看，同一家公司的企业风险投资团队和并购团队有着更紧密的联系，有时候是同班人马分饰两角。在本书中，你将看到一些企业风险投资团队，它们宣称不是为了财务回报，而纯粹是为了战略回报而进行投资。其他企业风险投资团队则尽力宣称，它们正在像金融风投公司一样行事。大部分公司都使用资产负债表外的自有资金而不是其他人的钱投资。在某些情况下，企业风险投资公司采用的是普通合伙人-有限合伙人结构，通常收取 2% 的年度管理费以及 20% 的附带权益，但这种情况通常比较少见。

哪些事情企业风险投资公司可以做，而风投公司不能做

从动机到能力，企业风险投资公司能做的很多事，大多数独立的风投公司都做不到。例如，一家企业风险投资公司（A 公司）可能决定要成为某家初创企业（B 公司）的客户。一旦 A 公司签署了巨额的采购合同，那么 B 公司的销售将以 100 倍增长。从投资人的角度看，这是买入的利好信号。A 公司可能决定投资，买入 B 公司 10% 的股份。或者 A 公司可以投资，然后迫使其全球销售团队来采购并销售 B 公司的产品或者服务。很多企业风险投资公司能够帮助一家初创企业从国内市场走向美国、法国或者其他国家的市场，并在 24 个月内走向 100 多个国家。显然，在某些情况下，企业风险投资公司能够给初创企业带来巨大的价值。独立的风投公司和创业者应当知道如何促成实现这一切。对于企业风险投资公司、初创企业以及金融风投公司来说，实现这一切并非易事。我们将在这本书中指出实现过程中存在的传统障碍，并进行深入讨论，以找到解决问题的新思路。

美国、其他发达国家以及新兴市场国家的企业手中握有大量现金。由于长期奉行低利率政策，它们的资本成本很低。我居住在硅谷地区，我的大部分时间都用于帮助那些成长中的初创企业从世界各地寻找投资。我认为，我们正生

活在一个创业的黄金时代，而《经济学人》杂志发表的文章却称，从20世纪70年代以来，小企业成立的速度非常慢。故步自封导致美国大部分的主要行业都缺乏竞争力，其中包括航空业、有线电视行业、通信行业、食品行业以及医疗卫生行业。而大型技术企业目前正享受着高市值带来的好处（包括公开上市公司和私有公司），其中41%的现金是由非金融机构持有。

企业风险投资要做多大

风投数据网站CB Insights公布的数据显示，2015年，企业风险投资公司参与了19.3%的风投交易，涉及1301笔交易、约284亿美元。美国风险投资协会（National Venture Capital Association，NVCA）称，2015年，企业风险投资公司和所有风投公司一共向初创企业投资了约588亿美元，其中企业风险投资公司投资了76亿美元。该协会发布的数据显示，2010年至2015年间，包括企业风险投资公司在内的风险融资比例已经从13%增长至21%。在初创企业生态系统中的所有人都注意到了这一重要趋势。具体的统计数据可能有所不同，但毫无疑问的是，企业风险投资在风投生态系统中扮演着越来越重要的角色。所有参与者都需要更仔细地了解企业风险投资。虽然很多企业在风险投资方面的经验很少，但是可改进的空间很大。我们也许正身处一个新时代的起点。企业风险投资可能会通过直接的企业风险投资以及在金融风投公司中的有限合伙人地位，在表现最好的初创企业中获得更高的占比。我还预测，随着风险投资在阿拉伯世界、非洲、印度、中国以及其他新兴市场的发展，企业风险投资将成为一支重要力量。

为什么要进行企业风险投资

我们的世界正在快速变化。持续的技术变革、互联网、智能手机、大数据、物联网、工业物联网（Industrial Internet of Things，IIOT）、金融科技（FinTech）、教育科技（EdTech）、广告科技（AdTech）、网络营销、社交网络、共享经济、低成本快速制造、高度竞争性市场、全球化以及新兴市场的崛起意味着一切都变了，而且这一切都将以更快的速度持续变化。成立一家初创企业或者发明一种产品的成本越来越低，这意味着过去需要由拥有庞大研发预算的大企业来制造和推出的产品或者服务，初创企业现在可以以更少的资本推出，而且很多风投都准备资助它们。这些初创企业对大企业造成的威胁远超过5年、10年甚至15年前。正如著名风投机构安德森·霍洛维茨公司（Andreessen Horowitz）的联合创始人马克·安德森（Marc Andreessen）所说的那样："软件将吞噬整个世界。"例如，购物和汽车行业在未来5年的变化会比它们在过去50年中发生的变化还要大。企业风险投资可以帮助大企业应对创造短期的季度业绩（这种业绩能够刺激或者打压股价）与聚焦长期决策的冲突。我发现，很多大企业在做出关键决策时只考虑该决策对未来3个月、6个月和12个月的影响，而不是对未来3年、5年甚至10年的影响。企业风险投资把首席执行官置于驾驶员的位置，使他们能够以合理的方式管理长期创新、企业愿景、战略和投资，如果他们表现出色，那么企业将获得持续的财务回报。你可以告诉你的股东们，成立企业风险投资团队在为你的企业带来创新的同时，还会带来利润。在成为利润中心后，企业风险投资团队还将永远成为你外部研发的零成本部分。这千真万确。而你也可以告诉股东们，这样做也保护了那些想要长期持有你股票的投资者。从10年、20年甚至30年来看，大企业这种对企业风险投资团队的投资以及对持有计划的承诺以多种方式保护了它们自身的健康发展。我认为，某些巴菲特式的股东更愿意听到你在今年和明年有成就一番伟大事业的计划，甚至有未来多年的长期计划，而不是只追求一个季度或者五个季度的业绩。中国就有非常伟大的五年计划。

谁来进行企业风险投资

如今，50%的财富50强企业和33%的财富500强企业都有自己的企业风险投资项目。我猜测，在没有企业风险投资项目的财富500强企业中，即使不是100%，至少也有90%的企业正在冥思苦想自己是否应当加入企业风投俱乐部，并且开始投资。我个人认为，那些年收入在10亿美元的企业都应当进行企业风险投资。对于很多科技公司来说，门槛将更低。不仅是像英特尔和微软这样的科技公司，那些非技术驱动和低技术含量的公司也应当进行企业风险投资。出租车公司可能从来不会想到自己会成为科技公司，看看优步（Uber）吧！百视达公司（Blockbuster Video）做得很好，它已经有了自己的企业风险投资部门，而且已经成为奈飞公司（Netflix）的早期投资者。一些令我们意想不到的公司也成立了企业风险投资部门，比如金宝汤公司（Campbell Soup）和芝麻街（Sesame Street）。当我得知捷蓝航空公司（Jet Blue）成立了企业风险投资部门时，我很想知道它们的投资策略。当我与它们会面时，我立刻看到了很多能够将它们的服务项目呈现在乘客面前的电视屏幕、打印出的登机牌、智能手机上以及邮件确认函、短信收件箱中的机会：它们知道我们住在哪里、我们要去哪里、我们去过哪里、我们会在哪里有短暂停留、我们的座位在哪里以及我们的手机号码。我看到了与我们自己的投资组合公司以及航空公司一起赚钱的巨大机会。

很多大企业是一些衰退行业的主要参与者。我认为，这些企业的首席执行官和首席财务官应当与战略负责人以及其他核心和潜在业务的负责人密切合作，通过使用企业风险投资和并购等方式来避免企业在衰退行业中坐以待毙。企业风险投资和并购能够帮助这些企业实现产品和服务组合的多元化，甚至创建支持策略指令的生态系统，以支持和创建新的经常性业务链。有时，通过投资一些与你的企业相关的初创企业，来创建一个新的生态系统或者推出一款新产品，这是一件很有意义的事情。很多产品公司会投资那些能够为其产品提供专业化服务的初创企业，这样做非常明智，因为比起把有价值的资源投入类似的辅助服务，这样做能通过持有那些低利润且毫无独特技术的咨询企业的少量股份，来强化公司的核心产品业务，从而实现高成长和高利润。从某种意义上说，企业风险投资可以被当作对竞争对手的“外科手术式”空袭以及改变竞争格局的方法，同时还为更多元化的长期业务开辟了一条捷径。如果你还没有加入硅谷、纽约、伦敦和中国的初创企业阵营，那么你怎么可能走在创新的最前沿呢？风投能够被当作一种武器使用，大企业都应当知道如何有效地使用它来实现攻守自如。

需要很多员工吗

任何一家有大量员工的企业都应当成立企业风险投资部门，以使企业更有效率和竞争力，同时这也会对员工产生积极影响。当我遇到有超过 15 000 名员工的公司，并且其管理者告诉我他们对技术不感兴趣时，我在想他们为技术投入了多少资金？或者把这些技术引入公司的内部运营，他们会有多大的收获？如果这些大企业通过企业风险投资来实现创新，开始应用技术，并且交给初创企业大量的采购订单，那么它们就会成为一个年金利润中心，这可比戈登・盖柯（Gordon Gekko）[①] 梦想实现的“内幕交易”更合法。如果你的企业正准备给初创企业投资，获得它们的利润，那为什么不采取行动介入该企业并持有一些股份呢？我相信，企业风险投资如果使用得当，就一定能够创造多赢局面。

什么决定着企业风险投资的成败

企业风险投资经常失败，但是也有很多亮眼的成功案例。在这个行业中，很多人目睹了大企业宣布其上线了新的企业风险投资项目，然后眼睁睁地看着这些项目无法正常执行和投资失败而打击了风投公司和创业者，或者项目在上线几年之后被完全放弃。从历史角度看，企业风险投资项目的平均寿命是 2.5 年，如今延续到了 5 年。每周都有新的企业风险投资公司成立，很多企业投资项目会随着经济波动、公司重组和首席执行官更替而被放弃。创业者和金融风投公司有充分的理由对接受企业资本保持警惕和怀疑。与此同时，像英特尔投资公司这样的参与者已经证明了其对企业风险投资的长期承诺，而且它们在投资过程中与企业风险投资团队休戚相关，使风险投资在可持续的基础上成了创新型商业不可缺少的一部分。大企业开始企业风投项目时，必须明确长期和短期目标、募资水平、薪酬、投资组合管理、职权划分和隶属关系以及所有潜在机会和雷区。本书探讨了大量可避免的企业风险投资的缺陷和错误。

如果你是一位企业创始人，你应当知道何时以及如何成立企业风险投资项

① 电影《华尔街：金钱永不眠》（*Wall Street*：*Money Never Sleeps*）中的主人公，是一位金融大鳄。——译者注

目或者避开它。如果你是一位风险投资人，想把初创企业发展成价值数十亿美元的庞然大物，你应当知道如何借助企业风险投资的力量来避开雷区。如果你有一家企业风险投资公司，你应当知道如何避免陷入雷区或者传统套路中。

为什么？是什么？如何做？结果如何

在本书中，我首先介绍了大企业为什么有动力成立企业风险投资部门，然后介绍了它们如何做才能构建投资的步骤、如何设置架构、如何管理和考核这些架构以及会有何种产出。但是，在每一次访谈中，我首先会问企业风险投资人相同的问题：为什么你会被企业风险投资困扰？你的核心目标和小目标是什么？为什么你要这样做？第 1 章列出并探讨了这些企业风险投资部门投资科技初创企业的动机。只有这样做，我们才能继续讨论企业风险投资是什么、如何做以及为什么这样做。所有新成立或者已经续存的企业风险投资部门都应当回顾一下第 1 章中概括的真正目标，然后清晰地表述出自己的目标。这些目标就成了它们的"宪法"，所有决策都应当以实现这些神圣的目标为前提。

在第 1 章所提出的目标的基础上，我分享了对大约 50 家顶级企业风险投资机构进行访谈所获得的洞见和结论。你将了解到这些企业风险投资机构是如何构建起来的，它们又是如何被管理和评估的，以及最终获得了怎样的结果。如果你有一家企业风险投资机构，你可以参考书中提到的其他机构做出决策的方法来制定自己的标准。这些访谈或许有助于指导你做出如何发起、组建和运营你的企业风险投资机构的决策。所有这些决策都与第 1 章中提到的目标息息相关。你的企业风险投资机构应当有组织地实现企业的主次目标。当你犹豫不决时，请回想一下你最初的目标。

大量的案例研究和访谈揭示出某些典型性和重复性问题。你真正的旅途将从此开始。本书探讨了大企业介入初创企业世界的多种选择，从加速器、开放式创新项目、种子期投资以及后种子期投资，到 A 轮、B 轮、C 轮、D 轮、FoF 以及投资独立的风投基金。所有这些都源于真实的案例分析以及我的一些洞察。企业风险投资与企业并购业务互为比较和对比，它们相互联系而又相互独立。这些重要的案例分析阐述了企业风险投资如何被真正用来“干大事”。

那些非企业风险投资公司如何

这个行业中的一些顶级从业者将为创业者提供有关如何从企业风险投资机构获得投资的建议，这些内容将集中在一个章节中。如果你是一位具有创业精神的首席执行官，已经拿到或者计划拿到企业风险投资，那么我认为这章值得你花时间仔细阅读；如果你正准备与一家企业风险投资机构谈判，那么本书可以告诉你它们做出投资决策的流程，我会把这部分内容加在你的阅读清单中。我总结出了一些关于如何运营或者设立我认为的最优企业风投项目的建议，同时还有一系列为不同情况量身定制的建议。企业风险投资如此复杂，而且面临太多变数，很多案例都是失败并且无效的。很多的知名独立风投和创始人都已经公开表示，不会再与企业风险投资机构合作了。在本书中，我指出了一些问题，并给出了一些试图解决这些问题的方法，或者至少帮助读者及早关注到这些问题。帮助初创企业获得巨大成功的愿景一直激励着我。大企业能够助力初创企业获得成功，然而有时，它们的所作所为会弊大于利。本书旨在帮助初创企业、大企业以及独立风投形成多赢的局面，即初创企业干出一番大事业，大企业实现战略价值和财务价值，独立风投获得空前的成功。

这本书是为谁而准备的

正准备启动企业风投项目的管理者。

现有企业风险投资机构的管理者。你要么是本书的贡献者，要么已经知道了书中的一些内容。如果你想了解其他企业风险投资机构是如何设立的，想了解关键的机会和挑战，想了解在最佳实战中总结出的智慧，那么本书就是你的必读书目之一。你可以在你的企业风投项目中尝试有意义的创新，或者离开并加入有更好企业风投实践的新企业，或者与其他大企业一起创建一家新的企业风险投资机构。

独立的金融风投公司。随着企业加大了其风险投资活动，了解它们这样做的原因以及学会如何更好地与它们合作就变得非常有意义。从大企业有限合伙人处筹到资的机会以及游说他们投资你的风投基金的机会就会非常大。本书帮助你从大企业募集资本，并且使你的独立风投更具竞争力。

技术型初创企业的首席执行官和创始人。作为创业者，如果你想要创业成功，那么本书将有助于你了解如何最好地募集资金，并且从企业风险投资机构获得战略价值。了解企业风险投资机构的动机是什么，不仅要明白如何募集资金和改善产品，还要了解如何与那些全球化大企业结盟。比起硅谷那些独立风投，这些大企业能够提升你的销售，而且它们通常都是收购你的初创企业的最佳候选人。与公开上市一样，并购对于技术型初创企业来说可能是统计学上最积极的结果。对于一家初创企业来说，与企业风险投资机构开会是你传递合伙人想法的最佳方法。你能够迅速了解一家企业的主营业务，否则这是一件代价高昂且费时费力的事情。理论上，企业风险投资机构应当能够在众多企业中识别出正确的合作伙伴，以建立起合作伙伴关系。从一家企业风险投资机构筹到钱可能会以一种你无法逆转的方式改变你的初创企业。把时间用于更好地了解风险、细节以及企业可能遇到的瓶颈可能会让你获得更高的回报。阅读本书将有助于你从企业风险投资机构募集资本、与它们建立合作关系，并且被它们成功收购。第 7 章的主要内容就是如何从企业风险投资机构募集资本。如果你认为你已经有了一些基础知识，那么你可以直接阅读第 7 章。本书为创业者提出了很多中肯的建议。如果你时间有限，那么就快速阅读，并且迅速找到与你相关的内容。初创企业就是这样做的。

生态系统的其他从业者。并购投资银行家、公司证券律师、风投基金的有限合伙人、猎头、加速器导师以及任何能够给初创企业及其投资者提出建议的人，都能从这 50 个案例研究和访谈中有所收获。你不仅将受益于我从数百家企业风险投资机构收获的经历，而且还将从那些与企业风投机构做过交易的其他从业者的经历中有所收获。

任何有兴趣得到工作机会的人。创业者、企业风投投资人、风险投资人、天使投资人、银行家或者生系统中的其他参与者都应该读一读本书。

Masters of Corporate Venture Capital

01

动机与目标

为什么大企业要成立企业风险投资部门

在商业世界中，最大的危险来自停止进化。

杰夫·贝佐斯（Jeff Bezos），亚马逊创始人和首席执行官

驱动大中型企业成立和运作企业风投项目的因素有很多。在接下来的约 50 个案例分析和故事中，这些企业会阐述它们的动机。以下是一些常见目标的简单说明，它们会反复出现。实现任何一个目标都能够证明大企业发起或者执行企业风投项目的正确性。请牢记第 1 章提到的这些目标，你要在进入企业风投行业的过程中开始培养明确阐述自己目标的思维。这些目标并没有特别的顺序。

- 多接触外面的企业，将创新从外部那些成功创新的企业引入本企业。
- 获得商业智能和创新，以了解技术、商业模式以及影响核心和潜在业务的趋势。很多企业将此称为技术侦察（technology scouting）。这种行为被视为攻防行为。
- 确认与技术型初创企业的合伙关系。在这个过程中，企业可以成为初创企业的客户，与初创企业建立合作伙伴关系，将其产品和服务交给自己的销售团队，来看看客户是否对初创企业提供的产品和服务感兴趣，以及这些产品和服务是否能够为客户带来更多的价值。这一切都意味着“提高整体收入”。
- 巩固与硅谷以及全球创新中心所做的战略决策。
- 技术许可。
- 通过直投成熟和新的企业风投项目为企业创造投资机会，这种直投能够实现战略回报和财务回报。
- 为企业的并购团队建立收购渠道。企业并购团队的长期目标是创建能够产生经常性收入流的新业务线，同时为企业实现基业长青提供多元化的产品和服务组合。
- 积极防御。把“对冲性”投资机会分成技术机会和商业机会两个部分，它们会对企业的核心业务和潜在业务产生威胁。这种对冲投资不仅能够保护企业免受业务种类减少的影响，而且还能够让企业与时俱进，免受互联网、智能手机、物联网和共享经济等新趋势的冲击。总之，保护你的核心和潜在业务免受颠覆的影响

（比如优步对出租车行业的影响、奈飞公司对百视达公司的影响、谷歌和Facebook对雅虎的影响）。

- 给企业创造一些在初创企业早期和 / 或成长期持有股份并从中受益的机会。在这个阶段，企业将能够帮助初创企业迅速扩大销售并成为非常有价值的公司。如果企业能够帮助一家小公司实现千万或者亿万美元的收入，那么就有可能拥有这家小公司的大量股权，并且分享财务收益。
- 将初创企业和风险投资行业的创业者文化和动力引入企业。
- 培养高管人员的创业技能，使他们能够参与内部的企业风投项目，以培养内部创业精神、在企业内部实现先进技术的商业转化，并且培育出新业务。
- 建立智囊数据库以收集内部初创企业的创意，建立企业风险投资部门与高管层的联系，并向业务部门负责人反馈。
- 树立面向公众的公关形象，向愿意为其工作、愿意购买其产品以及愿意与其合作的人们展现企业的创新性和时尚性。
- 获得人力资本。很多顶级大学的优秀毕业生不愿意进入大企业工作，而愿意进入初创企业。企业可以利用企业风险投资获得这部分人才，以及在这部分人才市场中注册越来越多的专利。
- 影响人力资源部门，更好地知道需要雇用哪种人才。
- 提高企业员工的生活品质。
- 降低员工流失率以及招聘和培训新员工的成本。
- 增加企业的收入。
- 采用新技术或者成为你组合投资公司的客户来提高企业的效率并降低成本。
- 提高企业竞争力。
- 进入新市场或者巩固现有市场。
- 使用来自外汇收入的现金在一些国家投资，在当地的税收制度下积累资本，或者与当地政府协商达成有利的税收协议。改善你在那些国家的公关形象。
- 将企业风险投资作为在不同国家和技术中心成立并运营代表处的一种方法，以推动企业的全球化进程。
- 获得来自美国硅谷和纽约、以色列、英国伦敦以及中国等技术中心的创新。千万别错过这些热点地区蕴藏的机会。但是，在其他地区也能够发现创新。
- 扩充你的产品和服务。

- 聚焦长期的产品和服务创新。利用企业风险投资对抗关注短期季度业绩的观念，这种观念盛行于上市公司。
- 利用分销网络提升销量并增加新的收入流。
- 适应“建立、合作、购买”战略。
- 提升企业的研发能力。与顶级风投一起，将一些研发预算投给初创企业投资组合，期望数年之后实现盈利，这是一个“零成本研发计划”。
- 意识到有些创新来自内部，有些创新来自外部。企业风投公司和业务拓展部门要能够获得外部创新。
- 外包一部分研发计划，摆脱局限。当你故步自封时，很难跳出思维的框框。
- 成为“风投–创业者–初创企业”这个生态链上有价值的一部分。
- 培育产品生态链或者企业的运营平台。比如，赛富时公司（SalesForce）投资了那些使用 Force.com 的初创企业。
- 利用专业知识进行明智的投资。比如，雅虎公司投资了阿里巴巴和日本雅虎。
- 获得财务收益，以确保企业风险投资计划是可持续的。
- 提高每股收益（Earning Per Share，EPS）。
- 为了获得财务回报而获得财务回报。如果你能够为初创企业增加价值，为什么不持有它们的股份，并从它们的成功中获益呢？企业风险投资做得好，能够胜过大多数的金融风投。

我鼓励所有企业风险投资公司或者考虑组成企业风投部门的大企业都写下你们的首要目标和任务，以便在企业风投领域大展拳脚。在写有重要且优先目标的文件上，要让你的首席执行官、首席财务官、各业务部门负责人、战略负责人和其他高管都签下他们的名字。当然，我能够听见一些读者的尖叫声，他们说这很难实现，但是有一些还是可能实现的，尤其是由首席执行官推动执行的企业风投项目。如果你同意这一点，那么就用你写下的目标清单去驱动所有与企业风险投资部门战略和架构有关的决策的制定。如果你发现进展偏离了正轨，那么就有必要回到这份清单上。大多数企业风险投资公司发展迅速，也有一些公司会受到投资专业人士频繁变动的影响。当你读完本书的其余部分时，试着将你的决策与你为自己量身定制的目标清单进行一下对比。需要特别注意的是要如何构建起企业风险投资与企业发展（并购业务）之间的协同关系。

随着企业风险投资新时代的到来，企业研发部门必须与时俱进

伊戈尔・西尔（Igor Sill）
日内瓦风投集团（Geneva Venture Group）执行总裁

》》伊戈尔・西尔对参与风投游戏的企业做出了如此全面的概述。他把自己作为一位天使投资人、风险投资人和基金投资者几十年的经验传授给了我。伊戈尔不仅是日内瓦风投集团的执行总裁，也是硅谷风险投资人和日内瓦风投公司合伙公司（Geneva Venture Partners）的创始人。伊戈尔在日内瓦风投集团管理着自己的天使投资基金，同时他也是高盛投资合伙人公司（Goldman Sachs Investment Partners）、基准资本（Benchmark Capital）、西北风险投资公司（Norwest Ventures Partners，NVP）、寰汇投资（Granite Global Ventures，GGV）、养老基金和ICO基金的有限合伙人。在硅谷取得了非凡成就后，你现在最有可能在其位于美国加利福尼亚州纳帕圣海伦娜的葡萄园中找到他。

美国的创新看起来从未如此前途光明。每年，全球企业的研发支出超过6500亿美元，其中大部分都用于技术创新。顶级技术研发支出都来自企业巨头，包括三星（138亿美元）、大众（135亿美元）、英特尔（106亿美元）、微软（104亿美元）、罗氏（100亿美元）、诺华（99亿美元）、丰田（91亿美元）、强生（82亿美元）、谷歌（80亿美元）、默克（75亿美元）、IBM（62亿美元）、思科（59亿美元）、甲骨文（52亿美元）、苹果（44亿美元）和惠普（35亿美元）。《财富》杂志发布的数据显示，这比前一年累计增加了90亿美元。

过去，工业组织的研发模式是通过成立内部实验室而发展的，而现在这种模式已经被那些由新的风投公司支持的初创企业所取代。通过快速的创新周期、客户的快速接受和全球分销网络，这些初创企业获得了更大的竞争优势。具有讽刺意味的是，IBM公司62亿美元的研发费用超过了当年风投行业总的投资额。在过去10年中，技术创新的速度迅速加快，挑战着企业保持竞争优势的能力。大企业的研发经理们时刻保持着清醒，他们担心会被自己不知道的创新技术搞得措手不及。技术创新和投资回报是显而易见的，由风投支持的技术型企业一直优于所有企业研发团队的产出。

现在的企业研发不再是简单的新产品引入或者仅仅是适应新技术。相反，它成为一种充分利用所有可用资源的战略性流程。大企业的研发部门意识到，要想在竞争中保持领先，就必须与外部的风投公司合作。

美国风险投资协会公布的统计数据显示，大企业投资技术型初创企业的步伐正在加快。这些大企业急于将硅谷的技术、创新和人才融入自己的研发体系。

我注意到一个有趣的趋势，很多跨国企业开放了商业发展办公室，来捕捉初创企业爆发式增长的机会，追赶正在发生的交易的步伐。

对这些大企业来说，它们最感兴趣的是风投作为一种堪称典范的金融引擎，促进了先进新技术的爆发式增长，这些技术正在改变世界，同时也正在塑造全新的行业。风险投资成功的原因有很多。风险投资的架构鼓励创新，并且在全球范围内为创业者产生、形成和发布他们的创新理念提供了所需的工具。在低增长和战略高度不确定性的时期，风险投资能够服务于一个非常有价值的企业目标。

风险投资是技术优势以及有关企业核心业务潜在变革的信息的丰富来源。越成熟的企业越依赖创新型新技术来保持竞争力。因此，将风投模型纳入技术开发流程似乎是一件很自然的事情。这种方法充分利用了风投在技术开发上的效率、获得新进展的机会、迅速响应不断变化的技术的能力，以及在整个开发周期中合理利用额外资源并获得良好财务回报的能力。企业风险投资部门也可以进行情报收集，帮助企业免受新的竞争威胁。此外，企业还可以利用其风投渠道去开拓存在长期战略利益的领域。企业风险投资既能从内观察新的发展机会，也能够提供获取可能的所有权、合资和特许经营以及使用新理念的机会，以迅速响应市场和需求的变化。随着竞争的加剧以及不确定性的增加，企业风险投资能够提供新的战略途径和选择。

这种方法已经被苹果、赛富时、惠普、Facebook、甲骨文、戴尔、易安信（EMC）、谷歌、思科以及其他技术型企业证明是成功的。

通过对自有资本和独立风投进行整合，企业风险投资部门能够扩大其投资的影响。尤其是当技术不确定性很高的时候，企业更能从中受益。例如，在金融服务领域，维萨公司（VISA）选择投资了 Square 公司。Square 公司是一家移动支付初创企业，其主营业务是将智能手机和平板电脑转换成信用卡支付读卡器。

另一个优秀的案例是苹果公司的 iFund，它是由苹果公司提供技术支持，由风投公司凯鹏华盈（Kleiner Perkins Caufield & Byers，KPCB）于 2008 年发起成立的。iFund 提供了一种非常独特的杠杆，它鼓励技术进步，而这种技术要依赖于苹果的平台，并且能够增加对苹果自有产品的需求。截至 2015 年 9 月，苹果公司收购了 70 多家公司，同时为自己的 iPhone 和 iPad 产品打造了大量的创新型应用程序。这种方法以及需求文化帮助苹果公司成了所有上市公司中增长最快和资本最大化的公司之一。鉴于这一成功，其他人发起风险投资就不足为奇了。

加入风险投资游戏

企业一旦决定组建风险投资部门，选择与风险投资公司进行联合投资还是与企业风投合伙人合作就变得非常关键。鉴于本书的目的，我假设很多企业已经意识到组建一个风险投资部门的缺陷，并且早就放弃了这种方案。当然，我将排除英特尔投资公司，因为它是一个特例，它培育了一种独特的文化，并且将这种文化成功地与其风投关系联系在了一起。在决定直投初创企业、投资风投基金还是选择更保守的企业风投时都需要进行大量的研究，更重要的是要与你的长期战略保持一致。成熟的企业能够通过与风投团队合作，为它们的技术发展提供资金支持，以平衡其研发风险。

位置，位置，还是位置

尽管全球范围内有很多风险投资活动，技术创新中心和人才仍然不断从硅谷涌现。这是一个有着支持型生态链的独特之地，时刻准备着支持创业者成功创立初创企业的需要。这里气候宜人，生活环境很好，风景优美。斯坦福大学、加州大学伯克利分校、旧金山大学和圣克拉拉大学提供了丰富的研究成果，新知识和新专利源源不断，创业精神激励着毕业生来这里工作。因此，80% 的风投公司和天使投资人都选择在硅谷安身，90% 的最高的风险投资回报在这里产生也就不足为奇了。

企业以品牌声誉、技术和雄厚的资源（如庞大的客户群、全球销售渠道和大批专业销售人才等）为其资助的初创企业带来了巨大的价值。它们也改变了外部投资者对初创企业前景的看法。机构投资者通常预期，一家由大企业支持的初创企业最终会被其收购，而且通常是以更高的估值收购，这反映出初创企业能够带给其企业投资者的战略利益。

这里有巨大的市场，这个市场有着优化企业研发模式的上升趋势——一种能够提高效率和获得更好结果的趋势。先进的技术、全球化的机会以及互联网的颠覆性本质使这个市场发生了重大变革，而且这种变革正创造着巨大的企业价值。宝马、沃尔沃、通用电气、通用汽车、诺华和通用磨坊食品等公司正通过与其他风投合作来完善它们传统的研发业务，为那些有发展前景的初创企业提供资金支持。这种逻辑确实很有说服力。考虑到风险投资所带来的好处，真正的问题在于企业有能力参与却不参与。在一个创新决定成败的经济体中，企业风险投资能够确保企业未来的竞争力。

Masters of Corporate Venture Capital

02

企业风险投资案例分析

即使是沙子建的城堡，最终也会毁于水中。

吉米·亨德里克斯（Jimi Hendrix），美国歌手

案例分析

摩托罗拉风险投资公司

马修·格罗尼（Matthew Growney）
摩托罗拉风险投资公司（Motorola Ventures）前联合创始人和总裁
Issabella Products 公司首席执行官

》》摩托罗拉风险投资公司是我在职业生涯早期接触的企业风险投资公司之一。我认为，以马修·格罗尼讲述的摩托罗拉风险投资公司的故事开始我们的案例分析再合适不过了。这是一个关于创业者的故事，讲述了一家伟大的企业风险投资公司的成立过程。以下是他的叙述。

1994 年，我在摩托罗拉公司的战略部门开始了我的职业生涯。1997 年我 25 岁时，我的工作是去搜寻并找到那些“不请自来”的交易流程。作为一家年收入在 340 亿 ~ 400 亿美元的公司，我们会收到无数的外部提案，而且我们要将这些想法传递给公司的发展部门。第一年，我作为初级分析师，大约收到了 2000 份提案。我们最终投资了四家公司，并且收购了一家公司。当时，还没有任何其他公司可以基于这些机会来投资和采取行动。

我曾经问过公司战略部门的负责人，我是否能创建一种投资工具，它可以为整个公司建立一个单独的部门来发送这些信息并成为资源库。比尔·汉姆布列奇（Bill Hambrecht）成了我的导师，当时他在 H&Q 科技公司有着很高的地位。你可能还记得，那时，四骑士投资银行正在把互联网和软件公司推上市，而且在银行合并潮和第一次互联网泡沫破灭之前，初创企业也正在繁荣发展。

比尔一直在为得州仪器公司（Texas Instruments）提供顾问服务，他告诉我了很多关于这家公司的事情，该公司专注于半成品，与奥多比公司（Adobe）完全不同。1997 年和 1998 年，我们就文化以及什么最适合摩托罗拉公司进行了多次讨论。摩托罗拉公司是芝加哥的一家电信供应商，与得州仪器公司和奥多比公司完全不同。

摩托罗拉风险投资公司成了公司事实上的早期投资部门。没有任何业务部门会进行交易或者隐藏交易。早期的商业机会都来自现在的摩托罗拉风险投资公司。所以，我必须拿出策略和论文来支持。整整一年，我拜访了七个业务部门的负责人，走访了这七个部门的上上下下，最后得到了首席执行官的支持。没有预算，也没有其他参考。我解释说，我们会举办选美比赛，可以把创业者介绍给业务部门，节约部门资金，他们不需要花钱去外面寻找项目。作为回报，他们需要为我们提供一张他们正在寻找的 10 项或者 15 项技术的清单。我们知道，我们能够比他们更好地找到这些技术。

我们会给他们带来很多美丽的东西，前提是他们要向我们展示购物清单，而且我们将通过投资来支付所有费用，但我仍然没有拿到预算。我搬到了帕罗奥图，并且开始寻找交易。我被告知，如果我找到一笔既有战略性又有金融性的交易，那么我必须通过募集资本来拿到钱。

我的第一笔交易是用 200 万美元投资了一家估值为 2000 万美元、名为 SnapTrack 的公司，14 个月后，我们以 10 亿美元的价格将其卖给了高通公司。这件事情发生后，我为摩托罗拉风险投资公司拿到了 1 亿美元的年度预算，这让我们备受鼓舞，信心大增。我们继续投资一些非常酷的项目。后来，我投资了 Online Anywhere 公司，一年后，该公司被雅虎以 3 亿美元收购。

大多数企业都认为，它们可以完全出于战略动机而非财务动机来投资一家公司而获得成功。这是一个非常大的错误。听着，如果你亏损，那就与战略毫无关系。我们能够获得成功是因为我们知道战略动机和财务动机需要各占一半，即投资必须既有战略性，也有财务性。

我们从包括我在内的两人团队成长为八人团队。然后，我们先后在波士顿、特拉维夫、伦敦和北京开设了办事处。我们很擅长从我们的业务部门那里拿到采购清单，我们相信，即使摩托罗拉公司不采用这些技术，我们仍然能够从 IPO 和并购项目中受益。

我记得，我们曾经投资了一家公司的 A 轮和 B 轮，然后我们又投了 E 轮。后来，这家公司以 3 亿美元的价格被收购。这是另一个既关注财务回报又关注采购清单的例子。

大企业在考虑企业风险投资的时候可能没有看到财务回报的价值，但是如果它们无法保证战略性和财务性回报之间的平衡关系，项目就可能无法存续下去。

在企业风险投资的历史上，有一份财务失败者的名单，其中大多数失败者都已不复存在。当我离开的时候，我们管理的资产规模只有 400 美元。

我也发起了一个 FoF 项目。我们的第一笔交易是在中国成立了一只人民币基金。这使我们找到了当地的专业人士，并且了解了中国国内的人民币交易规则。我们在中国直投了 9~10 个项目，通过先成为合伙人在当地的风投基金那里学到了很多。最终，我们投资了 5 家不同的风投基金，这些基金为我们提供了关于垂直市场和关键地区的专业报告。

我也成了麻省理工学院企业风险投资联盟（Corporate Venturing Consortium）的主席。肯·莫里斯（Ken Morris）是麻省理工学院斯隆管理学院创业项目的负责人，他邀请我与他合作。我把该项目称为企业风险投资公司的一个“自助”小组。我们的成员有英特尔投资、诺基亚、索尼、朗讯、爱立信风投（Ericsson Venture Partners）以及一些正在考虑设立风投项目（比如宝洁）的公司。我们每个月碰一次头，讨论各种进行企业风险投资的方法。

2007 年，我离开了。在休息了 18 个月后，我创建了自己的基金——Rudyard Partners，我只投资美国东海岸的一些早期的消费类科技公司，但最近也开始投资一些非技术类、面向消费者的公司。

大多数管理者只关心当下，企业风险投资能够帮助他们展望未来。他们可以将研发外包，我认为这是有效并且可行的。我投资 5000 万美元成立一家芯片公司的原因就是我只需花 1800 万美元就可以得到团队、知识产权和速度。我曾经听摩托罗拉公司的首席财务官这样说：“在研发上花 1 美元，我们就可以获得 5 美元的收入。”但是，如果我在风险投资上花 1 美元就能得到 20 美元或者 30 美元的回报，那这真是太棒了。这是一种非常现实和理性的做法。

我把每股收益提高了 0.02 美元，这对一家大企业来说已经非常多了。

案例分析

西班牙电信风投公司（Telefónica Ventures）

杰克·林尼（Jack Leeney）
西班牙电信风投公司美国地区投资负责人

》》我联系了杰克·林尼，他是西班牙电信风投公司美国地区的投资负责人。他向我介绍了该公司在进行风险投资时使用的多种方法。以下是他的叙述。

西班牙电信集团（Telefónica）在过去 20 年中一直在进行风险投资，但是在过去 5 年中，它们的方法和架构已经形成了定式，能够指导其如何抓住外部创新以及如何与创业者开展合作。

西班牙电信风投公司在每次投资前都会考虑以下三个因素：第一，投资能够使公司在战略上受益；第二，投资能获得稳健的财务和资本回报；第三，投资能够对公司与当地监管机构和地方政府的关系产生积极影响。

西班牙电信集团是世界上最大的电信运营商之一，1924 年作为西班牙国有电信垄断企业开始运营，现已将业务拓展至欧洲、北美洲、拉丁美洲和亚洲的 23 个国家，并成为当地第一大、第二大或者第三大运营商。公司业务覆盖语音、数据和电视的有线和无线运营，整个集团的年销售收入超过 700 亿美元，税前利润为 100 亿 ~120 亿美元。电信和电视都是受到高度监管的行业，西班牙电信集团与当地政府保持着良好关系，这甚至给该公司带来了多种机会。在最近的经济低迷期，欧洲和拉丁美洲的一些大型写字楼已经实现了国有化，西班牙电信集团与当地政府达成协议，将其中的一些写字楼变成了初创企业的共享办公空间，从而创造了就业机会，并融入了西班牙电信集团多方位的企业风投战略。

西班牙电信集团控制着这些国家主要的电信网络资产，因此对它来说，在这些设施中运营宽带业务、为初创企业重新调整空间就变得相当简单。

西班牙电信风投公司已经在其开放未来创业计划（Open Future Initiative）中培育了一些项目，它们在该计划中已经有很多做法来支持企业风险投资的多种方案。

1. **共享办公空间**。西班牙电信提供免费的黑客马拉松和共享办公空间，并为早期初创企业提供免费的办公空间。这些初创企业能够创造就业机会，为生态系统增值，并成为其所在市场的好企业公民。

2. **加速器**。西班牙电信风投公司是维拉加速器（Wayra）背后的支持者。有人说维拉加速器是世界上最大的加速器项目之一，它在欧洲和拉丁美洲有 12 个加速器。如今，维拉加速器已经资助了超过 600 家公司，每家初创企业的投资额从 6 万美元到 10 万美元不等，并且通过为期六个月的计划来运行这些投资。

3. **FoF**。最近，西班牙电信风投公司在欧洲和拉丁美洲投资了 5 家风投基金。在多数情况下，公司在基金中占 20%~33%，并且通常只是扮演有限合伙投资人的角色。西班牙电信风投公司最近承诺为珊瑚集团（Coral Group）投资 2 亿美元。这是一家总部位于以色列的新风投基金，它致力于投资那些与电信相关的基础设施公司（与电信网络、数据中心相关的软件和设备以及商业周边领域）。在我与杰克交谈时，西班牙电信公司是基金的主要投资者，而且基金经理仍在向其他有限合伙投资人推销基金。FoF 的实践帮助西班牙电信风投公司达成了多笔交易，并且给西班牙电信风投公司的直接投资带来了强大的协同效应。

4. **西班牙电信风投公司直投部门**。西班牙电信风投公司会直投初创企业，但通常都是在偏中后期的 C 轮和 D 轮，后来又会在更大规模的融资轮中投资 500 万 ~1000 万美元。西班牙电信风投公司只投资一类初创企业，即西班牙电信将成为其客户的初创企业，而且这些初创企业真正处于扩大业务的阶段。要想完成一笔初创企业投资，那么这笔投资就必须能够给西班牙电信带来短期价值和重大影响。这些初创企业通常是美国那些资金雄厚的科技公司，它们在美国市场上表现出色，并且可以在全球范围内与西班牙电信合作，在新市场中以从未有过的方式拓展它们的业务。对于这些初创企业来说，西班牙电信本身可以成为它们收入来源的一位重要客户，同时也可以利用其 3 亿多的消费者客户群或者小型、超大型企业客户与它们开展业务合作。完成一笔投资需要把握以下两个时机：第一，初创企业的财务状况良好，能够为西班牙电信风投公司提供资本回报；第二，初创企业将为西班牙电信集团提供战略利益。

以上四个项目目前都属于西班牙电信集团开放未来计划，并直接向首席战略官报告，而首席战略官会向西班牙电信集团的首席执行官报告。

案例分析

瑞士电信风投公司（Swisscom Ventures）

兰格（Pär Lange）
瑞士电信风投公司创始人和首席投资官

》》我有机会与兰格重新联系上，以了解他对瑞士电信集团成立风投公司的看法，以及他对从这10年的企业风投工作中得到的关键经验的解读。我第一次见到兰格时，他还是电信行业中的一位创业者，后来才进入企业风险投资行业。以下是他的叙述。

在创建瑞士电信风投公司之前，我已经创立了一些初创企业，募集了一些风险投资基金，所以对这一切都很熟悉。我在瑞典找到了一家移动网络运营商，在那里，我最终募集了13亿欧元，并且从瑞典当局获得了3G牌照。我从凯雷资本（Carlyle Group）、瑞典银瑞达集团（Investor AB）等风投公司，以及北方电信公司（Northern Telecom Limited，NTL）、英国有线电视公司以及最终买断其他所有投资者并为所有人提供好退路的法国电信集团（Orange）等企业投资者处募集到了资金。

在这之后，我还建议一些北欧的风投公司进行交易搜索（deal sourcing）、尽职调查和完成投资，来进一步丰富我的风投经验。

当瑞士电信集团（Swisscom）第一次找到我，让我来帮助它们筹建企业风险投资部门的时候，我很高兴地接受了挑战，并认为万事俱备，只欠开工了。可事实却并非如此！时任瑞士电信集团企业战略部负责人的多米尼克·梅格雷

（Dominique Mégret）非常支持这个计划，并邀请我来推进。多米尼克现在是瑞士电信风险投资公司的负责人。尽管我们得到了包括首席执行官在内的高管层的支持，但是第一年，我们却无所作为。

他们想让并购部门的人参与我们所做的一切。这些人以前都是投资银行家，他们都是根据表格和金融建模得出的结论来做出所有决策的。初创企业的财务计划更多的是方向性的预测，而风险投资和创业精神无疑是更具艺术性而不是科学性。与并购部门的人讨论估值问题完全超出了我的风投经验和创业经验。而且，这些人习惯在做出任何决策之前引入麦肯锡式的顾问，在采取行动之前需要花费数周和数月的时间进行分析。他们习惯于复杂的流程，比如得到董事会的批准，或者直接由首席执行官决定。我们很快就意识到，除非解决了这些问题，我们才可以做好准备并开始投资，而且事实上，我们想自己来执行交易，而不依靠并购部门那些人。

在刚开始运作瑞士电信风投公司时，完成一笔投资需要得到以下部门负责人的书面批准：并购部门、税务部门、法务部门，然后是瑞士电信集团的执行委员会，然后是首席执行官，然后由首席执行官上报至董事会。而且，所有这些委员会和部门的负责人都习惯于让我们对项目进行精心的陈述，这令我们感到恐惧。当我们试图进行投资时，法务部门又给我们找麻烦，因为它们对投资协议中的所有条款都不熟悉。我也意识到，要想成功就必须解决这个问题。

我立刻着手建立一个精益化的公司治理体系，它能够帮助我们顺利运营并开始投资。仅仅用了一年的时间，我就搞定了这一切。这是一个胜利。

我们很少与并购部门的人合作。500 万瑞士法郎以下的投资只需要经新成立的投资委员会的批准，该委员会由首席财务官和战略部门的负责人组成。一旦得到批准，我们会有效地开展商务合作。目前，我们暂时没请战略部门的负责人参与，首席财务官已经对我们的运营有了更大的信心。因此，我们只有两个人，直至有了网络和 IT 部门负责人以及业务部门负责人。这种精益化的公司治理结构对我们的运营能力很重要，500 万瑞士法郎以下的投资我们可以自己做主。随着时间的推移，我们的法务人员成了经验丰富的公司证券律师，他们与硅谷的那些律师事务所一样熟知法律条款，而且工作效率也很高。

有时我们会问自己，我们为什么要这样做。作为瑞士电信集团的一部分，瑞士电信风投公司的目标是什么？在过去 10 年中，我们一直在运营瑞士电信风投公司，我们不断看到咨询顾问的到来，他们往往专注于技术搜索，并将创业精神引入瑞士电信集团。我总是乐意听听他们说些什么，但在我看来，一笔比较理想的投资是我们能够投资一家公司，并且瑞士电信集团也能够成为其客户。这意味着我们正在做的事情不仅可以使瑞士电信集团受益，而且还可以显著增加初创企业的价值。

如果没有企业风险投资，大企业通常会面临这样一个现实：没有人会因为与蓝色巨头 IBM 公司的合作而被解雇。这是一个严重的问题，我认为我们的企业风险投资公司在解决这个问题上做得非常好。通常，瑞士电信集团的产品经理和中层管理者都不敢冒险使用初创企业的技术或者解决方案。他们认为，如果他们与 IBM、惠普、易安信、博通（Broadcom）或者其他知名大企业合作，即使项目失败，他们也不会受到指责，责任可以推给那家大企业。顺便说一句，我看到几乎所有来自这些大企业的项目和技术都失败了。的确，失败确实发生了。中层管理者需要关注的一个问题是，如果他们把赌注压在一家有着更好技术和更便宜价格的初创企业上，如果项目失败，他们就会受到指责，并将承担责任。

那么，你应当如何增强中层管理者冒险与初创企业合作的信心呢？关键就在于要减少障碍，减小与小企业合作的阻力。

我们花了很长时间来让瑞士电信集团采用我们所投资的初创企业的技术。初创企业希望我们为其增值，因此我们需要对抗内部的阻力来赢得胜利。我发现，获得网络和 IT 部门负责人、首席财务官以及业务部门负责人的批准和支持能使初创企业更加可信。中层的产品经理因此可以得出结论：如果网络部门负责人同意使用这家供应商，那么他就不会被解雇。高层管理者也不会将向初创企业投入 50 万或 200 万美元视为一件会令大企业（如瑞士电信集团）业绩不佳的事情。如果中层管理者害怕失去 50 万或者 200 万美元，他也看不到更远。

所以，基于这一点，我们建立了一个围绕为技术型初创企业投资的投资主题，这个主题不仅能提高瑞士电信集团的效率，而且还能使集团成为初创企业的客户之一。我们发现，投资一些能够促进瑞士电信集团为其用户推出新产品或者服务的企业实际上并没有太大效果。我们已经尝试了多次，而且经历了多次失败。如果是我们可以应用的技术，那么就会比较容易。例如，我们投资了马特里克斯公司（Matrixx），这是一家记账公司。通常，电信公司都害怕对它们的计费系统进行任何改动。我们冒了次险，尽量促成瑞士电信集团与马特里克斯公司的合作，因为这样的合作能够让我们为个人用户和企业客户提供更灵活的计费方式。我们成了这家初创企业的第一位客户，而且一旦我们与其合作（它不会立刻发挥作用，需要花时间磨合），我们就可以将其介绍给德国电信集团（Deutsche Telekom）、西班牙电信集团、英国电信集团（British Telecom）以及其他公司。为初创企业带来巨大的价值、减少瑞士电信集团对更好且更廉价技术的抵制已经成了我们的目标。

如果我们能够为初创企业介绍瑞士电信集团以及其他电信公司，我们有时可以通过谈判获得认股权证或者额外的免费股票。如果我们为它们创造了这么大的价值，我们也理应得到回报。我们用大约一半的时间来说服瑞士电信集团成为初创企业的客户，而另一半的时间我们未能让瑞士电信集团的管理者采用这项技术。这就是我们正在努力解决的内部矛盾，需要我们的组织有效地解决。

目前我们是瑞士的网络运营商，我们希望被视为优秀的企业公民以及一家从邮局发展成该地区技术领导者的创新型企业。我们也对在瑞士注册的企业进行种子投资。在瑞士，几乎没有种子阶段的风投公司，所以我们填补了这个空白。部分原因是有极好的公关理由，即瑞士电信集团的企业形象与创新、就业、培育创业精神与国家的未来密不可分。请注意，我们仍在通过每次投资努力赚钱。

瑞士电信风投公司是一个永续基金的结构。这意味着已经实现退出的资本可以重新进入资金池，并再投资于初创企业。在风险投资中实现退出需要时间，所以任何进入这个市场的人都需要有长期视野。大部分企业风险投资公司开始意识到，它们既要为战略性目标进行投资，也要运行有利润的投资项目，这样它们既不会被视为成本中心，也不用承担项目被停工的风险。我了解的很多企业风险投资公司都不关注自身的贡献率，而如果关注自身的贡献率，这些公司既可以收回投资资本，也可以支付其运营费用。

在过去 10 年间，我在瑞士电信集团目睹了德国电信集团企业风险投资团队 T-Venture 的多次重组，它重组的次数我都数不过来。我相信，沃达丰风险投资公司已经不存在了。我经常看到的是，电信公司或者其他公司从其管理者手里拿到了巨额预算，并且发布了一个重大公告，然后是下一次经济低迷或者外部咨询顾问介入，那么企业风投公司将是重组的第一位受害者。当我们最初成立瑞士电信风险投资公司的时候，我们接管了战略部门，但是很快就决定裁员。当你知道你所在的公司是世界上效率最低的风险投资公司时，缩减一个有 45~65 人的部门就变得很容易。所以，我们在这个问题上保持着自律，尽管我们的成员人数略有增加。为了在重组中生存下去，企业风险投资公司需要盈利。我们已经学会了如何使用来自不同业务部门的人来帮助我们，而不是把我们的数字整合在一起，而使我们看上去毫无利润。最好的做法是获得他们的想法和帮助，使他们作为企业风投公司之外的直线经理。每一次新的重组，我们都确信要保护我们的精益管理模式，而且目前这个项目一直在执行。

案例分析

IBM 风险投资集团

范德音（Claudia Fan Munce）
IBM 风险投资集团联合创始人和前执行总裁
IBM 企业战略副总裁
恩颐投资公司（New Enterprise Associates，NEA）风投顾问

》》我在加利福尼亚州帕罗奥图市的喜来登酒店见到了范德音，之后我们一起参加了由美国风险投资协会与美国风险投资家西部协会（Western Association of Venture Capitalists，WAVC）联合举办的午餐会。范德音给我留下了深刻印象，她非常不同于那些与我有过业务往来的风险投资家，也不同于我在写本书时那些有过交流的风险投资家。范德音很大的一个不同是，她在成立 IBM 风险投资集团之

前就已经与 IBM 的首席执行官在一起工作了。根据她的叙述，我做了以下总结。

范德音没有讨论任何关于薪酬的问题。她牢牢掌控着所需的所有权力、经验和信念，以她想要的方式运行着企业风险投资计划。她说，大部分金融风投公司在涉及薪酬问题时都愿意与她换位思考，而薪酬问题是一个困扰很多企业风投公司的问题，这些公司都在计划转向金融风投，并且向金融风投公司支付 2% 的管理费和 20% 的收益分成。大部分企业风险投资公司一直在平衡战略目标与财务目标。它们经常想办法来确保项目是可盈利的，以及能够在那些经常重组的大企业的脆弱政治生态系统中存活下去。我所了解的大部分企业风投公司要么雇人来成立企业风投部门，要么更普遍的做法就是让那些在企业中职位不太高的人来从事企业风险投资。他们已经花了一年多的时间来说服高管层同意设立企业风投部门。然而在范德音所描述的情况中，她已经是她公司中职位最高的人物之一。之前，她在 IBM 公司负责 IBM 研究实验室的知识产权授权和商业化。加上掌管 IBM 风险投资集团的 15 年，范德音在 IBM 工作了 30 余年。仅仅在我们这次见面的几周之后，就在本书付印前，她从 IBM 退休，并作为顾问加入了恩颐投资公司。不同于我所知道的其他企业风投公司，IBM 还是一家规模庞大且成熟的技术巨头公司。

2000 年，应时任 IBM 公司首席执行官的郭士纳（Lou Gerstner）的邀请，范德音创建了 IBM 风险投资集团。范德音非常了解内部研发，所以首席执行官认为她就是可以识别出能够填补 IBM 业务组合空白的初创企业并将它们收入麾下的最佳人选。15 年后，范德音稳稳地坐在 IBM 企业风险投资集团负责人的头把交椅上。最初，该集团向 IBM 公司战略部门报告，但很快就变成了向公司发展部门的负责人报告。范德音解释说，在 IBM 构建企业风投部门最有效的方法就是向公司发展部门报告，更具体地说是向整个公司的首席财务官报告。

》》我对范德音关于 IBM 风险投资集团直接向公司发展部门报告的逻辑提出了质疑。我第一次听到范德音解释这种逻辑是在斯坦福大学的一个小组讨论上，这次讨论由来自德丰杰风险投资公司的米奇北村（Mitch Kitamura）主持。作为卢比肯风险投资公司（Rubicon Venture Capital）的金融风投人和募集了大量风投和企业风投基金的前风投顾问和创业者，我听到这种逻辑的第一反应是，我会非常谨慎地与企业投资者分享信息，因为他们会与企业发展部门分享他们掌握的所有信息。与企业风投团队分享信息就等于提醒其并购团队关注你正在做的事情。当初创企业正想从有附加值的投资人那里募资的时候，很可能还不是接近由潜在大买家组成的并购团队的正确时机。这些企业中的一部分企业可能面临着一种情形，那就是管理混乱。而且，一旦你接受了投资，你就会处于企业发展部门的显微镜下，它们会告诉企业风投团队如何投票或者影响董事会的决策。企业风投团队可能不会因帮助你的公司获得成功而受到激励，而纯粹只是为自己的并购部门铺平道路。这将进一步扩大初创企业与其他风投之间的利益冲突。

范德音坚持着她的理论：企业风投部门向企业发展部门报告是最有意义的。

关于企业并购部门与企业风险投资部门结盟的争论，我认为恰恰相反，结盟是更好的选择。你要确保你正在影响公司的战略。同时，你要知道你驱动的是公司整个战略的核心。

IBM 风险投资集团与其他企业风险投资公司的另一个不同之处在于，我们做的是 100% 的战略性投资。我们寻求以 1 倍回报拿回我们的投资，但不会考虑超过 1 倍的决策方案所获得的财务回报。如果获得低于 1 倍的回报，那么公司可能无法存续，而且也没有战略意义可言。相反，我们有 100% 的战略目的，而且整个公司都知道这一点。IBM 风险投资集团历来是一个成本中心。我们没有成立新的金融集团，而是充分利用了我们专业的企业发展团队，而且我们仍然动态地配置和利用资源，这些资源是我们在任何时候都需要的。我们的员工会产生很大的成本，虽然我们确实利用了很多没有出现在损益表上的资源，可事实上我们的支出更大。

IBM 是一家拥有 37 万名员工的公司，在上百个国家都设有分支机构，企业风险投资部门在独立运营时并不会影响公司的业务。试图以保持企业风险投资部门的低成本运营来彰显首席执行官和董事会的经济头脑，将会使企业错过更大的机会。看看企业风险投资部门希望在退出时持有的初创企业的经济价值、现金流倍数或者内部收益率（Internal Rate of Return，IRR），然后再考虑企业风险投资部门的运营费用，我得出的结论是，企业风险投资对公司业务的影响可以忽略不计，而且从来也不会影响 IBM 公司的主要业务。然而，如果成立企业风险投资部门是为了创建一个真正有意义的收购渠道、提高企业并购部门的效率，那么这将是影响业务的一种有意义的方式。并购的影响比为少数股权而进行资产负债表外投资要大得多。

一些被 IBM 公司收购的初创企业已经在 IBM 风投团队的帮助下产生了数十亿美元的可持续性收入，这就是差异所在。试图限制我的团队的规模以实现账面平衡可能会使公司错过更大的机会。

》》在与范德音辩论这个问题时，我觉得我是在与我已故的祖父聊天。在第二次世界大战期间，他在太平洋的海军修建营（Seabee）服役。海军修建营为美军登陆做好准备，并管理着美军的物资供应。首次与海军陆战队登陆，海军修建营经历了真正的战斗，他们转运了人员和物资，在需要的地点建立起需要的工事，并在能休息的时候休息。他经常讲的故事就是他如何用闲置的吉普车与刚刚登陆或者驻扎在小岛上的海军陆战队队员交换吊床（或者啤酒）。我祖父在他 20 岁时掌握的资源令人难以置信。

相比之下，范德音好像正在运营我印象中最大的企业风险投资项目，据我所知，这个项目不仅要在经济上实现自给自足，而且还要实现可持续性。她与首席执行官的关系能够帮助项目执行。我相信，其他企业风险投资公司会在每年原有的基础上投入更多的资金，而且一定会有更好的回报，但是你将面临的挑战是要去寻找另外一家企业风投公司，该公司正像 IBM 风险投资公司一样自信地运营着。每家企业风险投资公司都有不同的正确路径，对于那些试图成立一家高效的企业风险投资公司的个人或者团队来说，有很多事项需要注意。本书的主旨是“获得高层的鼎力支持”，这一主旨始终贯穿全书，但是我想，得到首席执行官级别或者企业创始人级别的支持会略微有所不同。要创建一家能够以高度自信去运营的企业风投公司。

战略是你能够提供洞察力和思维领导力。我不想让我们的企业风投部门把很多事情与战略一起挂在墙上，并且看看能否坚持下去。交易完成，企业就会发展。这既需要投资，也需要报告回报。向企业发展部门报告使我们需要对产出负责。

寻找能够赚钱的交易相对容易。识别出与企业核心业务有相关性的好公司也不是最具挑战性的部分。当你做出投资并最终收购该公司之后，魔鬼就暗藏于细节中。最重要的事情发生在你找到合适的公司并设法把钱投进去之后。找到合适的公司是件很容易的事，但是引导大企业释放价值却相对困难。

我们要新建一家公司、购买一家公司，还是与其他公司合伙呢？这是一家希望改造内部产品和服务组合的公司的部分系统流程。

》》除了执掌 IBM 的企业风险投资项目，范德音还经常与作为 IBM 客户的其他大企业会面，为它们提供如何利用企业风险投资来驱动成长的建议。

每家大企业都应当有某种形式的风投计划。你需要关注正在发生的事情。所有的事情都在如此迅速地发生着变化，以至于没有一家公司能够跟上正在发生的一切，比如物联网、大数据和比特币等。没有一家公司有能力监控到这些趋势和变化。观察到这些变化的先行者总是风投专家。大企业需要了解来自内部、外部和学术领域等所有来源的创新。风险投资和收购是大企业完善其自身投资组合的主要工具。

在过去 10 年中，我们收购了 82 家有风投介入的公司，现在这些公司每年至少为我们带来数十亿美元的新收入。现在这已经产生了一定的影响。如果我的团队产生了比我们预期盈利更高的开支，我就能够判断通过成功的并购和市场情报所实现的底线价值。比起内部收益率，这与我们的底线价值更相关。与企业的发展相比，风险就显得无关紧要。

另一个与我们有效能力的不同之处在于，我在 IBM 的层级中位于 B 级。我们的首席执行官位于 A 级。当我与其他企业风险投资公司会面时，我总是问这些公司的管理者处于何种管理层级，这样在有收购项目或者需要与初创企业做出重大决策的时候，我就知道这些管理者有多大权力来推进某些事情。效率不高的企业风险投资公司执行任务的能力是有限的。我发现，一些企业风险投资公司的负责人是副总裁级别；有些人虽然不是副总裁级别，但是自己也管理着一个业务部门；有些人没有行政级别，但是在做决策时会受到其他高管的影响。重要的是，要明确高管层希望这个团队在多大程度上推动他们的业务，并通过其团队成员的水平来说明这一点。

首席执行官是幕后操盘手吗？为了驱动变革，为了帮助初创企业获得试验性方案、转化市场情报和新技术，你需要有高管来运营企业风险投资公司，这些人了解业务，并已经有所作为。即使对我们来说，我们只是在极少数情况下成功地为我们的初创企业提供了它们想要的东西。

你向谁汇报以及你在企业层级的位置会与你的工作效率有很大关系。企业的多笔投资都是由首席财务官拍板决定的，而且企业发展部门能够驱动从摇篮到坟墓的变革。企业发展部门是首席财务官办公室的一个分支。企业所有部门的现金都从首席财务官办公室流入和流出。首席财务官会看到大笔现金的流入和流出。这样，各部门拿到有适度风险的支票就不再那么麻烦，而且企业风险投资也更易获得支持。如果企业风险投资团队挂靠在战略部门或者研发部门，那么现金流的数字会开始变大，获得的支持也将受影响。首席财务官办公室是所有资金流入和流出的中央指挥部，它是企业的核心。如果你能紧紧地将企业风险投资整合到首席财务官办公室的职能中，那么你就将处于企业的核心位置，而且这正是企业风投团队在组织中应有的位置。

IBM 公司恰好是一个矩阵式组织。大多数大企业仅仅收购那些与其有合作关系的公司或者新公司。然而，IBM 风险投资团队的成员不仅了解 IBM 公司的战略，而且还关注着像卢比肯这样的风投公司正在做什么。他们会比较这些知识，整合外部和内部的洞察，以聚焦那些可以实现商业化的技术。

当谈及我们正在关注的技术时，我要说，这是一份长长的清单。然而，一份过于有限的“购物清单”对于一家企业风险投资公司来说可能是一个错误。

当尘埃落定，我们也就不需要很多微支付初创企业或者其他很多因“错失恐惧症”（Fear of Missing Out，FOMO）而被过高估值的初创企业了。另一方面，我们对转换型技术变革非常感兴趣，比如非结构化数据的社会分析，这种分析对从财富管理到零售业的各行各业都有用。当我们通过大企业的分销能力来拓展企业解决方案时，收购对我们来说是非常有意义的。其他时候，我们与苹果、Twitter、Facebook 和微软等公司建立了合作伙伴关系。我们希望得到它们的数据，这样我们就能够为它们的客户提供服务。

最后，我想说的是，我们就像 eHarmony① 的员工一样。我们不仅描绘了风险投资的轮廓（包括了解卢比肯风险投资公司和其他金融风投正在关注的领域），而且还描绘了 IBM 公司的轮廓，然后像 eHarmony 一样对它们进行了匹配。简言之，这就是一个风投团队要做的事。

案例分析

赛富时风险投资公司（SalesForce Ventures）

维利 · 伊尔特契夫（Villi Iltchev）
赛富时风险投资公司前董事和联合创始人
奥古斯特资本（August Capital）合伙人
Box 公司战略和企业发展高级副总裁

》》我和维利 · 伊尔特契夫约在 Box 公司位于硅谷的总部见面。由于办公空间已经非常有限，该公司正打算搬入雷德伍德城②的一座新写字楼。维利不仅回忆了 2008 年他在惠普公司战略与企业发展团队工作时的经历（当时他们正在解决 1999 年至 2000 年投资热潮的遗留问题）、在赛富时公司成立企业风险投资项目的经历，而且还表达了目前他对 Box 公司的独特看法。以下是他的叙述。

企业风险投资公司永远不会领投。而另一方面，如果一家企业风投公司只跟投，那么企业创始人为什么会同意拿走他们的钱呢？所以，作为企业风险投资公司，你要如何准备并且制订投资计划呢？很少有企业风险投资公司有创业经验。大多数企业风投投资人既不具备很快找到好项目的能力，也没有足够的经验作为投资人和董事会成员为初创企业提供建议。大多数企业风投投资人都

① eHarmony 是美国最大的婚恋交友网站之一。——译者注
② 雷德伍德城又名红木城（Redwood City）。——译者注

很难执行他们的风投计划。企业也需要足够的热情才能执行计划。我预计，大部分进入企业风险投资市场的企业会在坚持几年后突然火起来，并且就像1999年至2001年的大繁荣一样。当我观察你所听闻的大多数企业风险投资公司时，即使是那些大名鼎鼎的企业风投投资人，我也认为他们既没有做影响其企业财务底线的事情，也没能提供任何战略价值。我能看到他们在各个阶段进行的投资，却看不到清晰的战略任务。这有什么意义呢?

当我入职惠普公司的战略和企业发展部时，我们有一个团队，该团队负责与普惠公司投资的那些初创企业保持联系，跟踪它们的情况。惠普公司的企业风投团队已经投了上百家初创企业，八年后，没有一家公司撤出。惠普公司不知道这些企业是否还在营业，或者有的已经退出、破产或者成长为大企业。随后，惠普公司完全取消了企业风投计划，但是上周，我遇到了一位惠普的老同事，他告诉我他们正计划再次启动该计划。我希望这次他们能有所不同，但我想历史会重演。

我是赛富时风险投资公司创始团队的成员之一。最初，赛富时公司的企业风投计划与大多数企业风投计划有非常大的差异。当我们开始执行计划时，我们的投资战略的核心有以下四点。

1. **投资与系统集成商相关的云服务。**相对于在公司内部投资几百万美元来培育一个新的业务部门，并让该部门产生20%的利润，我们还是决定投资外部的一些企业，并帮助它们发展。这些企业很快就实现了盈利，并且帮助我们围绕我们的核心产品创建起一个生态系统。这些系统集成商帮助其客户与赛富时公司实现了双赢，并驱动客户使用了我们的产品。

2. **为建立在Force.com平台上的公司提供资金支持。**我们想要再次创建一个生态系统，但是这一次，科技公司将在强大的Force.com技术平台的顶层创建它们的全部业务和知识产权。

3. **为我们可能收购的公司投一小笔钱。**我们可能在未来的某个时点收购企业风险投资公司，目的是为并购提供资金。对我们来说，企业风险投资与企业发展紧密相连。

4. **投资那些处于路演阶段的企业。**与天使基金、微型风投一起投资一些处于路演阶段的企业，平均投资额为 7500 美元，而且我们会在路演当天的几小时内做出决定，每批投 7~8 家企业。我们主要参与了 Y Combinator 和 TechStars 的路演，在某种程度上，我们的参与依赖于对这些加速器项目的筛选。我们通常在一天内完成筛选，结果是我们与初创企业及其创始人建立了良好的关系，他们会把我们引荐给他们的朋友。这些关系形成了一个覆盖硅谷所有交易的网络，使这一小部分投资变得非常值得。我想，正是因为我们的策略，赛富时企业风险投资公司在今天的硅谷见证了 100% 的高质量交易。

制订投资计划的目的就是把最少量的资金最有效地投给最多的企业，这些企业能够帮助我们实现我们的战略目标。通知权和信息的获取能够让我们获得对关键企业和趋势的非凡洞察力，这些企业和趋势有助于传递我们的战略。请注意，这与那些通常想要把更多资金投向成功计划的金融风投截然不同。

遵循这一策略，我们在不到 4 年的时间里为 130 多家不同的企业投资了 1.5 亿美元。我们在赛富时风险投资公司投资了一些真正了不起的企业。关键是我们投入了最少的资金，而这会让我们获得知情权、关系和信息。我们用最少量的资本实现了选择权价值的最大化。我们从来没有试图获得财务回报，但同时也没有捐钱。我们想做出好投资，这些投资会通过投资组合产生良好的回报，而与获得回报同样重要的是推进赛富时风险投资公司的战略任务。正是在这种背景下，我的结论是企业风投部门不应当领投。

显然，自从我离开赛富时并加入 Box 公司后，赛富时风险投资公司的战略有所改变。现在，它们开始领投，并投资了很多不同类型的机会。从外部来看，我很难确定它们专注的模式，而且它们看起来更像是一位金融投资者。投资计划的范围明显已经扩大。

我认为对于一家企业来说，战略回报比财务回报更重要。一些年收入达到 100 亿美元的企业每年用 5000 万美元或者 1 亿美元来大赚一笔，这不会影响其整体业务的发展。相反，如果它们的企业风投部门领投了一笔或两笔重要的并购交易，那么华尔街将对此做出反应，并用股价作为回报来为这些收购埋单。一个强大的并购计划会对企业产生影响。如果企业风投计划为企业的发展创造了有利条件，那么该计划将会发挥促进作用，但是投资需要驱动生态链、合作关系和并购。

关于补救方法，我认为创建一只像 Sapphire Venture[①] 一样的独立有限合伙制基金是一个错误。一旦你像一家真正的风投一样为企业风投公司的管理者支付了费用，那么你就失去了让他们为企业增加战略价值的能力。在这个层面上，作为一位有限合伙人去投资独立的金融风投会更有意义。相比之下，如果你是一位纳斯达克投资者，想了解每一项能够影响你企业的技术，那么付费就有意义了。建立一个干劲十足的企业风险投资团队，为与 FinTech 相关的所有企业投资，这就是合理的。另外，即使你没有从企业风险投资中赚到钱，最终你也可以做出一笔或者两笔收购，这都是合理的。对于花旗创投（Citi Venture）等其他企业风险投资公司来说，赚钱其实很容易。它们要做的就是找到花旗银行将要购买或者投资的那些初创企业。花旗银行成为这些初创企业的客户后，那么其他银行也将成为它们的客户，它们的价值至少会上涨 4 倍。而且，对于银行来说，企业风险投资成了有利可图的实际业务。它们为什么不充分利用这一点并享受其带来的所有好处呢？总会有其他企业可以像花旗集团一样有影响力，可以在其成为某些企业的客户后为这些企业投资，并且看着投资的价值增长 4 倍。这仅仅是为了赚钱而已。

当我加入 Box 公司时，首席执行官亚伦·莱维（Aaron Levie）对企业风险投资计划持开放态度。我知道，时机有点太早了。一个成功的企业风险投资计划需要平台战略和明确的战略目标。如今，我关注的是战略和企业发展，并且从长远角度看待我们的战略和路线图。

以我的实践经验看，我认为希望进入企业风险投资领域的企业应当考虑选择一种有纪律的方式，就像赛富时风险投资公司的方式一样。我认为大多数企业都不会有我们在赛富时公司所拥有的那种平台，最成功的企业风险投资计划将是那些能够有效利用一个炙手可热的平台的计划，因为很多创业者都愿意参与其中。并不是所有人都能够获得成功。最后，金融风投应当领投，而企业风

① Sapphire Venture 的前身是 SAP Venture。

险投资公司应当出于战略原因而参与这场游戏。[①]

案例分析

威睿公司（VMware）

亚历克斯·王（Alex Wang）
威睿公司战略与企业发展副总裁

》》我和亚历克斯一起探讨的是如何让企业风险投资有意义并获得成功这一永恒的主题。亚历克斯讲到了20世纪90年代末第一次互联网泡沫破灭时，他在安佰深公司（Apax Partners）作为风险投资人的经历，以及之后他在思科公司以及NetApp公司从事战略、投资和收购业务的经历。他现在是我最喜欢的硅谷科技巨头之一——威睿公司的副总裁，负责战略、投资和收购业务。亚历克斯介绍了威睿公司的架构，并且为如何使用企业风险投资提出了建议。[②]

在威睿公司，我们有两个不同的团队，它们都在做风险投资。战略部门对初创企业做小笔投资，通常是对威睿公司没有持大比例股权的企业进行小规模投资，团队成员通常不在董事会中。该团队不只做投资，也是我们战略部门的成员。这很有效，我们的战略团队就位于硅谷的中心位置，他们看到了很多正在寻求融资的初创企业。作为一家公司，威睿公司看到很多最优质的交易，并且与科技世界最新的趋势保持着同步。

当威睿公司的投资占初创企业股份（即超过20%）的大部分时，或者当我们作为先锋为一次收购或者与初创企业建立重要关系而进行投资时，我们的企业风险投资团队就会介入。尽管这是我们工作的一个有效部分，但是我们主要还是做全面收购。因此，我们还有一个独立的风险投资部门，成员人数是我们团队的一倍。而我们的企业发展团队会做更大的投资。

早期，投资部门是独立的，不需要获得业务部门的支持。我们的部门只有

① 写完这段文字后，维利作为合伙人加入了一家顶级金融风投公司——奥古斯特资本。

② 我想公开一个小秘密，威睿公司的多位高管也是我的基金 Rubicon Venture Capital 的有限合伙投资人。

在与威睿公司的业务部门有战略配合以及获得了业务部门的支持时才进行投资。在威睿公司，我的团队在收购中起到了举足轻重的作用。我们是内部的投行，我们早期的投资团队成员都是内部的管理咨询顾问。当我们需要有一个清晰的战略来下一个大赌注、拿到某家企业的重要份额或拿到一个董事会席位的时候，我们的小型投资团队的运作方式会非常不同。这当中的很多投资是为了获得知识和信息，这些信息描述的是不断变化的复杂生态系统正在发生什么。一些小投资可以被视为对冲，这意味着它们可以投资那些与威睿公司有直接竞争关系的技术，甚至与我们技术路线图有冲突的技术。

比起我们在威睿公司的两个团队，EMC 风险投资公司在我们母公司的运营则完全不同。我们压注是为了战略延伸，而EMC风险投资公司则完全独立经营，不需要业务部门的支持。我认为最重要的是，EMC 团队的激励措施是投资分成。如果投资失利，他们的收入会有所减少。如果他们表现良好，他们会拿到一定比例的投资收益。如果企业风险投资团队受到投资分成的激励，我相信他们更有可能投资那些其技术能够产生重大影响、市场会采用其解决方案以及业务会变得有价值的初创企业。

在理想状态下，你应当用财务手段来激励和回报你的企业风险投资团队，因为他们给公司带来了战略性投资和财务回报。问题是，我们很难客观地以货币形式来精准衡量战略价值。相比之下，对财务回报的衡量可以精确到一美分。毫无疑问，投资一家正在走向破产的初创企业没有任何战略价值。所以，这为激励你的企业风险投资团队去获得财务回报并分享利润提供了一个框架，这个框架可以引导风投团队投资那些正在研发新技术的公司，而这些技术正是我们的客户最终想要获得的。

EMC 风险投资公司和 EMC 公司的企业发展部门都向 EMC 公司的首席财务官赞恩 · 罗威（Zane Rowe）报告。从很大程度上说，EMC 风投团队是作为独立的风投来运营的。而且，他们不需要任何业务部门来支持任何具体交易。他们的企业风险投资高管可以拿到投资分成，这就使他们可以分享内部收益，而且从理论上讲，这也保证了团队的可持续发展，对团队的大部分行为都产生了积极的影响。他们享有投资的自由：既可以投资那些可能会影响 EMC 公司业务发展的企业，也可以投资那些与 EMC 公司有着完全不同业务的企业。他们有迅速完成交易的自由。尽管有充分的自由，他们与 EMC 公司更全面的战略还是有着紧密的联系。

在思科公司，投资被视为一种了解正在发生之事的方法。在网络泡沫破灭后，我曾在思科公司工作到 2003 年。当我加入思科公司时，市场仍在复苏期。如今，在热门的风险投资交易中，思科公司表现得比较活跃，而且它们不仅在监测市场，还战略性地使用 FoF 投资金融风投公司。我并不认为思科公司将投资视为业务转型，它们将投资当成了为竞争筹措资金的工具。

关键的一点是，当你的个人收入与企业目标相匹配时，企业风险投资会更高效。另外，我们没有方法来客观衡量战略软回报。如果你为投资团队提供补偿，那么他们就不太可能做出愚蠢的价格投资。我时不时就会看到一些以很高的估值完成的风投融资，企业看到了战略价值，而独立的金融风投公司决定不在更高的估值上投资。这就是我说的愚蠢的价格投资。如果没有一个投资回报率，你就无法判断自己是否正在优先做那些关乎成功的事情。我认为，每一家企业都应当时刻关注市场上正在发生的事，而企业风险投资正是实现这一目标的最佳工具。威睿公司是一家位于硅谷且估值为 200 亿美元的高科技上市企业，而且它在基于软件的网络和不断变化的云计算世界的发展过程中处于领先地位，成了积极的风险投资人，并且将利用企业风险投资这种关键工具变成了我们的必然之选。即使你是一家技术含量低的企业，可是一旦你获得了可观的收入并拥有一定数量的员工，技术就将影响你的企业。如果技术没有驱动你的收入，那么，它至少会提升效率和降低成本。我想在这个意义上，我们并不孤单，实际上几乎每家大企业都会有企业风投团队。

初创企业想要进入你的领域，这意味着它们希望你的销售团队能够促进其业务的发展。企业真正想要完成的一件事是为少数初创企业或者很多初创企业提供进入其领域的途径。另一方面，当企业得知其客户希望获得一种特定的技术时，企业应当为客户提供服务，并且与这些初创企业合作满足客户的需求。

每家初创企业都认为我们会将威睿公司的销售队伍作为一种资源提供给他们，来促进它们的技术进步和发展。要想真正做到这一点，初创企业就必须明白为什么达成这些交易是有意义的。在某些情况下，交易可能是没有意义的，但它们需要把这当成对冲投资来把故事讲好。从表面上看，初创企业的产品好像与我们的产品存在竞争关系，但是对我们来说，这可能是一种有价值的工具，能够让我们密切关注创新。谁能知道应当往哪个方向走呢？这种类型的投资可以足够小，因此信息实际上可以被廉价得到。初创企业能够获得了一位精通某个复杂生态系统的投资者，而大多数金融投资人却得不到。如果一家初创企业进入了我们的领域，而且客户反馈良好，那么我们就应当收购这家公司。

并购是一种强大的金融工具。毫无疑问，企业风险投资有助于获得这些企业的内部消息。在某种程度上，企业风险投资可以被理解成对并购目标进行的尽职调查准备。因此，这些早期投资意义重大。你是否有足够的准备或者一无所有，却仍然能够得到同样的结果？如果你把几百万美元投入一家公司，而且全部亏掉或者只有一小笔投资得到了回报，那么这算是一笔大交易吗？对于一家与我们有着差不多规模的企业来说，这根本不会有影响。如果你有如此大比例的股份，可以得到一些详细信息和合作机会，那么这本身就足以证明投资的合理性，而无须担心财务回报。有时我怀疑，如果不进行企业风险投资，我们是否还能够得到这些信息。如果红杉资本（Sequoia Capital）希望我们的企业发展部门考虑收购它们的一家初创企业，虽然没有企业风险投资，但是我们内部仍然能够达成一致的观点。然而，投资一家初创企业确实是一件奢侈的事，所以在买下它之前，要尝试与它开展合作，而且要三思而后行。

让我们从初创企业的角度再来看一看。一旦你（即初创企业）拿到了大企业的钱，你就变了。你可能被预订了。如果你可以把你的命运与某家大企业绑定，那么就万事大吉了。如果你是一家明星公司，你可能不想拿大企业的钱，因为这有可能会对其他买家关上大门，当然，要视情况而定。我是故意这样说的，因为每一家初创企业的每次融资都应当被看成是以交易为前提进行的，还要问问这样做是否对初创企业以及企业投资者有意义。如果你做得对，那么初创企业和大企业都将受益匪浅。

你可以分散投资，亏损 80% 也不用担心。但是，如果你的任务是找到最具创新性的公司，那么无论这些公司在哪里，你都需要激励你的团队。如果你赚了钱，那这就是一种衡量这些公司相关性的可靠方法。这是确保投资正确公司的金科玉律。

企业风险投资是一种了解市场动态的强大机制。在思科公司、NetApp 公司和威睿公司，我见证了企业风险投资不仅可以驱动有意义的发展、为我们提供在正确时间收购正确企业的新的能力维度，而且还可以为战略决策提供独特的视角。毫无疑问，在为企业筹措发展资金时，企业风险投资是一种有价值的工具。①

案例分析

德丰杰风险投资公司

米奇北村（Mitch Kitamura）
德丰杰风险投资公司联合创始人和总裁

》》很多年前，我就知道米奇北村这个名字，直到几个月前，我才在一次风险投资论坛的活动中见到了他。米奇向我介绍了“多重企业风险投资”模型。2000 年起，他就活跃在硅谷的风险投资圈中。他是 JAIC America 风险投资公司的前任总裁和首席执行官，该公司是日本亚洲投资有限公司（Japan Asia Investment Co.，JAIC）在美国硅谷的分支机构。德丰杰风险投资公司是一家跨境风险投资公司，总部位于日本东京和硅谷，是德丰杰全球创业生态系统（Draper Venture Network）的一部分。德丰杰风险投资公司第一只基金的规模是 5000 万美元，之后第二基金（Fund II）的规模达到了 1.5 亿美元。我想了解北村的观点，因为他 80% 的合伙人都是日本企业，其余的都是日本的金融机构。德丰杰风险投资公司基本上就是我所谓的“多重企业风险投资基金”。以下是他的叙述。

我们的投资者大部分都是日本企业，它们的首要目标就是获得创新和项目，以促进它们在硅谷的发展。可是，如果我们不为它们提供财务回报，那么我们可能就要承担它们无法与我们继续合作所带来的风险。我的经验不仅让我了解了初

① 这次访谈结束后，赞恩·罗威成了威睿公司的首席财务官。

创企业对发展速度的观点，这种观点与成熟企业有很大的不同，而且还让我明白了如何解决这一问题以及如何使成熟企业与初创企业的合作获得成功。

我们从第一只基金的运作经验中了解到，企业根本不知道如何与初创企业合作。所以，当运作第二只基金的时候，我们开始为我们的合伙人提供培训计划，帮助他们学习如何与美国的初创企业打交道，并且了解这些初创企业正在寻找什么。我们关注的是这些成熟企业想从初创企业得到什么，以及初创企业想从成熟企业得到什么。成熟企业的发展较为缓慢，而初创企业往往需要实现快速发展。我们所做的大部分工作就是为了让成熟企业了解企业文化的差异。

当成熟企业投资了我们的基金，这是个好的开始。事实上，它们开始投资像我们一样的风投基金就证明，已经有公司愿意站出来并且改变这种文化了。于是，我们就能够开始接触并改变我们基金资深支持者以外的人的想法以及我们与初创企业合作的设想了。一旦你有了与初创企业成功合作的经验，事情就会更快地朝着好的方向发展。

合伙人也会充分发挥他们的聪明才智，这就使我们能够专注于获得财务回报。

我们还发现，企业合伙人在尽职调查方面也可以发挥很大的作用，能够让企业知道自己能做什么以及不能做什么。这依靠的是非专有信息，这些信息对我们和初创企业来说都是非常重要的。我们认为，我们正在探索一种不同的风险投资模式，在这种模式下，与成熟企业合作不再仅仅是服务于合伙人，它们实际上能够帮助我们获得财务回报，并且实现成熟企业、风投以及初创企业三方的多赢。

案例分析

西蒙风险投资集团

斯凯勒·费尔南德斯（J. Skyler Fernandes）
西蒙风险投资集团总裁

》》斯凯勒·费尔南德斯与我一起回顾了西蒙风险投资集团（Simon Venture

Group，SVG）的成长史。该集团专注于零售业的多阶段风险投资，被风险投资数据公司 CB Insights 评为美国零售业排名前五的企业风投基金。该集团是西蒙房地产集团的企业风险投资机构，而西蒙房地产集团是标普 100 公司之一，是世界上最大的零售地产企业之一，其零售额比亚马逊和苹果公司的零售额总和还多。

我喜欢西蒙的风格。当他得到创建西蒙企业风险投资集团这份工作时，他明确提出了条件：在他接受挑战前，西蒙房地产集团需要完全同意他的条件。集团接受了西蒙的条件，这就是他运营公司的方式。以下是斯凯勒提出的条件。

1. **企业风险投资部门必须是一个独立的法律实体。**这可以使西蒙风险投资集团的行动比母公司的更独立，而且母公司的行动也比较缓慢。母公司的影响越小越好。企业风险投资部门需要得到创业者更多的尊重。创业者往往害怕大的企业投资者以及在这个核心问题上受到打击。

2. **像一家独立的金融风投公司一样运营。**为企业风险投资公司配备员工和管理者，不使用母公司的人员。企业风险投资部门得到母公司的支持当然好，但是管理层必须是专业的风险投资人和企业家，因为他们懂专业，并且了解行业文化。一开始，潜意识太多会教唆人们离开公司，这就是大部分企业风险投资公司会失败的原因。百思买风险投资公司（BestBuy Ventures）就是一个失败的例子。该公司聘请投资银行家来运营其企业风投公司。请不要重复这样的错误。企业风险投资公司或者任何风险投资公司的投资经理都会经历失败。大部分人都害怕失败，都不想投资那些航行在凶险水域的公司。一家好的风投能够在通过凶险水域时也如履平地，这正是创新并取得成功的原因。这也是创业者寻找的风投合伙人所需要具备的特质，而大部分企业风险投资公司都在这个方面有不足之处。

3. **企业风险投资不是必须要获得母公司或者业务部门的支持。**很多企业风险投资公司被要求必须在完成投资以前获得业务部门负责人的正式签字。对于西蒙风险投资公司来说，这样的签字完全不需要。企业风险投资部门需要具备自己做出投资决策的能力。在通常情况下，业务部门负责人想投资的初创企业是那些能够帮助他们在下一个季度获得良好业绩的初创企业，而不是那些可能需要数年时间才会增加公司利润的初创企业。他们当然不想投资那些可能会威胁到其权力基础、干扰其管理团队或者员工队伍的公司。大部分业务部门负责人都希望维持与现有合作伙伴的关系。这一切都有悖于企业风险投资的使命，即创新和颠覆。企业风险投资必须轻装前行。

4. 采用标准的风险投资条款。不投资不加上限的票据或者其他无价值的东西，企业风险投资是以聚焦战略价值且不关注合理的财务条款而著称的。企业风险投资公司一般会像金融风投公司一样运营。总有创业者试图与成熟企业完成融资，而金融风投太聪明了，以至于无法在估值上达成一致。而我们是按照金融风投公司的方式运作。最终，当管理层发生变化时，正如总部的首席执行官发生变化一样，我们将根据企业风险投资公司的财务绩效对其进行评级。风险投资回报排名前 1/4，且不出现负的内部收益率是比较好的情况。我们应当按照财务性回报与战略性回报的平衡性对企业风险投资公司进行评级。战略性回报难以衡量，而财务性回报则相对容易。这就是你要做的事。

5. 为企业风险投资团队支付与金融风投公司一样的薪酬。没有了 2% 的佣金和 20% 的分成，企业风险投资团队需要用经营预算去支付员工的工资、企业运营开支以及接近 20% 的分成。如果你没有这些，企业风险投资团队将无法招募和留住行业中最好的人才。人决定着一切。90% 的企业风险投资团队把这件事弄得一团糟。由于企业风险投资团队把战略价值传递给了大企业，所以它应当获得补偿，但这几乎是无法衡量的。你也不希望企业风险投资团队会因成为研发部门的一部分而感到困惑。如果你正在寻找战略利益，这种利益将来自回报最高的交易。（请记住英特尔投资公司创始人说过的一句话："投资一家已经于去年破产的公司没有任何战略意义。"）企业风险投资团队维持其寿命取决于它能够分配的资金比其能够投资的资金多。

6. 拥有一个稳定的资金池。大企业每年将为企业风险投资部门注入 1000 万、5000 万甚至 1 亿美元，即使这通常只在新闻稿出现，这也是必须有的。如果你只是说你拥有无限的资本，那么你可能会毁了自己。这可能是真的，但你不希望未来是无止境的。给出一个具体的数字，具体说明你对现有的投资有多少储备。如果你不明白你必须要做的事情，那么你就很难用金融风投的规则来运营企业风险投资公司。了解如何与你一起工作对创业者和风投公司来说也很重要。每笔投资必须能够为整只基金带来 25%~33% 的回报，这是行业的一条经验规则，而且我坚持认为，企业风险投资公司应当遵守这条规则来运营。如果你不了解基金的规模，你又如何能坚持这条规则，经营一个能够实现盈利的实体呢？你需要坚持风险投资的最佳实践，其中包括用最低的股权比例来实现有价值的投资，否则这种模式就是失败的。在企业风险投资中，最低的股权比例通常为 5%~10%，因为你经常要与领投的风投一起分享某轮投资的剩余股权。如果投资决策是由母公司那些厌恶风险的管理者做出的，那么他们会对风险投资战略起破坏作用。例如，如果某家企业的一些高层管理者会推进一笔金额较小的交易，这相当于风险投资策略中一个微不足道的股权份额，那么你将沿着总投资资本大于投资回报的这条路走下去，因为赢家是永远没有足够大的能力来弥补输家损失的。管理者可能会说，你要通过增加企业风投投资的公司数量来弥补，但是那会变得相当有挑战性（投资组合中的公司数量从 40~50 家变为 80~100 家），而且还会降低被投资公司的质量。鉴于大部分企业不想失去比传统风投公司更多的资本，它们会遵循种子基金的策略（包括更多的投资组合公司和更多的个体失败者），这可能是他们在感情上无法处理的事情。企业往往对短期指标太情绪化，相反，企业应当专注于创造长期的财务回报、接受早期的损失、在可能获得额外的资本和战略支持时来尝试挽救自己，并在赢家身上双倍下注。

7. **风险容忍度。**愿意在初创企业上亏掉 50 万美元或者更多。这不会影响我们的发展。投资组合多样化和母公司资产负债表的平衡可以调整投资初创企业的风险。企业风险投资公司要接受并准备好将资本置于风险之中。一些大企业的首席执行官都是已经跨越了鸿沟的成功创业者，他们害怕风险，因为他们现在是安全的。要让他们再次习惯这种风险。这只是游戏的本质而已。

西蒙风险投资集团向投资委员会报告，首席执行官拥有否决权，这就使我们的企业风险投资集团非常独立，同时也与高层保持着紧密联系，以将所有价值加在一起，释放运营一家企业风险投资公司的所有价值，而企业风险投资公司则希望与母公司发挥协同效应。西蒙房地产集团是一家规模庞大的企业，我们的企业风投之旅才刚刚开始。

案例分析

商业计划书太多，而投资人不够

上野雅俊（Masatoshi Ueno）

旭硝子风险投资公司（旭硝子玻璃股份有限公司）高级经理

》》我有机会与上野雅俊在旧金山共进午餐，期间他与我分享了他 20 年的企业风险投资经验。旭硝子玻璃股份有限公司成立于 1907 年，其母公司是日本三菱集团（Mitsubishi Group）。2014 年，该公司的销售额为 110 亿美元，在全球范围内有超过 50 000 名员工。该公司的建筑玻璃和汽车玻璃市场占有率排名第一，显示器玻璃的市场占有率排名第二。旭硝子玻璃股份有限公司也是电子、化工和陶瓷等高科技领域中的一家重量级公司，拥有庞大的客户群，员工遍布欧洲、北美洲和亚洲。

旭硝子风险投资公司由旭硝子玻璃股份有限公司总部的研发部门提供资助，并直接向首席技术官办公室汇报。有时候，研发部门做内部投资，有时候做外部投资，而外部投资要么直接通过旭硝子风险投资公司到初创企业手中，或者通过旭硝子风险投资公司到独立的风投基金手中。在某些情况下，旭硝子玻璃股份有限公司可以收购初创企业，把钱放进它们的股权结构表中，或者把它们推荐给某家风险投资公司，而旭硝子公司会与该风投公司进行一笔合伙人投资或者建立合资关系、签署一项联合开发协议（Joint Development Agreement，JDA）或者合作其他项目。这些外部研发投资被视为外包的研发，而且整个公司都普遍接受这种做法。

1997 年，旭硝子玻璃股份有限公司首次进入风投领域，投资了位于波士顿一家名为安宏资本（Advent International）的风投基金。第二年，旭硝子玻璃股份有限公司派一位高管前往波士顿，开始在风投公司工作，并为公司寻找能够投资、建立合作关系或者从中学习的技术机会。这种发源于日本企业的惯例能够让经理人通过不同的项目（包括花时间与风投在一起）实现转岗。在过去 20 年中，旭硝子玻璃股份有限公司延续着自己不断投资风投的计划，目的就是与创新保持同步，2005 年，该公司在美国硅谷设立了办事处，原因很明显，硅谷对风投的影响比波士顿更大。2008 年，旭硝子风险投资公司完成了对初创企业的第一笔直接投资。上野雅俊解释说，对于旭硝子风险投资公司来说，最明智的策略就是在过去的几年里把合伙人投资转换成了一系列的风险投资，与一些愿意接受来自旭硝子玻璃股份有限公司的高管并愿意在办公室为其提供一个工位的风投建立了合作伙伴关系，开始学习并体验“培训”，而高管可以把这种“培训”带回所在公司。

高管实现了从企业到风投基金的“轮岗”，其优势在于企业不仅可以通过自己的员工获得信息和创新，同时还可以吸收风投不同的文化、学习风投与初创企业打交道的方式，并且了解动态的初创企业生态系统文化。

当旭硝子风险投资公司在硅谷建立了自己的办公室后，旭硝子玻璃股份有限公司同样派了一位高管级经理人在旭硝子风险投资公司工作了3~4年的时间，然后再派回日本。上野雅俊指出，这种做法的效果不太理想，因为三年后，这些人就开始在风投生态系统中培养自己的关系网络了。他们学习如何让事情顺利进行，这样他们就能够为风投的流程增值。只是当培训和工作刚刚开始时，旭硝子风险投资公司就会让这个人返回旭硝子玻璃股份有限公司，开始培训下一位来自该公司的高管。这些轮训高管培养起来的关系网络不会被传递给下一位新来的高管。通常，这些高管回国后会受到重用，但旭硝子风险投资公司却面临一致性的问题。上野雅俊的建议是，高管轮岗的更好模式是派更年轻的高管去参加培训，因为他们有更强的可塑性，能更快地跟上培训。

其次，上野雅俊建议，轮岗的时间应当被严格限定为一年。另一家年收入180亿美元的日本企业巨头已经开发出了教学大纲和课程，这些课程适用于培训那些借调到企业风投公司的轮岗高管。上野雅俊建议企业可以复制这种模式。然后，他用美国的棒球运动打了一个比方。在传统的企业风投模式中，"投手"很多，而"捕手"却不多。他推荐了一种能够带来更多"捕手"的新模式。在某些情况下，轮岗高管可以先在企业工作，然后用一年的时间在企业风投公司接受培训，培训结束后作为一名"捕手"回到企业，并且在某些情况下作为合伙人或者执行董事加入企业风险投资公司。他们的目标是成就自己的职业生涯，即作为企业风投投资人为企业寻找机会。

他解释说，那些在企业风险投资公司工作的人经常会发现能够为企业带来机会的初创企业和技术。但是，企业总部却没有"捕手"来准备接收和积极响应外部这些企业风投公司"投回的球"（即机会）。这种新理念能够让这些接受过培训的高管更快地返回企业，并尽快成为机会的"捕手"。他们基本上可以被视为"双重间谍"：在企业工作，却接受企业风投的理念。上野雅俊解释说，"捕手"的数量应当比"投手"多。在任何大企业，都会有一些人抵制企业风险投资公司提出的新理念。"非我所创"（Not Invented Here，NIH）的态度是企业风投公司帮助大企业找到发展方向和解锁机会的天敌。企业往往需要 3 个月的时间考虑，而企业风投公司需要 3~5 年甚至 10 年的时间考虑。还有一个根本问题，就是企业没有一张明确的技术或者产品路线图。企业内部应当在需要做的事以及希望独立于企业风投的想法等方面形成一致的观念。所有人都想生产出既能够赚钱，又能够让股东和其他利益相关者满意的产品和服务。要做到这一点，企业可以尝试在内部开发 100% 的产品，但是大多数人都认为这不是最佳答案。最佳答案应当是走出去，通过企业风险投资、授权、建立伙伴关系以及与世界各地的初创企业合作等形式把创新带回企业内部。这将成为一种明智的企业整体发展战略。

上野雅俊提醒说，最难的部分是在企业内部推广来自外部的创新。培养更多的“捕手”来迎接企业风投公司的“投球”并做出反应是解决这个问题的方法之一，而且还要确保企业风险投资公司知道企业总部正在发生什么。

案例分析

英特尔投资公司

威廉·基尔默（William Kilmer）
英特尔投资公司欧洲、中东和非洲地区业务前负责人
Mercato Partners 公司合伙人
PublicEngines 公司创始人和首席执行官

为什么你认为企业风险投资会一直存续下去？

曾几何时，对于那些看重现金流而非投资意义的财富 100 强公司来说，企业风险投资可能被认为是昙花一现。当然，企业风险投资一直并将继续与经济发展的步伐保持一致。从总体上说，创新也是如此。当经济繁荣时，现金充裕的企业总是倾向于做更多投资，其中就包括企业风险投资。

我们身处高度竞争、全球化的市场，投资初创企业是一种生存之道。像优步和 Airbnb 这些创新者已经证明，一家年轻公司几乎可以在一夜之间冒出来，去挑战现有的企业。其他像 Domo 和 Facebook 这样的公司正在创造数十亿美元的市场，

而这种市场在几年前根本不存在。创新的同时要谨慎防御已经变成了企业的当务之急，而获得新的初创企业既能够实现创新，又能够实现防御。

是什么推动了这轮企业风险投资的浪潮？企业资产负债表上的过剩现金是一方面，获得创新才是真正的驱动力。初创企业的资金来源比以往任何时候都要多，它们正在进入每一个市场。即使是非技术市场也受到了创新，尤其是物联网创新浪潮的威胁。

你认为企业风险投资只是繁荣和萧条周期的一部分，也会像以前那样崩溃吗？

企业风险投资目前的繁荣必将在某个时点结束。并非每家公司都有相同的承诺，当经济衰退、盈利开始下降的时候，一些公司会因为在市场高点投资而受损。

在英特尔公司，企业风险投资一直是公司的战略性支柱，是受到高管和董事会支持的。这是英特尔公司的 DNA。它们已经学会了不对经济波动做出过度反应，即在市场过热时不过度投资，或者不在市场下跌时退出。我们做的一些最好的交易是在市场收缩时完成的。我们在早期创新浪潮中投资，在下一次经济好转时会快速发展。

团队成员的招聘情况如何？

雇用一家大型的企业风投投资人是非常困难的。这需要一套独特的、很难学会的技能。大部分公司犯下的最大错误是把某人从业务部门中请出来，而他只会通过公司的视角了解世界。

回首过去，我认为自己做得最好的招聘就是雇用到了这样的企业风投投资人：他们有技术基础，之前一直在初创企业或者业务部门工作，能够知道什么是好的商业机会，能够明白和接受风险，可以构建促进企业发展的交易，他们都是有创造性的思想者。

一位好的企业投资者最重要的是要有独立性。如果你无法在你的视野和投资范围之外的业务部门工作，那么这对公司没有任何好处。即使你经常与其他部门的同事一起工作，却对市场中正在发生的事情以及这些事将对你的组织有何影响视而不见、听而不闻，那么你只是欺骗自己，而无法使公司受益。

个人企业风投投资人与风投公司的合伙人发挥着不同的作用，但是他们是你的品牌。你必须认真考虑你需要什么样的人来代表你的基金，并且与首席执行官们进行日常会谈。谁最能代表你的业务部门和你的战略？谁会把你代入那些与炙手可热的公司展开的具有竞争性的投资？在每天工作结束的时候，任何企业风险投资部门只会像它们的个人投资者一样有良好的状态。

业务部门如何获得创新？

企业风险投资部门面临的最糟糕的情况是企业风投投资人得不到业务部门的尊重，或者业务部门不愿意帮他们一把。作为首席执行官，我曾试图通过某家企业成熟的企业风险投资部门的投资者来了解该企业的业务部门。我们不是在寻找投资，而是想要成为好的合伙人，并且通过它们的业务部门来获得客户。几次尝试之后，我被支持该部门的企业风投投资人告知，他不会引荐我，因为他已经引荐了我们的一个竞争对手，对方可能期待从他的部门拿到投资。他竟然愿意为其个人的投资组合而牺牲好的商业关系！长话短说，两年后我们被同一部门收购，支持他的企业风投却消失不见了。由于该企业风投投资人更关心的是投资，而不是对公司最有利的事情，该业务部门错过了与我们两年的合作。

作为一位企业风投投资人，有时你必须认识到业务部门是用自己的眼睛来看世界的，而且它们愿意推行新理念甚至是逆势投资。在英特尔投资公司，我会因为一家公司开发出了一种非常有趣的技术而买下它，而我们预测这项技术未来会发挥重要作用。当我把该技术引荐给一个特定的团队，我被告知“它与我们的路线图有关”，这意味着他们将会对这项技术进行内部开发。几次尝试之后，我决定让我们高级的研究组织——英特尔实验室（Intel Labs）来运行这项技术。我与一位评估技术的研究人员交谈过，他也知道公司的路线图。他的结论是，业务部门没有掌握初创企业开发的某些技术，而且存在无法满足企业路线图需求的严重风险。

确定初创企业的发展情况及其整体技术优势后，我们很快就启动了对该初创企业的投资，而没有采纳业务部门的推荐。大约 18 个月后，我们收购了该公司业务部门放弃的这项技术。这是一个例外，但是作为一个企业风投投资人，你必须应对各种电话，并且有独立运作的能力。

在初创企业与业务部门之间，个人企业风投投资人发挥着非常关键的作用。你必须扮演一个独立的角色。作为一位投资者，你有义务使该企业获得成功，并确保企业业务部门的利益不受损。作为一位企业投资者，你必须维护企业从合作关系中受益的目标。这种平衡是所有成功投资者都需要做到的。

"眼观六路，耳听八方"式的投资风格是英特尔投资公司对支持交易需求的主要业务部门所做出的最佳修正之一。这种风格是在 Les Vasdez 时期确立的，是我们战略的一个主要方面。Les Vasdez 是英特尔投资公司的创始人，是英特尔公司的第三名员工。如果投资者在业务部门的视野之外，甚至是英特尔公司的视野之外发现了一笔交易，这笔交易可能会对我们产生颠覆性的影响，我们就可以举起"眼观六路，耳听八方"的旗帜，在没有战略支持的情况下推进这笔交易。一直以来，我们都有较高的举证责任去证明这是非常重要的，我们甚至指望业务部门来支持它会阻挡我们前进逻辑的原因，但是我们并不需要与业务部门达成协议。有些交易在两年或者三年后会变得非常重要。

你如何看待董事会席位？

在我看来，作为企业投资者，拿下董事会席位确实有一些实际问题。首先就是扮演一个如此积极角色的法律后果，以及作为一位董事会成员在履行股东和企业义务时的潜在冲突。除了这些冲突，你还有义务作为董事会成员来指导和管理初创企业的高管团队。我认为，很多企业风投投资人是无法胜任这个角色的。

多年来，我们在英特尔投资公司一直推动英特尔公司获得董事会席位，而且最终达成所愿。我是第一批领导了一轮投资并拿到董事会席位的投资者之一。这是一个艰难的实验：在那家公司中，我们最终撤掉了首席执行官，只是想让他尽力阻止新的首席执行官上任，并通过一次政治斗争恢复了自己的地位。与公司一起付出努力会花费大量的时间和精力，这也就成了一种真正的学习过程。

你如何平衡战略性和财务性目标？

战略性目标和财务性目标不是非此即彼的决定。它们不是相互垂直的，而是同一连续体上的两端。在我看来，你需要同时考虑二者，而且它们都需要正收益。如果你不期望你的投资获得正向的财务回报，你就不应该投资。你需要找到另一种方式来与初创企业达成交易。如果你是一位纯粹的财务驱动型投资者，只是想要投资回报，你就不应当只看企业的名字或者在资产负债表外进行投资。作为一位普通投资者，你无法提供价值，最终你只会得到像其他普通投资者一样的回报。

你如何看待信任与独立的企业风投公司的关系？

所有好的企业风险投资都是建立在平衡信任的基础之上的。首席执行官和其他风险投资人需要相信，你会增加公司的价值。业务部门和高管层需要相信，你会让他们看到一家既有短期目标又有长期目标的创新型公司。独立的企业风险投资团队可以在其企业品牌下运营一段时间，可最终它的成功还是基于其个人投资者受到尊重和信任的程度。

在现实中，对企业风险投资部门的信任取决于可以由它们控制的两件事：财务性收益和增值。我曾经负责管理一支名声不佳的团队，因为他们无所作为。他们投资的都是公司中没有人会真正关注的项目，所以他们既无法实现财务回报，也无法获得风险投资人的尊重。因此，我们从基本的事情开始做起：投资那些最终能够成功的实体公司，与业务部门实施更具创新性的商业协议，以展现我们的价值。最终，这种策略得到了回报：我们成立了一个部门，是风险投资给我们带来了交易，而且当我们有东西展示给业务部门时，他们也变得主动了。

你如何看待附加值？

每位风投都声称自己是一位增值投资者。对风投来说，增值的现实完全是主观性的，而且风投公司和个人投资者能够实现的增值也有非常大的差别。在企业风险投资这个行业中，毫无疑问，你是一个价值创造的机构，否则你会失败。企业风险投资的本质差别就在于你能带来价值，而其他人不能。

如果一家企业风险投资公司无法帮助初创企业增值，那么初创企业就不该拿它的钱。当然也有初创企业拿了钱只是为了让风投给自己做名义上的背书。我们公司有一项基本原则，那就是我们所做的每一笔投资都会附带一份我们称之为“给予与得到”的夹页，并界定了我们能够给予公司什么以及我们期待能够从投资中得到什么。这样做不仅构建起我们与被投资企业之间的良好关系，而且还能够帮助我们确定这笔投资在战略上是否具有正确性。我们做出投资组合决策时通常有一个对“给予和得到”的讨论过程，用来评估我们和被投资企业是否都能够从合作中受益，并保障双方利益均衡。

案例分析

英特尔投资公司：企业风险投资公司成功之道

西塔・瓦桑（Sita Vasan）
英特尔投资公司前总裁
美国硅谷银行（Silicon Valley Bank）总裁
巴黎东方汇理银行（Banque Indosuez Paris）副总裁
东京银行（Bank of Tokyo）副总裁

为了成功地建立你的企业风险投资公司，你需要打造一支专注于财务回报、战略目标明确且运营简洁、顺畅的团队。企业风险投资公司需要花时间在市场上建立自己的声誉以及磨合内部的运作。我要简单介绍一下英特尔投资公司的运作，我在那里工作了 12 年，主要做企业风险投资咨询项目。

2000 年，我加入了英特尔投资公司，当时正值互联网泡沫的鼎盛时期，紧接着，泡沫破裂，当时我们做了大量的投资交易，建立了一个多元化的投资组合。直到我们开始放弃非战略性定位，这种对交易决策的强调才让我们所有人有时间认真审视自己所做的事情，我发现，我一度管理着 25 笔投资！我没有足够的时间像最好的风投一样来管理我们的公司，而且我们在战略方面也比不上最好的企业风投公司。我明白了，作为一家投资了超过 75 家企业的企业风投公司，经验是何等重要。随着英特尔投资公司的成长，我们的经验也更丰富了，而且在新的管理者的带领下，我们有了更大的影响力，包括进行了更重要的交易、获得了专业知识，并且推动了战略关系的形成。我们的薪酬计划变为以财务内部收益率为基础，这激励我们要更加精挑细选，更加有战略目标，更加成功。优秀的投资经理把时间用于了解他们所处的行业、争取最好的交易、与风投和创业者建立联系以及在英特尔公司的业务部门与他们的投资组合公司之间建立桥梁，以推动战略价值的形成。表现不佳的投资经理更关注他们个人的职业生涯发展，而不是作为一位企业风投投资人努力地工作。请记住这些像风投合伙人一样的创业者们，你需要仔细选择你的投资经理，因为他们会是你在他们公司中最好的支持者（或者可以忽略或者对你不够坦诚），正直、经验和人脉（包括企业内部的、与风投以及其他战略合作伙伴的）等特质都是关键。

一家强大的企业风险投资公司还必须用有效且全面的决策流程来进行有效的治理。鉴于风投的交易速度，交易决策的制定流程必须精简，才能迅速搞定炙手可热的交易，这是那些有着官僚体系、高层决策流程的企业很难做到的。所以，企业风险投资公司必须掌握一定的自主权来确保决策的有效性。

企业风险投资公司实际上有三重底线：财务回报、战略回报和内部的政治认同。战略回报难以量化，而且它会随着企业目标的变化而动态变化。企业风险投资公司如何与业务部门建立并保持联系、如何用企业文化指导工作以及如何在内部和外部营销自己都是其获得成功的关键因素。最终，企业风险投资公司的管理者需要设定这些目标、确定公司的使命、甄选和激励团队，而且他或者她必须获得公司内部的信任以及首席执行官级别高管的支持。

领导力以及最好的、最有经验的团队都是企业风险投资公司获得成功必不可少的因素。在英特尔投资公司，我遇见了三种类型的管理者：第一类管理者有高度战略性，类似首席执行官；第二类管理者是业务部门负责人；第三类管理者是首席财务官型领袖。他们都有着各自的优势和劣势。但我认为，战略眼光（第一类管理者）和财务严谨性（第三类管理者）是最重要的。最近，当我帮助一家保险公司制订企业风险投资计划，通过建立新的收入现金流以驱动更多创新和实现发展的时候，这种感受尤为明显。首席信息官有着出色的战略眼光，但是当他被任命为首席执行官后，糟糕的经营状况使他颇为震惊，从而敲响了其企业风险投资计划的丧钟。

要创建一家成功的企业风险投资公司，我们要了解企业文化、战略性地聚焦尽可能多的交易，并且要让最好的团队致力于获得丰厚的财务回报。英特尔公司最好的战略性交易也是财务成功。如果你的投资组合公司破产了，那么你就没有任何战略价值了。总之，要建立一个有（内部和外部）经验的团队，确保得到从高层到团队成员尽可能多的支持，并且制定有效的治理和决策流程。

眼见为实，耳听为虚

最近，英特尔投资公司的员工一直把以下内容作为电子邮件的签名。我认为，它值得我们从企业风险投资的角度来解读一下。

> 自 1991 年开始，英特尔投资公司已经投资了 57 个国家的 1440 家公司，投资额超过 110 亿美元。我们计划以每年 3~5 亿美元的速度继续我们的投资。

我看完之后觉得很精彩。让我们换个角度来看，迪克·克拉姆里克（Dick Kramlich）在 1977 年创立了恩颐投资（New Enterprise Associates，NEA），我上一次看该公司的规模已经超过了 180 亿美元。恩颐投资是世界上最大的风投公司之一。试想，如果我的预测是对的，那么企业风险投资才刚刚起步并将实现国际化，其对社会产生的巨大积极影响即将被证实。

案例分析

思科公司与高通风险投资公司（Qualcomm Ventures）

弗雷德里克·龙博（Frédéric Rombaut）
思科和高通风投前总裁，企业国际发展部门负责人
高通风投（欧洲）创始人和前总裁
安佰深公司前合伙人
法国布依格电信公司（Bouygues Telecom）联合创始人
孵化器 Founders Factory 创始人

》》我有机会见到了弗雷德里克·龙博，他是思科公司前总裁以及企业国际发展部门负责人，同时，他还领导了一支投资团队（2012 年—2016 年）。他是高通风险投资公司（欧洲）创始人（2006 年—2011 年），是安佰深公司前合伙人（1998 年—2004 年），曾与风险投资和私募股权行业的早期开拓者艾伦·帕特里克（Alan Patrico）一起共事。弗雷德里克现在是孵化器 Founders Factory 风投业务部门的管理合伙人，该部门是 2016 年 3 月成立的。

直到你成立自己的投资公司几周之前，你还在思科的企业风险投资部门以及企业国际发展部门工作。关于思科最近的企业风投业务，你有什么可以与我们分享的吗？

在并购方面，思科公司是世界上最活跃的技术买家之一，公司一年会进行 12~15 笔收购，每年会累积 30 亿 ~50 亿美元（几乎和我们 50 亿美元的研发预算一样多）。自从思科公司成立以来，已经进行了超过 200 笔收购，并购已经成为公司的 DNA 和创新体系的重要组成部分。无论是在战略影响还是战略整合上，思科是国际上公认的顶级并购大师。然而，它的收购业务常常是以美国为中心进行的。近几年，我们已经看到了美国与欧洲之间平衡的巨大变化。在过去四年间，欧洲发生的并购额从 5% 增长到将近 50%。

同样，在投资方面，思科是世界上最活跃的企业风投投资人之一，它有着 20 亿美元的投资组合，退出排名第二。其投资组合包括 100 家公司、约 45 家的风投基金以及一些大型合伙人，比如威睿公司。

然而，伴随着收购，投资常常完全以美国为中心进行，除了十几笔在以色列进行的种子轮投资，直到四年前，欧洲还几乎是思科公司投资议程上的空白。最近，我们又一次看到了美国与欧洲之间这种平衡的巨大变化。在过去四年中，在我的领导下（2012 年— 2015 年），思科公司的投资策略已经被彻底改变，现在，欧洲发挥了更加重要的作用。

第一，思科投资公司（Cisco Investments）制订了一项营销计划，来提升思科公司作为企业风投投资人的附加值。该计划旨在尝试把更多的战略性思维以及营销和研发纲领呈现给董事会成员；积极建立关系网促进投资组合公司的发展，包括与思科的客户、思科的管理者、思科所投资公司的普通合伙人以及投资组合中的创业者召开多次执行简报会议；邀请一些投资组合公司到世界各地的思科公司参加现场活动，对这些受邀公司来说，这既是一次拜访思科大客户的机会，也可以提高它们与处于发展初期的公司进行合作研发或者联合开发的能力。因此，这是思科为其投资候选人提供的一种新的合作发展模式。

第二，思科公司为其内部投资流程增加了潜在支持者。过去，思科公司常常只有一种潜在支持者（比如某个业务部门）会对其企业风险投资计划表示支持。这意味着支持者只会聚焦于那些能够在中长期内影响其收入的领域。这可能是一个漫长的周期，但是一旦到位，它可能真的有助于加速企业业务规模的增长。三年以前，思科公司新增了十几个新兴的投资主题，这些主题专注于长期创新和毗邻 / 非核心业务领域，促成了对诸如 Evrythng（一个物联网平台，专注于快消品垂直行业）以及 Intersec（一个快速发展的大数据平台）的投资。这样，思科公司可以很快做出决策，但是面临的挑战在于我们实现增值的不确定性，因为在这种情况下，没有业务部门会支持投资。

第三，思科公司在去年推出了一项名为“国家数字发展加速”（Country Digital Acceleration）的新计划。从法国开始，思科公司在欧洲几个国家陆续宣布了几项重要的投资承诺，分别是英国 10 亿美元、德国 5 亿美元、法国 2 亿美元以及意大利 1 亿美元，旨在加速几个垂直市场的数字化进程，使思科公司能够成为一个水平化的软件网络平台。

能否为我们介绍一下思科作为一只 FoF 所进行的间接投资？

思科公司有一个由大约 45 家风险投资基金组成的投资组合，筛选、建立合作关系并且与世界上最好的普通合伙人联合投资是思科追求的目标。而更有趣的是了解思科间接投资策略背后的战略性动力。在这方面，对以下时段进行观察和思考非常有意义。

- 直到 2004 年，思科公司才开始广泛投资 FoF，它必须学会这种艰难的方法。随着互联网泡沫的出现，很多风投基金变为无利可图，而思科公司却很幸运，它的一些盈利项目足以弥补基金的亏损。在欧洲，指数创投公司（Index Ventures）是那个时期其投资组合中的唯一幸存者。在亚洲，软银集团（Softbank）是成功的最佳贡献者。
- 2005 年至 2014 年，思科公司的间接投资主要集中在新兴和周边国家，它们以企业社会责任为己任。比如在巴西，我的团队找到了 Monashees Capital 投资公司（2012 年和 2015 年）和 Redpoint eventures Brazil 公司（2012 年）这两支最好的普通合伙人团队。同时，我们也投资了俄罗斯、约旦、埃及、巴勒斯坦、以色列以及其他国家。
- 从 2015 年开始，思科公司带着间接投资战略回到欧洲。在我的领导下，思科公司宣布在投资组合中发起三只新基金，它们分别是法国的 Partech Ventures 公司和 ID 投资公司（Idinvest Partners）以及意大利的 Invitalia 公司，它们都受到了国家数字化加速计划的资助。思科公司还决定投资几家最好的物联网加速器，比如 Startupbootcam，它是欧洲领先的加速器之一。

所有这一切都促使思科公司成了董事会中最好的企业风投的技术投资者，即从初创企业加速器、风投基金、初创企业直投、后期技术公司、大型合资企业到小型、中型和大型并购。从退出的角度说，它的盈利能力在企业风投公司中排名第二，这就证明战略性和财务性目标是可以同时实现的。[①]

① 来源：风投数据网站 CB Insights。

思科公司的内部架构是怎样的？企业发展部门与思科投资部门有何相互作用？

思科投资公司确实是思科企业发展部门的一部分，它不是一个独立的团队。主要原因是思科公司是在一个定义明确的创新架构下运营的，由发展、购买和合作这三个互补的流程组成，也就是研发、并购和合作，合作中包括企业风险投资。任何时候，思科公司都无法在其内部实现快速创新、业务收购、整合和规模化，而思科投资公司可能会对潜在收购起到很大的帮助作用。

最近发生的重要变化是思科公司有意愿加快物联网市场的发展，所以这就需要在我们生态系统中做更多的投资。思科公司承认，物联网将会制造一个庞大的垂直细分市场（广告科技、金融科技、医疗科技、智慧零售、智慧城市、智能制造、智慧交通、智慧农业、工业物联网等），而这些垂直行业需要创业者来创造新的概念、新的用例并对客户进行必要的调整，直到找到一个可以实现规模化的商业模式。这就是思科公司希望与垂直行业中的领军企业一起合作来加速实现的事情。

这也是对思科公司“网络作为平台”这一愿景的补充。该愿景指出，网络基础设施正在向应用程序开发者提供数百种应用程序编程接口（Application Programming Interface，API）。软件应用程序不仅正在充分利用网络基础设施，通过网络虚拟地连接任何网络设备，也受益于额外的处理能力、存储、安全、微计费和位置等。更有趣的是，华为公司最近也表现了相似的战略演变，即“从定义硬件到定义软件，再到定义应用开发者”。

高通公司与思科公司的主要区别在哪里，尤其在企业发展战略上？

高通公司是最出色的无线技术研发平台之一，公司在研发上投资了 54 亿美元（约为收入的 20%），旨在用大量的科学技术创新以及以知识产权为基础的技术创新来点亮未来。这些创新包括无线 GBps、无线移动设备和电动汽车充电、无线电力传输、虚拟现实和增强现实技术、定位技术、无线支付、无人机技术、多核处理器、4G 基站、下一代显示器以及生理传感器等。作为芯片和知识产权供应商，该公司开发了全价值链，从组件到移动电话，从移动运营商到网络和移动应用程序。其风险投资部门，即全球最佳企业风投公司之一——高通风险投资公司过去常常会独立地做一些大胆的投资。它不一定把重点放在其核心业务上，但是在加速培育4G生态系统的同时，也会产生强劲的财务回报。偶尔，高通公司会做一些收购，比如Arteris公司和Nujira公司（两家都在我的投资组合公司中），或者以24亿美元的价格收购英国剑桥的CSR公司（Cambridge Silicon Radio，CSR），但是鉴于它们强大的研发和知识产权文化，它们一般更倾向于内部开发技术。

思科公司有一种更商业化的方法。鉴于它们的研发预算高达50亿美元，它们会仔细聆听客户的需求，而且它们的创新更多的是以销售驱动而不是技术主导，但这并不妨碍它们驱动重大的技术进步，比如软件定义网络、虚拟化和视频基础设施、基于开源的网络安全以及万物互联网等。然而，从最开始，并购就一直存在于思科公司的DNA中，当它们认为可以有足够的时间投入市场、获得竞争优势或者在基础设施软件平台之上增加收入时，它们会毫不犹豫地进行收购。投资战略可以在驱动创新和分散风险的同时推动并购业务的进行。这就是将并购业务和思科投资公司纳入企业发展部门的原因。

案例分析

高通生命基金会（Qualcomm Life Fund）

杰克·杨（Jack Young）
高通生命基金会前负责人
德国电信投资合伙人公司（Deutsche Telekom Capital Partners）风险投资部门前负责人
dRx Capital AG公司普通合伙人

》》高通风险投资公司、英特尔投资公司和谷歌风险投资公司（Google Ventures，GV）在大部分排行榜上都排名前三。在我看来，在一场无法持续的游戏中，它们都算是基业长青的顶级公司了。当我写这本书的时候，高通风险投资公司自2000年成立以来已经有16年的历史了（实际上，高通风险投资公司与卢比肯风险投资公司在旧金山的同一栋楼里办公，两家公司一起合投了Navdy公司）。以下是我对杰克·杨的采访，他从2008年开始担任高通生命基金会的负责人，最近他成了德国电信投资合伙人公司的负责人。在接受这次采访时，杰克是 dRx Capital AG 公司的普通合伙人。

dRx Capital AG 公司是由诺华公司与高通公司共同投资 1 亿美元（两方各 50%）成立的风投合资公司。我们尽力通过投资早期公司并充分利用我们在制药业、移动 /IT 和投资行业的广泛网络来促进数字化医疗产品、服务以及商业模式的成功。

高通风险投资公司是一家真正的全球化企业风险投资公司，其目标是时刻把握无处不在的创新。我们在美国的圣地亚哥、硅谷和波士顿、英国伦敦以及以色列、印度、中国、韩国和巴西等地都设有办事处。

高通风险投资公司会为每个办事处雇用 20 位全职员工组成团队，主要对初创企业进行从种子轮到后期的投资。

高通公司的投资哲学有两个基础：（1）对高通公司有战略贡献；（2）投资那些在财务上有可行性的项目。

我们想了解最新的技术和商业模式。我们只投资那些可以为初创企业实现增值的项目。15 年以后，如果在财务上没有盈利，我们就不会继续经营这些企业了。高通风险投资公司非常赚钱。大多数企业风险投资公司会失败是因为战略性与财务性之间缺乏平衡。对于企业风险投资公司来说，这是一个永恒的权衡，这种惊人的正确平衡是个秘密。在我看来，我们的使命是向前看。高通风险投资公司投资的是未来。我们是一个具有前瞻性的团队，我们在为母公司和投资组合公司增加战略价值的同时，也在做着我们的事情来赚钱。比起其他正在加入游戏的企业风投公司来说，我可以向你保证，高通风险投资公司会在从现在开始的 10 年甚至 100 年中，在你意想不到的领域继续支持创新。

我们与诺华公司最新成立的合资公司就是一个令全世界都出乎意料的例子。能够在 dRx Capital AG 公司工作，我感到非常兴奋。

案例分析

威瑞森风险投资公司

苏雷什·马德哈万（Suresh Madhavan）
威瑞森风险投资公司投资经理

》》我找到了威瑞森风险投资公司的投资经理苏雷什·马德哈万，他与我分享了他的最佳实践，并且与我讨论了企业风险投资。像很多大企业试图调整投资策略一样，投资初创企业有双重目的：实现财务回报，但通常更重要的是，通过强化核心业务或者拓展新的业务方向进一步推进母公司战略。在苏雷什看来，威瑞森公司的投资旨在填补产品空白或者带来新的、能够吸引客户的价值主张。以下是他的叙述。

我认为，任何企业成立风险投资部门的主要原因基本都是为了跟上潜在的颠覆性趋势。有些初创企业会颠覆你的核心业务或者新兴业务，对它们在不同发展阶段的动态保持密切关注是非常有意义的。密切跟踪变化和趋势，并且对正在形成的新市场保持敏感，有助于像威瑞森这样的大企业建立新的扩张性业务。企业风险投资还为企业的发展以及与新参与者建立合作关系提供了渠道。我们观察到，市场上很多的早期创新与信息服务、产品和人工智能相关，这就为整合提供了有意义的机会。

能够在组织内部分享新理念也是企业风险投资的核心目标。一些团队如此专注于把自己的产品推向市场，以至于他们可能会忽视那些能够改变其产品的发展轨迹。要知道，在内部了解这些信息是非常重要的。它可能不会创造一个新的产品机会，但它却可能说服你将工作重心转向现有产品，或者完全放弃一个可能会在未来过时的产品。

威瑞森风险投资公司会定期为内部管理团队举办活动。这些活动往往都有一个特定的行业主题（比如物联网）。在这些活动上，我们会邀请商业伙伴、行业领袖、投资组合公司和初创企业的团队进行演讲，这些团队都是我们精挑细选出来的。我们会分享某个行业对于创新的洞见，并且鼓励公开讨论这些想法、成功和挑战。我们还发布深度报告和简报，这些报告涵盖关键技术行业的趋势、企业风险投资的投资趋势，甚至是某个领域（如网络安全）的估值等特定主题。

威瑞森风险投资公司已经进行了超过十年的投资，通常，我们平均每年至少投资 5~6 家新公司。我们大约 70%~80% 的资金会投入新交易，20%~30% 的资金作为后续投资被部署到现有的投资组合公司中，即使这些资金在一定的时期内会根据可用的投资机会而变化。

威瑞森风险投资公司会与威瑞森公司产品团队的管理者进行合作，这些管理者直接向首席执行官报告。作为企业风险投资部门，与企业内部的业务部门合作来帮助产品经理或者其他业务部门那些致力于加强现有和计划的产品供应的负责人是非常有意思的。对我们来说，重要的是要知道我们的投资能够在哪些地方为大企业带来价值，以及投资组合公司如何强化、加强或者拓展产品和业务部门。尽管产品部门和投资团队之间的优先级不可避免地存在差异，理顺这些关系不仅需要了解内部的优先级，而且还需要处理好发生在企业外部的创新，以确保各团队的成功以及团队之间的无缝协作。

我们的大部分投资倾向于在 B 轮和 B 轮后进行。我们试图平衡高级资源导入、每笔交易的特定优先级以及企业所处发展阶段这三者的关系，来确保为初创企业和威瑞森公司做出最佳决策。投资过程在很大程度上取决于初创企业的发展阶段和偏好，而且我们会与我们的执行委员会就上述内容协调一致，这是让产品经理了解每笔交易的基础，以确保他们的团队在整个流程中都努力工作的终极方法。

在 B 轮和后期阶段进行投资是非常有趣的，因为我们正在帮助一家完成融资的初创企业制订一个可靠的商业计划。话虽如此，在早期阶段也会出现一些问题，所以重要的是我们也能够解决这些问题。我们基本上通过间接投资来实现，这使我们能够投资那些被精挑细选出来的风投基金，这让我们更了解其投资组合中的那些初创企业。这些积极的投资计划也是从普通合伙人的基金经理那里获得高质量交易的一种好方式，我们了解并信任这些基金经理。

案例分析

USAA 风险投资公司

维克托·帕斯库奇三世（Victor Pascucci III）
USAA 风险投资公司创始人和前负责人
美国风险投资协会主席
USAA 风险投资公司企业发展部负责人

》》我非常享受与维克托·帕斯库奇一起工作的日子，并且期待未来有机会与他继续合作。我向他请教了关于企业风险投资协作的承诺对于企业的影响。以下是维克托对 USAA 风险投资公司的介绍。

第一个要回答的问题是，你是战略投资者还是财务投资者？作为财务投资者，你的主要目标是获得回报，类似于独立的风投。作为战略投资者，你的目标是实现企业的目标，扩大其竞争优势，完成其优先任务。在后面这种情景中，一家企业风险投资公司必须对其所说的“战略”做出清晰的定义，这将决定你要做的交易以及你的治理和审批流程。对不同的企业风险投资公司、创业者以及联合投资人来说，战略都有着不同的意义。你对战略的定义意味着你投资的公司都是与你企业相关或者是对你企业感兴趣的公司吗？你打算对你所投资的公司的能力进行整合吗？

战略可以被定义为弥补能力短板、新产品开发、增强或者外包研发、知识产权开发、获得新市场的地区 / 细分领域或者获得创新。

现实是，你已经被赋予了资本，所以，无论是明确的还是含蓄的即使你可能是“战略性”的，也会有财务业绩预期。为了基业长青和生存，你必须展示出一些有意义的回报。我的经验是，如果你坚持自己的战略和战略价值，那么就一定会获得财务回报。USAA 公司能够在内部收益率和现金回报率方面产生最好的财务回报。项目的战略重点会衍生出多个 IPO 项目以及成功的收购退出。

优秀的创业者可以从他们选择的渠道中募集资金。作为一家企业风险投资公司，你带来的利益和增值是与你的母公司的整合和分销。增值不仅是商业关系，更重要的是时间、建议、洞察力以及初创企业从商业伙伴（更希望是你）

那里得到的指导。

初创企业将拥有成千上万甚至数百万的客户、成百上千的投资人以及数十位合伙人。当一家公司有一位投资者，而这位投资者既是客户又是合伙人时，这就是一种联盟、洞察、投入、增持和风险缓释，这是企业无法通过其他任何手段来实现的。你要与企业保持一致的成功目标，而不是把资本置于风险中。作为一家企业风险投资公司，你不仅需要了解初创企业的特定业务，而且还需要洞察整个行业的前景。假如你与你的投资组合公司有积极的关系，你就可以对可能影响你母公司的决策（假如你正在适当地平衡受托责任）有一定的投入。股权增持最好通过直接投资完成。增持不仅是为了把资金置于风险或者商业关系中，而且还是为了增值建议、洞察和提供的资源。此外，每家公司都会面临第三方风险。这种固有的第三方风险不仅可以被初创企业越来越有说服力的资产负债表降低，而且还可以被上述的联盟、资源输入和洞察降低。如果你的公司正因为某家初创企业的关键战略能力而依赖它，那么获得这种层次的联盟、洞察、投入、风险降低和增持对它们最为有利。

在 USAA 公司，使命定义了战略，即促进军事共同体的金融安全。作为战略投资者，USAA 公司将致力于寻找那些新兴的趋势、技术能力或者颠覆性模式，以确保公司在未来 100 年里仍是军方的金融服务供应商，因为在过去 100 年里，它一直都是。USAA 公司将依靠投资组合公司和投资来为其成员提供一整套极具竞争力的产品和服务。

你的交易如何被批准是最有效地定义你是战略投资人还是财务投资人的标准。如果你的交易能够在没有你公司支持的情况下得到批准，你就不是一位战略投资人。如果你的交易能够在未获得初创企业或者你将整合的公司的支持而得到批准，你也不是一位战略投资人。不管你的投委会中有谁，如果你可以在没有企业同意和支持的情况下进行投资，你就是一位财务投资人。

如果你正在一家风投公司工作，那么你就要努力将最好的外部创新（初创企业）与你公司创造的最好的内部创新结合起来。通过对所有团队的智力资本、研发、孵化、产品创新、营销甚至合规 / 监管能力进行整合，最终的结果总会是好的。作为一家企业风险投资公司，你应当为了使所有人受益（使彼此强大的东西往往恰恰相反）而努力弥合世界与文化之间的鸿沟。

作为一家企业风险投资公司，你要感谢的是你是一个更广阔的生态系统的一部分，这个生态系统是由创业者、投资者、孵化器、加速器、银行家、学术机构和专业服务供应商组成的。理想情况下，你不希望成为一个交易团队，而是商业伙伴值得信赖的顾问和推动者。在这个生态系统内部，你不应当只被视为一个交易团队。在整个创业生态系统中，你必须是企业内部客户值得信赖的顾问。对于你的公司来说，这个广阔的网络不仅是巨大的资源，而且还是你努力的证明。

为了变得更加有效，一个企业风险投资团队（尤其是一个需要整合投资组合公司的战略投资者）需要有非凡的关系维护技巧。没有跨多个业务部门的积极关系以及相关管理和各级行政人员（从行政人员到董事长的各个级别）的支持，企业风险投资将无法正常进行。作为一家企业风险投资公司，你正在引入颠覆性技术、新兴趋势甚至是那些被视为与母公司有竞争性的产品。这些事情可以被视为令人生畏的改变或者是对内部能力的控诉。因此，好的企业风险投资项目会遇到巨大的阻力。如果没有适当的政治技巧、信任、关系、影响力以及内部真正的合作关系，那么企业风险投资团队将无所作为。

在平衡外部义务（董事会会议、交易流管理和研讨会等）、内部会议以及花费必要的时间来维护关系之间会面临着挑战。

在这种情况下，同时进行内部招聘和外部招聘是比较好的选择。内部招聘的人员有已经建立起的关系，但不太可能有外部人脉和经验，而且人员的数量应当与外部招聘的那些有关系网和经验的人员的数量保持平衡。从外部招聘的人员必须具备在大企业工作的经验和客户服务技能，否则他们很快就会被边缘化，然后被辞退。适当的平衡能够创建一个伟大的团队。因为内部招聘积累经验，外部招聘建立关系。

企业风险投资公司应当尽可能多地为其投资组合公司创造连接点和可用资源。企业面临的现实是人、任务、优先性、预算、战略和计划都在变化。初创企业在公司内部的连接点越多，它们得到的支持就越多，就越有可能有效应对那些不可避免的变化。

每笔交易都应当有自己独立的投资主题和价值驱动因素，这就形成了企业风险投资团队的整体战略。企业风险投资的整体战略应当与公司当前的战略和优先事项相一致。主题和价值驱动因素应当有定量和定性指标，以解决战略和财务方面的问题。

在着手进行企业风险投资之前，你必须明确的是：

- 你为什么这样做？你是战略投资者还是财务投资者？
- 明确你进行企业风险投资的原因才能回答是做什么以及如何做。
- 战略性投资对你意味着什么？你能够整合它们吗？
- 有足够的资金支持（至少 1.5 亿美元）以显示你的长期承诺。
- 有必要的流程来使母公司满意，还要有必要的灵活性来达成交易和展开竞争。
- 你能够为创业生态系统提供哪些令人信服的价值？
- 你的内部信息和活动有哪些？
- 谁是企业风险投资获得成功所必要的内部支持者和盟友？
- 了解这是一个长期（12 个月及以上）承诺，才能够整合你的投资并让其出现在市场上，再用 7~10 年的时间获得财务回报。
- 你的指标有哪些？
- 你的交易将如何被决定、报告和追踪？
- 你会领投吗？
- 你会对有限合伙人有兴趣吗？
- 你会获得董事会席位吗？是拥有实权还是成为观察员？
- 你如何参与设定公司的企业风险投资战略？
- 你如何参与整合更广泛的公司流程、计划和战略？

》》我有机会通过分享交易流程而了解了 USAA 风险投资公司的整个团队。为了得到 USAA 公司的内部支持来发起和执行一系列的企业风险投资计划，维克托花了两年的时间，而且他还动员了多位有识之士来帮助他，包括英特尔投资公司的前负责人亚历山大·马奎斯（Alexander Marquez）以及曾领导芯片制造商 Altera 公司的风投和并购项目的戈皮·兰加（Gopi Rangan）。他们进入市场进行真正的投资，似乎真正使企业和初创企业实现了战略匹配，并且带来了可观的财务回报。他们开发了一个由超过 21 家大企业[①] 组成的投资组合，并且产生了丰厚的财务回报。维克托接受完我的采访后，USAA 风险投资公司的大部分人员都已经离开了。USAA 风险投资公司成了另一个例子：一家在其风投管理者离开后重新评估了其在风险投资领域地位的高产的企业风投公司。我相信，真正的原因更复杂，但是为企业中那些成功的风投专业人士提供合适的长期职业环境更是一个挑战。

案例分析

沃尔沃风险投资公司（Volvo Group Venture Capital）

乔纳斯·兰斯特龙（Jonas Landstrom）
沃尔沃风险投资公司（美国）总裁

》》乔纳斯·兰斯特龙与我分享了沃尔沃风险投资公司的故事。很多驾驶沃尔沃汽车的读者可能不知道，沃尔沃的汽车部门在很多年前就已经出售给了福特公司，而福特公司最近又把汽车部门卖给了中国的吉利汽车公司。所以，你今天驾驶的沃尔沃汽车是在瑞典的哥德堡制造的，但其品牌却由一家中国公司持有。如今，沃尔沃集团的沃尔沃风险投资公司专注于卡车、巴士、建筑设备、发动机和其他工业车辆等业务。瑞典沃尔沃出售了其小汽车部门，并将约 3000 亿瑞典克朗（约 340 亿美元）的收入用于卡车业务，而且它还收购了众多知名品牌，比如麦克卡车（Mac trucks）。以下是他的叙述。

沃尔沃风险投资公司作为永续基金成立于 1997 年，隶属于瑞典沃尔沃集团（专注于卡车、巴士等业务），是一家独立的全资法人企业。汽车行业在未来五到十年的变化将比过去 100 年更大。一些大企业可能认为他们的核心业务不是一项技术业务，但实际上，每家企业都有技术，只不过不在核心位置罢了。汽

① 这些企业包括 TRUECar、Care.com、个人资本（Personal Capital）、Coinbase、Prosper、MX、叙事科技（Narrative Science）、Snapsheet、ID.me 等。

车是一项技术业务。大家都很清楚汽车行业的变化。事实上，我们很难在汽车行业中找到未受到全面转型或者军备竞赛威胁的一部分，而正是转型和竞赛导致了这些变化。让我们想想互联汽车（connected car）、自动驾驶汽车、机械工程、软件工程、设计、定制、清洁能源汽车、车载信息服务（telematics），那么人们将如何购买、租赁、共享、交易汽车并享受相关服务呢？我们预计，人们对公共交通的看法、对汽车所有权和个人汽车的概念将发生重要变化。

在运营了近 20 年后，沃尔沃风险投资公司加快了发展的步伐，基金规模翻了一番，目前达到了 1.2 亿～1.3 亿美元。作为一只永续基金，这意味着退出的资金又回到基金中进行再投资，为初创企业提供资金。现在，这类资金中的约 1/3 是可以用来投资的“干火药”，约 2/3 以私人控股公司的形式存在，有望实现最终退出。去年，在沃尔沃总部的新首席执行官上任后，投资节奏放缓至仅有两笔新投资。

沃尔沃风险投资公司是沃尔沃集团战略部门的一部分，并向战略部门负责人报告。该部门总部设在哥德堡，有六名全职员工；另外有两名员工在硅谷工作。

》》我问乔纳斯，让 75% 的企业风险投资团队在总部寻找交易是否有意义，那里并不是众所周知的技术创新中心，而只让 25% 的团队留在硅谷这个全球创新中心又是否太少了。

我想改变这一切，但重要的是要确保企业风险投资项目与公司业务密切相关方能有效。沃尔沃风险投资公司设有一个外部董事会，董事会成员需要与战略部门负责人、企业发展部门（并购）负责人以及一位外部高管（他曾担任 CapMan 公司的董事长，该公司是一家有着良好信誉的私募股权基金和风投基金）共同协商来批准每笔投资。

除了将沃尔沃集团的外部创新引入组织这一清晰目标之外，沃尔沃险投资公司聚焦以下三件事情：

1. 发现并引进新的人才；
2. 确定和协商初创企业与沃尔沃集团之间的合作关系；

3. 为并购团队搭建渠道。

比起专注于特定的并购清单，沃尔沃风险投资公司可以投资那些在技术上满足运输业发展的项目。它们的投资不分阶段（从种子前期到成长期），但通常每笔投资金额为 100 万 ~1000 万美元不等，而且会在 A 轮和 B 轮的最佳时间点进行投资，这时初创企业已经证明了其产品与市场的契合度。沃尔沃风险投资公司会尽可能地获得董事会观察员席位。回首近 20 年的企业风险投资计划，作为一个有着清晰的财务性目标的独立实体，财务的可持续性发展是非常重要的。也就是说，只有在初创企业与公司有明确的合作愿景时，沃尔沃风险投资公司才会进行投资。当沃尔沃集团能够在短期内为初创企业增值，并为自己带来长期战略价值时，这种做法是最有效的。这就是企业风险投资应当实现的双赢。沃尔沃风险投资公司是沃尔沃集团与其投资组合中的约 65 家公司之间所有商业交易的核心。投资后，沃尔沃风险投资团队会为消除来自不同业务部门的阻力、确保最大限度的合作而努力。

执行一个完全独立的企业风险投资项目是没有意义的。企业风险投资团队必须与公司实现联动。当我们深谙企业风险投资的基本细节后，我们需要在公司中找到能够与投资组合公司打交道的合适人选。这并不总是一种自上而下的实践，而是一种自下而上的实践。从本质上说，一位有效率的企业风投专家有着与独立的金融风投专家一样的技能，而且还要具备有效、耐心和持续地引导企业的能力。

案例分析

宝马 i 风险投资公司（BMW i Ventures）

马克·普拉特森（Mark Platshon）
宝马 i 风险投资公司高级顾问
Icebreaker 风险投资公司总裁

》》我在美国旧金山见到了马克，并与他共进午餐。以下是他对企业风险投资的一些看法。

如果你所处的行业正在经历大规模混乱，你可能会决定做这件事：高举旗帜，并且说我们有资本、头脑、市场准入、相关的行业知识和大量资源来帮助初创企业渡过难关。这面旗帜被称为“风险投资”。宝马是一家价值 1000 亿美元的公司，已经庆祝了自己的 100 岁生日，但我们相信，它未来的竞争对手将是一系列全新的角色，包括苹果、谷歌、特斯拉、英伟达（Invidia）、Lyft 以及其他你可能想不到的公司。在宝马公司，我们意识到我们所处的行业正在经历巨大的变革，比如电动汽车、碳纤维、自动驾驶汽车、互联汽车、汽车自动化和后续服务的出现以及优步、Lyft 等新商业模式的出现。谁拥有汽车？如何购买汽车？城市居民愿意买车还是开车？亚洲市场的发展会与美国或者欧洲市场相同还是不同？你可以通过阅读高德纳公司（Gartner）的研究报告或者参加各种会议来研究这些变化，或者你可以身体力行，真正拥抱这些变化，并让自己沉迷于这种颠覆性变化。而这一切都是通过真实的投资来实现的。资本投资会产生责任。把现金置于风险之中或者与一些人的职业声誉挂上钩，你的游戏质量会提高到一个新水平。

当我们在六年前成立宝马 i 风险投资公司的时候，宝马公司还没有进行过自下而上的创新，所有的战略项目都是自上而下执行的。创新应当从各业务部门导入企业风险投资部门，然后直接向总部的高管层汇报，再将其应用于需要之处。

企业风险投资团队应当仔细考虑挂靠在哪个部门。把企业风险投资团队放在某个具体的业务部门是一个错误。你不想让那些着眼长期的思想家被那些短期实干家管理。你不想让战略部门的人员受制于运营部门的人员。因为这个原因，我支持成立一只具有普通合伙人-有限合伙人架构的真正基金，而且这只基金越独立越好。我来打个比方。极地破冰船破开并清理水面的冰层，这样母船就可以紧随其后航行。母船不能阻挡破冰船的前进。破冰船必须有足够的自主性，否则它永远找不到穿过冰面的路。汽车行业正在经历如此极端的变化，所以你要确保你的企业风险投资部门不仅仅能够找到那些业务简单且清晰的初创企业来合作。我见过一些存在问题的企业风险投资部门，投资专业人士需要到公司总部申请费用，去拜访投资组合公司或者参加董事会。如果你启动了第 457 笔企业风投，员工是从公司内部而不是从风投行业招聘的，那么你将无法接触到真正的交易标的，即使你接触到了，你也无法获得你想要的融资。为了获得顶级风投人才来运营你的企业风投部门，你需要对普通合伙人–有限合伙人结构进行分拆，以解决薪酬问题。提供 2% 的管理费和 20% 的投资收益分成，你会得到一个一流的团队。

运营和战略部门的负责人经常试图给企业风险投资部门一张投资主体的清单。如果我们接受了那张清单，我们会错过优步、Waze、早期的互联汽车、传感器以及工业互联网等。运营部门的人会抱怨我们没有按照清单来行事。除了了解汽车行业，企业风险投资部门也需要具备自主性以及自动驾驶功能。如果你不知道你在寻找什么，那么这就是风险！

案例分析

DoCoMo 创新中心（DoCoMo Innovations），沃达丰孵化与风险投资公司（Vodafone Incubation & Ventures）

克里斯蒂娜・古（Christina Ku）
DoCoMo 创新中心（NTT DoCoMo[①] 的子公司）投资总监
沃达丰孵化与风险投资公司、英特尔投资公司、TriplePoint 资本公司和硅谷银行风险债务部门前投资专家

》》在斯坦福大学附近那家我最喜欢的日本餐馆，我找到了正在吃寿司的克莉斯蒂娜。以下是她讲述的她在一家失败的孵化器 / 企业风险投资公司以及两家成功的企业风险投资公司中所学到的东西。

沃达丰风险投资和沃达丰 Xone 创新中心

我曾经在两家成功的企业风险投资公司和一家失败的企业风险投资公司 / 孵化器工作过，三家公司都身处移动电话、互联网和电信领域。其中，两家企业风险投资公司是进入美国风投生态系统的国际电信巨头（沃达丰 Xone 创新中心 / 风

① NTT DoCoMo 是日本电报电话公司（Nippon Telegraph & Telephone，NTT）的手机公司（品牌），是日本最大的移动运营商之一。——译者注

险投资公司和 DoCoMo 创新中心），一家是总部位于美国、业务遍布全球的科技公司——英特尔投资公司。

从这个角度看，我愿意提供一些对于一家企业风险投资公司来说可行的最佳实践经验。我坚信，企业风险投资公司必须把财务回报作为首要目标或者次要目标。企业风险投资部门是一个组织内的“创业者”，它会为组织带来创新、新理念以及变革。

当我在沃达丰 Xone 创新中心举行的启动仪式上遇到其创始人时，我对帮助创业者与一个国际品牌（如沃达丰）在移动领域建立业务关系的想法产生了浓厚的兴趣。2011 年秋天，我加入了沃达丰 Xone 创新中心和费伊 · 阿加曼迪（Fay Arjomandi）的团队，当时沃达丰公司对把风投业务扩大至美国旧金山湾区有着很高的期望。

沃达丰风险投资公司成立于 2000 年，拥有 1 亿英镑的资本，平均投资规模在 200 万 ~1000 万英镑，主要进行 A 轮至 C 轮投资。在 Xone 创新中心成立之前，沃达丰风险投资公司在彼得 · 巴里（Peter Barry）的带领下从多家顶级风投得到了很多建议，并已经与它们建立了良好的合作关系。2010 年，作为一家独立的实体，沃达丰 Xone 创新中心是全球移动领域中排名前五的初创企业投资者之一。已变现的投资有对思可信（MobileIron）、Amobee 和 Evolution Robotics 等公司的投资。投资组合中的所有初创企业都得到了商业合同和现金投资的支持。

2012 年，费伊接管了沃达丰风险投资公司，并与沃达丰 Xone 创新中心进行了合并。沃达丰 Xone 创新中心的业务扩大到雷德伍德城，在那里，他们有一间配有欧式家具的办公室，这既与 Xone 创新中心位于欧洲其他地区的办公室保持着一致的风格，又洋溢着新成立的热情。沃达丰公司决定在硅谷投资，其在硅谷也设置了研发办公室和首席技术官办公室。沃达丰 Xone 创新中心的资金用于建立一个测试设备的内部实验室，这就使开发人员能够使用沃达丰的全球 2G、HSPA 和 LTE 的网络测试应用软件和硬件，而这样的测试可以在雷德伍德城那些为创业者准备的办公空间中进行。沃达丰 Xone 创新中心专注于识别那些有潜力的初创企业，并对它们的想法进行快速的概念验证测试。标的初创企业是与移动业务相关的企业，而且投资阶段从种子阶段和产品预制阶段到早期客户获得阶段。沃达丰 Xone 创新中心会提供不到 100 万美元的非经常性工程（non-recurring engineering，NRE）基金，这比风投的稀释性要低，而且对于初创企业来说，这其实是一笔咨询费，用于为沃达丰调整产品或者为沃达丰的某个市场调整产品版本提供工程资源。当这家初创企业开始融资时，沃达丰的基金将考虑投资该公司。

为此，该中心提供技术专家、业务咨询和进入实验室的途径来确保产品与沃达丰的全球 2G、HSPA 和 LTE 网络实现兼容。Xone 创新中心的目标是“加速产品的市场交付”，这一目标可以使分布于不同地区的 26 家运营公司受益。这些产品可以供消费者和企业使用，或者提供给基础设施，但它们的计划是用 6~9 个月的时间进行试验，然后将该中心的劳动成果交至消费者手中。对于沃达丰的高管层来说，随着他们来到了湾区，并且使沃达丰风险投资公司的融资活动实现了集中化，沃达丰 Xone 创新中心为初创企业展示它们的技术提供了一个空间。

截至 2013 年，沃达丰 Xone 创新中心还是没有找到能够与沃达丰开展合作的创新、产品、知识产权或者项目。2014 年，沃达丰 Xone 创新中心和合并后的风险投资公司被解散，费伊 • 阿加曼迪离开了公司。在大约 18 个月的时间里，沃达丰 Xone 创新中心像拿到 A 轮融资的初创企业一样雇用员工、与沃达丰风险投资公司合并，然后慢慢地解散了孵化和风投业务部门。以下是你需要知道的关于沃达丰 Xone 创新中心的一些教训。

1. **初创企业的错误架构。**沃达丰希望为初创企业提供非经常性工程资源，以换取使用沃达丰共同创造的知识产权的权利。这是把创新带入一家企业的错误架构。逆向选择是企业风险投资公司在选择初创企业去生产技术产品、建立商业伙伴关系或者进行投资时面临的主要问题。硅谷最好的初创企业有很多资本选择，它们不想让自己的知识产权在产品的早期开发阶段就被卷入 A 轮融资。在你与一家初创企业互相交换资源时，你要现实一些。你要与最好的初创企业合作，而不是那些愿意接受你苛刻的附加条款的初创企业合作。

2. **找出与初创企业合作的架构。**企业风险投资团队必须全面支持初创企业的合作，并且与初创企业达成友好的商业协议。大企业那些标准的商业协议不起作用。

3. **缺乏来自硅谷生态系统中关键参与者的好的交易流。**沃达丰 Xone 创新中心未能与当地的硅谷技术生态系统进行有效协作。主要的交易搜索是通过对初创企业做出反馈来实现的，这些初创企业是沃达丰的业务部门、费伊的团队以及沃达丰风险投资公司建议我们选择的。我们既没有与顶级风投专家合作，也没有与诸如 Y Combinator 或者 500 Starups 这样的孵化器合作来投资现在处于种子阶段的项目。我们想另起炉灶，并依靠自己的力量来确定顶级的种子轮初创企业，但这是对硅谷初创企业和融资这一成熟生态系统的极端轻视。我们必须在硅谷现有的基础设施内运作。

4. **指南：我们告诉初创企业要制造什么产品。**费伊是一位创业者，他试图告诉初创企业要制造什么产品。为了充分利用初创企业的创新思维，你需要让它们提供指导思想和解决方案。从初创企业的游戏中看不到公平和活力，作为沃达丰的员工，我们充其量只是顾问，我们既不是初创企业的产品经理，也不是它们唯一的客户。我们花了很多时间与初创企业合作来让产品与市场匹配，并开发出新产品，以使沃达丰的业务部门有兴趣将新产品作为一部分业务接受。它们应当开发自己的产品，并且实现产品与市场的匹配。在产品被采用并且有使用模型后，企业风险投资公司就可以确定如何将创新融入它们的组织。

5. **风险投资公司和初创企业需要有耐心。**企业风险投资公司必须对初创企业有耐心，并且以双赢的方式合作，特别是像沃达丰这样的全球性企业。短期内在全球范围内上市是不现实的，除非你正在打交道的是一家非常成熟的初创企业。另一方面，早期的初创企业没有足够的资源与大企业进行全面的商业交易。所以，你要了解双方的策略和目标。

6. **沃达丰 Xone 创新中心的管理哲学既不是来自硅谷，也不是来自公司高层：沃达丰 Xone 创新中心的管理方式、管理哲学、运营方式以及目标与硅谷生态系统是分离的。**在接受科技网站 Silicon Beat 采访时，记者就费伊本人以及沃达丰 Xone 创新中心的目标向费伊提问：“沃达丰总部在英国，但是你之前大部分时间都在加拿大工作。在硅谷工作你感觉如何？”费伊的回复总结了沃达丰 Xone 创新中心的运营方式，他说：“说实话，我真的没有发现在硅谷运营与在其他地区相比有何不同。”硅谷与世界其他地区没有什么不同。尽管从表面上看，那里似乎具有全球性思维，也比较国际化，可那里仍有一些由创业者和风投专家组成的成熟社区。那里每天都在发生着变化，而且正开放给那些能够颠覆目前体系的新参与者，但还是有一个生态系统和一群成功的参与者。沃达丰公司并没有在这个生态系统中，而是花了数百万美元在这个生态系统之外创建了一个小的生态系统。它们相信，只要在市场中生存下来，就会有好事发生。风投基金的管理者必须是公司的高层，而且必须在总部有一席之地，这样才能够创建起内部关系，而这种内部关系能够为初创企业寻找企业和投资者之间的商业关系铺平道路。

总之，不要把孵化与风投混为一谈。风险投资团队必须能够判断孵化的结果是否值得投资，而且要能够判断出这个结果在其所属领域中是不是最棒的。风投团队必须具备财务背景，并以财务投资者获得纯粹财务回报的相同标准进入初创企业。

你需要能够在市场上快速地验证创新，并克服障碍来这样做。一些初创企业面临的最大问题是，它们需要多长时间才能在网络上或者与客户验证创新。我认为，沃达丰 Xone 创新中心和沃达丰风险投资公司并没有找到正确的模式。最快进入市场的方法是确定企业存在的问题或者市场需求，并且找到一家能够立即满足这种需求的初创企业。我们对思可信公司的投资和提供的商业支持就是这样的，我们大约可以获得 10 倍的回报。

初创企业是伴随风险诞生的，并且需要资金来支持自己的想法。这与专注于短期目标的大企业的目标是不一致的。你需要明白的是，你要能够提供：（1）资本；（2）业务部门的介绍；（3）明确的合伙关系路径；（4）特定市场的市场准入，而不是一系列技巧。它们不需要你帮助它们开发产品或者找到其产品与市场的契合点，它们需要你的资助，帮它们找到客户或者把它们带入一个新市场。你可以把种子期投资和孵化留给成功的孵化器。

DoCoMo 创新中心和 DoCoMo 资本（DoCoMo Capital）

2012 年，我加入了 DoCoMo 创新中心和 DoCoMo 资本团队。DoCoMo 创新中心与沃达丰 Xone 创新中心在管理理念上完全不同。我加入之时，DoCoMo 创新中心还只是 DoCoMo 公司研发团队的一部分，由稻川孝之（Takayuki Inagawa）管理，主要的管理团队由东京总部有影响力的高管组成，这些高管直接向 DoCoMo 公司的首席技术官报告。尼尔·桑德拉格尼（Neil Sadaranganey）

掌管着 DoCoMo 资本 1 亿美元的投资组合，我受聘协助企业发展和投资工作。

企业发展部门正帮助初创企业进入日本市场。对初创企业而言，当其准备好进军面向消费者移动应用程序的高端应用服务供应商（application service provider，ASP）市场时，这就是增值的过程。就手机领域而言，想要进军全球市场，欧洲和亚洲是两处最大的潜在市场，其中中国和日本又是这些潜在市场中最大的两个市场。要进入日本市场，就最好在当地找到一位合作伙伴。对于初创企业来说，价值定位是非常简单而又清晰的。

尼尔曾获得斯坦福大学的 MBA 学位，之前曾是 Bay Partners 公司的普通合伙人，投资过 Cornerstone 等公司。他来自硅谷，在每家顶级风投公司中，他都至少认识那么一两个人，他在董事会有一席之地，投资了当地的一些初创企业。了解了当地风投的情况，再加上硅谷关键人物的帮助，DoCoMo 资本在风投生态系统中学会了合作，找准了最新趋势，并且获得了更好的交易流。

DoCoMo 的团队中有来自总部的前任员工，他们与高管、业务部门以及当地的员工有着紧密的联系，比如我就是这样。我们是一支橄榄球队，我把初创企业带到球场的 50 分线上，那些前任员工带着初创企业实现与东京的业务部门合作的最终目标。这种投资的协同效应在初创企业和 DoCoMo 公司之间创造了某种共生关系，催生了更多的商业和产品合作。DoCoMo 创新中心团队的建立就是为了在企业内部强化这种内部业务的发展。

从沃达丰风险投资公司、DoCoMo 资本以及英特尔投资公司中学到的经验

1. **清晰、具体的目标。**每个国家、每家电信公司都有各自的市场准入。

2. **清晰、互惠的合作关系。**我们为初创企业提供市场准入，初创企业在它们的投资回合中为我们提供它们的股权。

3. **在硅谷生态系统中行事。**

4. **在某个领域中交出最好的作业，而且不需要先投资排名。**如果风险投资的尝试会在识别最佳创新以及成为其所在领域的领袖等方面获得成功，那么尽职调查必须像金融风投进行的尽职调查一样被认真对待。

5. **任何想要进入风险投资领域的企业必须要有足够的耐心，因为对初创企业**

的投资要在 5~10 年后才有回报。风险投资行业需要连贯性才能建立起信任和关系，而这种信任和关系将为下一代创新和创新者带来早期洞察。你不能刚涉足两年就期望获得优异的业绩。

6. **必须培养风投团队超前投资的能力。**沃达丰风险投资公司未能在 Twitter、YouTube 和 Facebook 的萌芽期进行投资，原因是尽管风投团队提出了建议，但是公司的高管层没有看到早期阶段的相关性。

7. **企业风险投资基金必须有良好的投资回报、自筹资金以及合理的高成功率。**这意味着被投资的公司以及那些与企业有商业协议的公司在市场中是成功的。如果你投资的所有初创企业都失败了，那么你的企业就无法从对这些初创企业的支持中受益。与金融风投不同的是，一家尝试与初创企业建立商业和战略关系的企业风险投资公司负担不起只获得一次成功的基金。企业无法将这视为成功，因为所有的失败都有很高的内部成本。这意味着基金在后续阶段会被拖累，但是对于一家大企业来说，只要你有足够的可以用于更多投机性投资的资金，这就不是一件坏事。这正是风投所做之事，它们有早期和后期资金用来平衡风险。随着管理层的更替，比如新首席执行官上任，自筹资金能够使企业风投长期存活。我坚信，企业风险投资公司必须将财务回报作为投资的首要目标。

8. **这不仅仅与投资有关，还强调了在企业内部推出新举措的新趋势，即使初创企业最终并没有成为企业的一部分。**M2M 公司就是一个典型的例子。在沃达丰风险投资公司宣布与 JasperWireless 公司合作后，沃达丰公司推出了一项新的 M2M（Machine to Machine）/ 物联网（IOT）业务，并强调我们之前对这一领域的分析低估了其发展规模。因此，沃达丰公司是全球 M2M 业务的早期领袖，这是其增长最快的收入来源之一。

关于附条件投资和实物资源投资的思考

克里斯蒂娜在沃达丰公司投资非资本“实物资源”的经历促使我对这个话题发表了自己的看法。

欧洲最大的电视运营商在硅谷设立了一间企业风险投资办公室，它是德国、奥地利和瑞士的主流电视运营商之一。它们没有单纯地把现金投给初创企业，而是尝试通过投资上述三国的广告时段以及为投资周期投入少量甚至不投入现金来达成交易。所以，如果一家初创企业正在进行 B 轮、C 轮或者 D 轮的扩张融资，那么它就可以与电视运营商达成交易：它们可以用股权来支付，价格与出售给其他投资者的价格相同，而不是支付现金购买广告时段来推广它们在欧洲的业务。这次尝试彻底失败了，我相信所有投资高管都已经回到了德国。它们犯的另一个错误是，它们把电视台的高管从德国派到了硅谷，而这些人并没有当地的关系。我曾听到其他电视台的高管谈到过同样的想法，我向他们说明了会失败的原因。最好的初创企业的首席执行官可以从他们选择的投资人中募集资金，并且避免那些有附条件的资金。我能看到电视台的同仁们正在考虑如何致力于企业风险投资、如何直接增加他们的收入，但是最好的、好的甚至最差的初创企业都不会选择这样做。千万别做傻事。

20 世纪 90 年代和 21 世纪前 10 年，当我从朗讯科技公司（Lucent Technologies）募集资金和进行卖方融资时，我得知，大部分融资并没有用在我想要的电信交换机和网络设备上，而是用在了我所需要的服务上。在卢比肯风险投资公司，当我们与富士康公司和伟创力公司（Flextronics）一起投资大量初创企业时，我再次体会到了这一点。这两家企业经常将现金和服务组合起来提供给初创企业，用于初期或者早期硬件的小批量生产。这种方式看起来是将现金和服务结合在了一起，但是通常最后都会变成几乎 100% 的服务。那些价值数十亿美元的国际顶级电子产品制造商不仅水平高，而且有着最优的生产成本，而初创企业生产规模太小，无法吸引亚洲大部分的第三方合作伙伴，所以对于初创企业而言，这仍是一种很好的交易方式。卢比肯风险投资公司愿意与这两家公司一起投资。更多的制造企业也应当采用这种模式，但我更鼓励它们通过提供公平的服务和增加一些现金来进行更好的交易。它们会跟着顶级风险投资公司一起投资，因为这些公司已经帮你筛选出了最好的投资目标，这是一种明智的做法。如果哈佛大学给你提供了全额奖学金，而斯坦福大学一分钱奖学金都没有，你很可能会选择哈佛大学。

初创企业常与离岸或者近岸合同软件开发商合作，在那里，设计网页和APP、开发软件都是按小时或者固定比率付费的。即使是最好的团队也会为其全职工作人员雇用外部承包商。多年来，好的机构从客户那里获得的利润高于其支付给员工的报酬，而且当它们看到一些客户为了数亿美元的金额而退出后，它们决定把现金投资给自己的客户或者（它们在某种情况下有这种想法）会为了股权而投资开发资源。通常情况下，它们最终向初创企业以现金支付账单的70%~80%，将剩余的20%~30%用于换取下一轮融资的股票或者可转换票据。

这在协调各方利益和帮助公司更快地获得更多资金方面是很有意义的。然而，当我注意到这些混合开发/投资机构的小时工资比其他外包工厂高出大约20%~50%时，通常就是出问题了。如果你不小心，那么这些混合投资者实际上除了获得他们正常的小时工资以外还拿到了一些股权。

我的结论是，现金为王，实物服务通常可以进行提价，因为它们看起来像是附条件的投资者。像微软这样的公司一旦已经对你投了现金，那么它就会让你充分地享受到被投资的好处。它们会想尽各种办法让你免费访问它们的软件和虚拟主机服务，以阻止你使用亚马逊的网络服务以及其他竞争软件平台。

另一方面，当企业投资于金融风投基金时会附加太多条件。重要的是要在金融风投基金和即将成为该风投基金的有限合伙人的企业之间找到平衡。普通合伙人（顶级风投）应当格外小心，不要被冲昏头脑，不要为了适应公司有限合伙人投资者的附条件要求而改变自己的策略。通常情况下，一般合伙人能够充分地使策略与企业的愿望相一致，以找到适合所有人的东西，从而创造多赢的局面。

案例分析

Rostelecom 股份公司

尼古拉·德米特里耶夫（Nikolay Dmitriev）
俄罗斯电信企业风险投资前总裁
维塔风险投资公司（Vita Ventures）合伙人

》》六月的一天，阳光明媚，我在莫斯科一家屋顶餐厅与尼古拉共进午餐，了解了他在成立自己的金融风投公司之前运营俄罗斯电信公司 Rostelecom 的风投团队的经历。以下是尼古拉的分享。

我们关闭了 CommIT 资本（CommIT Capital）这只 1 亿美元的基金，它是 Rostelecom 股份公司的企业风险投资基金，而 Rostelecom 股份公司是俄罗斯最大的电信运营商，每年收入在 100 亿美元左右。我们在两年之内成立了这只基金。我们通过锚定投资者的利益为基金增值。我们基于 Rostelecom 股份公司的战略目标制定了投资战略，而该公司的长期战略与我们的企业风投战略是同步的。它为我们提供了四个优先领域：进口替代（import substitution）、协同、预并购以及与风投基金联合，包括基于 FoF 模式对其他基金进行有限合伙投资。对于交易流程产生的加速度而言，我们同意与互联网主动发展基金（Internet Initiatives Development Fund，IIDF）建立合作关系，该基金投资于早期阶段，而且有一个可以提供额外成熟的交易流程的加速器计划。在组建团队的过程中，我们从市场中聘请了在风险投资和基金管理方面有着卓越业绩的投资专业人士，以及在 Rostelecom 股份公司企业发展部门有着丰富经验的关键管理人员。我们为基金设立了一个独立的架构，以加快决策流程，并为基金的业务流程执行最佳的市场实践。

案例分析

联想控股（Legend Holdings）

萨满·法里德（Saman Farid）
联想控股公司前投资副总裁

联想之星（Legend Star）硅谷地区负责人
彗星实验室总裁

》》我和萨满·法里德坐在我们位于旧金山的办公室中，一起探讨联想控股的架构以及著名的"战略投资+财务投资"商业模式。萨满在美国和中国长大、学习和工作，他参与了三家初创企业的成长和发展，后来成了联想控股公司的早期投资机构——联想之星的总经理。现在，联想之星已经被剥离出来，成立了风险投资基金，专注于投资和帮助那些美国和中国的机器人和智能机器初创企业。联想之星是中国最优秀、最多产的早期科技投资机构之一。[①] 以下是萨满的叙述。

最初，我作为联想控股公司投资组合公司的一员拿到了投资，后来我加入了它们在联想之星的投资团队，管理着其硅谷办公室。联想控股有两个关键部门，分别是战略投资部和财务投资部。联想之星是财务投资团队的一部分，在那里我们做早期投资。君联资本（Legend Capital）和弘毅资本（Hony Capital）做后期和私募股权投资。

我们的战略投资部门因是联想集团的控股股东而为大众所熟知。联想集团是世界上最大的电脑制造商之一，是大型房地产开发商。集团主要投资六大关键领域：IT、金融服务业、现代服务业、农业和食品、房地产以及化工和能源材料。

截至2015年年底，联想集团的年收入为人民币3098亿元（约合462.5亿美元），总资产约为人民币3062亿元（约合457亿美元），集团有员工75 000人。联想集团的风投基金和私募股权基金中的其他投资者包括美国和加拿大众多的养老基金、比尔及梅琳达·盖茨基金会（Bill & Melinda Gates Foundation）、高盛集团和中国的国家社会保险基金。如今，联想集团是中国最大的多元化投资集团之一，它建立了"战略投资+金融投资"的创新商业模式，并与我们两家公司协作，以增加我们投资组合的价值。我们的战略投资团队更注重战略回报

① 借助联想之星，联想控股公司成了卢比肯风险投资公司的有限合伙人。

和协同效应，而不是单纯地追求财务回报。相比之下，我们的财务投资团队则完全受财务回报驱动。我们一直寻求在这两个部门之间创造协同效应的机会，这就使联想集团与众不同。

一个很好的例子就是我们最近投资了 WeWork，该公司提供联合办公空间。弘毅资本作为我们财务投资团队的一部分对 WeWork 进行了大量投资，并且获得了一个董事会席位。我们的战略投资团队也进行了配套投资，而且也获得了一个董事会席位。我们的战略团队拥有一家房地产公司，该公司成功地以优惠的条件拿到了一块土地，旨在把高科技初创企业引入发展计划。从种子投资到后期投资，除了我们自己的科技投资集团，我们对 WeWork 的投资也为我们把更多的初创企业引入这项计划铺平了道路。对联想集团来说，这项投资是战略性的，并将增加其房地产业务的价值。对弘毅资本来说，这是纯粹的财务性投资，而且能够给 WeWork 带来其他财务投资人无法带来的价值，因此弘毅资本从 WeWork 其他增长资本来源中脱颖而出，并且赢得了更多的投资机会。

在我看来，无论是作为一位募集到风险投资的创业者，还是一位风险投资人，我认为大多数的企业风投公司都没有得到像金融风投公司那样高质量的交易流。联想集团宣布在 2016 年 5 月成立一只 5 亿美元的风险投资基金，人民币和美元各占一半。我相信，它们能够吸引到一些高质量的投资项目，但我也相信，硅谷一些最炙手可热的初创企业不想从企业风投公司那里拿到投资，这是因为它们认为这是有附加条件的，这将限制它们与企业风投公司的竞争对手做生意的能力。收购以及对并购的定价可能会存在持续的利益冲突。而且最后，企业风投公司会因为放款缓慢而变得臭名昭著。简单地说，一家财务性风投公司（比如联想之星、君联资本或者弘毅资本）会比传统的企业风投吸引到更好的交易流。我认为，联想之星仍然是在做一项伟大的实验，它们正在将战略投资的最佳特性与财务投资的最佳特性结合在一起。我认为，最有竞争力的交易是这样的交易，即初创企业可以选择从何种投资人手中拿到投资，它们既可以选择金融风投，也可以选择企业风投。因此，如果联想集团想获得这些最好的科技公司，它们最明智的做法就是通过联想控股集团来实现，或者通过其 FoF 计划找到另一家财务独立的风投来实现。它们既可以做大蛋糕，也能够分到蛋糕。

我新成立的风投基金就是从联想之星剥离出来的，联想是一位锚定有限合伙人，而且是一般合伙人中的共有人。我们是第一家专注于投资和孵化中国和美国的 B2B 机器人和人工智能初创企业的风投基金。从我们的第一只基金开始，我们投资了 25 家投资组合公司，而且在联想控股的支持下，不久之后，我们将能够宣布我们的第二只基金进入封闭期。我们期待继续与卢比肯风险投资公司以及其他风险投资公司一起紧密合作，为全球的好公司提供资金，并帮助它们实现加速发展。

案例分析

意大利电信集团（Telecom Italia）和菲宁维斯特集团（Fininvest Group）

莫罗・普雷托拉尼（Mauro Pretolani）
意大利电信集团、菲宁维斯特集团和 Fondo Italiano d'Investimento 公司高级投资顾问

》》我有幸与我的老朋友莫罗在伦敦共进早餐，并讨论关于企业风险投资的话题。他分享了他对 FoF 以及企业风险投资的一些真知灼见。在 Fondo Italiano d'Investimento 公司，莫罗是一位资深的投资顾问，也是 TLcom Capital Partners 公司的联合创始人，他和他的合伙人直接为初创企业募集和投资了大约 2.25 亿欧元。在过去的 10 年里，莫罗不仅是我的顾问，他还建议意大利电信集团和菲宁维斯特集团在 20 世纪 90 年代的后期发起并进行了风险投资。意大利电信集团目前是意大利的电信网络运营商，而菲宁维斯特集团由一些大企业组成，其主营业务聚焦在媒体行业，相关公司包括意大利顶级出版商蒙达多利集团（Mondadori）以及意大利最大的私营电视娱乐节目运营商 Mediaset 集团（两家公司在意大利之外也有重要业务）。菲宁维斯特集团是一家金融控股公司，由西尔维奥・贝卢斯科尼（Silvio Berlusconi）家族所有，并由西尔维奥・贝卢斯科尼的大女儿玛瑞娜・贝卢斯科尼（Marina Berlusconi）管理。以下是莫罗的叙述。

在我所在团队的建议下，意大利电信集团和菲宁维斯特集团一开始就表现得像一只 FoF。实际上，它们投资的是美国和以色列的风投基金。它们也成立

了自己的企业风投部门，直接投资初创企业。如果你看一下财务回报就会知道，它们对风投基金的投资做得很好，但是直投初创企业的结果与实现战略目标的结果却好坏参半。

意大利电信集团成立了意大利电信风险投资基金（Telecom Italia Ventures）和一家名为 Media Euro Ventures 的基金。从 1996 年至 2000 年，意大利电信集团的发展很顺利，成功的大部分原因在于初创企业将技术很有效地转让给了意大利电信集团。毫无疑问，这几年，法国几乎所有与互联网相关的指标都领先于意大利。长时间的休整并没有提升两家公司的创新能力，近几年来，意大利电信集团和菲宁维斯特集团已经重启了企业风险投资业务。

关于企业风险投资，我想为本书的读者提出两点建议，它们非常重要。第一，为了获得回报，企业必须对企业风险投资做出长期承诺。与企业的短期目标和决策的性质不同，企业风险投资必须建立能够存续十年的架构，并且着眼于更长的时间。第二，企业需要落实具体的组织架构，以确保企业风险投资部门能够将其所学到的东西传递给企业高管层，我的意思是传递给首席执行官、首席技术官和首席财务官等。

在意大利电信集团，从企业风险投资部门到最高管理层，他们都愿意分享信息，而且更重要的是运营部门的总裁有能力充分利用这些信息并做出大胆的抉择，比如并购、国际合作以及在某些特定领域投资。这样做非常有效，整个计划也都被认为是成功的，即便企业风险投资部门因集团杠杆收购（Leveraged Buyout，LBO）减少了可用于长期投资的资源而被解散。

然而，菲宁维斯特集团犯了一个严重的错误：企业风险投资部门要向其控股公司的首席执行官报告。这一切听起来都像是在初始阶段所做的正确之事，但随着时间的推移，这样做显然就行不通了。菲宁维斯特集团的运营公司没有直接与企业风投部门沟通，而且还对从持股公司管理层到企业风险投资部门主管部门给它们的建议做出抵制的举动。如果能够直接与菲宁维斯特集团的核心运营公司接触，尤其是蒙达多利集团和 Mediaset 集团，那么企业风投部门会更有效率。菲宁维斯特集团也未能激励运营公司来支持那些由企业风投部门投资的初创企业。当集团推出一个雄心勃勃的大项目时，我们根据运营公司的贡献能力推荐了一种大部分资本集中在运营公司手中的所有权架构。遗憾的是，它们做了相反的事情，大部分控制权被掌握在金融控股公司手中，而非运营公司手中。由于几乎全是新员工，所以初创企业未能与运营公司实现协同效应，而协同效应正是获得成功的支柱。

如何促进企业风险投资部门与企业之间的良好沟通呢？我看过多种不同的模式，有的成功了，有的失败了。我见过的最可怕的一种模式就是为企业风险投资部门设立一个“创新转让委员会”，这个委员会由来自企业不同部门的几十名经理组成。一般来说，你只需要来自研发部门或者战略营销部门的经理就可以了，但是事实并非如此。关键是这些人要尽可能地来自不同的业务部门，特别是人力资源部门。如果人力资源部门主动与企业风险投资部门进行沟通，那么他们就能更好地了解应当为企业招聘哪种类型的人员。技术转让本身就可以证明对企业风投部门投资是值得的。以我的经验来看，如果企业风投部门引荐的初创企业对自己的管理者不感兴趣，它们很快就会告诉你。

我最近有机会向空中客车公司（Airbus）的首席技术官让·博迪（Jean Botti）请教他所在公司的企业风投方式。他说，他们有一只新成立的企业风险投资基金，初始资金为1亿美元，该基金由蒂姆·东布洛夫斯基（Tim Dombrowski）管理，他是从风投基金安德森·霍洛维茨基金（Andreessen Horowitz）直接招募的合伙人。令我吃惊的是，空中客车高管补充道：“这只是我们的一个实验。”有可能他们只是说自己喜欢冒险，并且准备探索新的模式，但有人会认为，对于一家初创企业来说，从一位将其投资业务描述为“实验”的新投资者那里拿到投资是很危险的。作为纯粹的财务投资或者纯粹的战略投资，风险投资必须是一种长期承诺，而不是一个实验。我们与英特尔投资公司进行了共同投资，该公司的优势在于它们已经在企业风投行业中驰骋多年。很多公司随着首席执行官的变化或者经济衰退而进入或退出企业风投行业，但英特尔投资公司证明，对于它们来说，这不是一个实验。英特尔投资公司是不错的选择，因为它们有清晰且稳定的业绩。

根据我对企业风险投资和独立风投 20 多年的观察，我总结出了另外一个关键点：在一家企业“完全进行”风险投资之前，它们应当从 FoF 投资策略着手。风投基金可能了解风险投资的一切，但大部分大企业的首席财务官对风险投资并没有清晰的认知。在 FoF 投资的早期阶段，风险投资公司与企业之间需要进行强有力的沟通，这是在风投行业中迅速变得明智的最佳途径。通过这些专业知识以及与其投资的普通合伙人建立起一系列关系，企业得以期待其风投计划能够获得更好的结果。

案例分析

默克风险投资公司（Merck Ventures）

罗埃尔·波太士（Roel Bulthuis）
默克风险投资公司高级副总裁兼总经理

》》在罗埃尔·波太士成立自己的企业风险投资公司的几个星期前，我和他约在伦敦共进早餐。罗埃尔是 MS 风险投资公司（MS Ventures）的创始人和总裁，该公司是德国默克集团（Merck KGaA）的企业风险投资基金。另外，罗埃尔也是我以前的公司——创始人俱乐部（Founders Club）顾问委员会的成员。他回答了一些关于企业风险投资的问题。

获得早期融资是生物技术创新的命脉。同样，获得生物技术创新是现代制药公司渴求新产品的关键因素。为了在这个生态系统中发挥积极作用，我们于 2009 年成立了 MS 风险投资公司。最初，公司是一只有着 4000 万欧元的种子基金，目前公司管理着 1.5 亿欧元的永续基金，并且是制药行业中最活跃的早期企业风险投资人之一。MS 风险投资公司目前正在扩大其授权范围，以成为默克集团在种子期投资、早期战略投资和分拆等领域进行股权投资的实体。默克集团是医疗保健行业一家领先的生命科学和前沿功能材料公司，约有 50 000 名员工，公司致力于进一步研发提高和改善生命质量的技术，比如生物制药疗法、治疗癌症或者多发性硬化症的方法、科学研究和生产的先进体系以及智能手机和液晶电视需要的液晶材料。

当前市场环境的高选择性是否会导致生物技术公司要更专注“渠道”？

目前的市场环境对于生物技术公司和风险投资公司都具有高选择性。我们预计，如今该行业所面临的挑战将导致企业更专注于生物药物的“渠道”以及由一些有选择性的风险投资公司所驱动的、更现实的（估值、退出期权、时间轴）投资模式。新兴的生物技术公司，特别是那些专注于药物研发的公司，面临着一项极具挑战性的任务，那就是使其不断变化的风险成本和漫长的发展时间表与大量的风险资本相匹配。总的来说（对于一些利基现象，这可能不适用），我们看到在临床验证（Proof-of-Concept，POC）阶段有一个天然的鸿沟。在此之前，对于一家风险投资公司来说，所需的融资总额是可控的，资产的风险成本与风投资产类别的回报预期是相匹配的。另外，我们普遍认为小型生物技术公司比大型制药公司在这一阶段更有能力推动创新。除了临床验证，所需的大量融资通常会超过风险投资人的收入，而且即使拿到了这些融资，风险资本的成本也会因剩余的研发风险而变得更高（即风险资本的成本与后期临床研发风险不匹配）。另外，在发展这一点上，我们认为，在药物生命周期的第一阶段，一家成熟的制药公司能够比生物技术公司更好地主导深入研发。

生物制药公司和风险投资公司需要更贴近市场吗？

我们不认为生物技术或者风险投资模式“失败”了。我们确实看到了很多不切实际的期望。在我们所关注到的欧洲和美国公司中，欧洲公司更多的是受科研驱动的。尽管科研对我们的企业至关重要，但是最终我们需要生产的是可以销售的产品。作为一家制药公司，我们面临着越来越大的监管和消费者的压力以及高度竞争的商业环境所带来的挑战，为此，我们做出了旨在使我们的药品具有最大商业差异性的研发决策。我们经常发现，生物技术公司的工作方式是相反的，而且它们的基础技术驱动了后续的发展决策。我们还经常看到，由创始科学家担任公司的首席执行官是因为他们的学术权威，而不一定是因为他们的战略才能或者管理能力。尤其是在某些国家中，“科学的傲慢”是非常严重的。另一种关键的症状是，我们发现，比起我们的期望，首席执行官和董事会更倾向于用更长的等待时间和更少的投资来为他们的团队寻找业务开发技能

（如果一旦公司准备进行交易，那么通常我们就会期望雇用一位部门业务负责人）。如果你考虑到以下三个条件，那么这就是一个亏本生意：第一，大多数产品将需要一位合作伙伴；第二，项目的价值将主要由商业因素定义；第三，与潜在的合作伙伴建立合作需要很长时间。

难道商业模式是受资源需求和资产的风险成本驱动，而不是受市场趋势驱动？

我们相信，在生物技术领域有多种不同的商业模式。重要的是企业选择的商业模式需要遵循企业的资源需求。更具体地说，一种平台技术需要一种全面的探索性研究和早期研发安排，而另一方面，单一产品公司通常可以与一个小团队合作，并外包其大部分工作。从更深的层面上说，适应症和治疗方式将决定是否有优质的外部资源可用，或者需要在内部解决。目前，市场环境的危险在于，为了赚钱，风险投资公司正在寻找新的模式来为其有限合伙人展示一种新机会，然后把这种新的（实验性）商业模式强行应用于被投资公司。目前在市场上，我们看到单资产融资的很多机会，这种融资需要更广泛的资源或者多种单一资产融资工具来形成一家公司，由于结构复杂，该公司并没有得到有效的管理。企业风险投资在生物技术公司融资方面所发挥的作用越来越大。6 年前，我们成立了 MS 风险投资公司来进行战略投资，旨在加大在产品和技术开发方面的投入并提供资金支持，帮助该公司更好地与我们或者其他制药公司完成交易。现在我们看到，在一个有选择性的企业风投和风投集团中，我们在创建新公司的过程中发挥了重要作用。

案例分析

谷歌风险投资公司（Google Ventures）、美国国际数据集团风险投资公司（IDG Ventures）和瑞典现代时代集团（Modern Times Group，MTG）

阿尼尔·汉斯基（Anil Hansjee）

谷歌欧洲和以色列地区战略投资以及企业发展计划前主管

美国国际数据集团风险投资公司和瑞典现代时代集团前风险投资人
Mojo 资本的联合创始人和投资人

》》我与我的老友阿尼尔·汉斯基见了面，他分享了他在三家不同的风险投资公司工作的经历。以下是他的叙述。

我作为风险投资人的第一段经历是21世纪初在美国国际数据集团为帕特·麦戈文（Pat McGovern）工作。当时，平面广告行业正在经历断崖式下跌，帕特已经在着手通过风险投资实现多元化发展。20世纪80年代，他面临着从中国回笼现金收入的问题，所以这是他很早就通过风投进入中国的部分原因。在国际数据集团，我们不需要签署业务发展协议来完成投资，实际上，投资委员会就是由普通合伙人和帕特组成的。国际数据集团的发展主要由新的数字媒体商业模式以及进入新的新兴市场而实现的财务多元化所驱动。然而，对我来说，我越来越清楚只依赖单一有限合伙人所面临的风险。一旦帕特个人转向其他方面或者国际数据集团把资本优先分配到其他地方，那么这种长期的承诺自然就会减少。

从21世纪头10年的中期开始，我在伦敦为谷歌工作多年，主要负责公司在欧洲、非洲和以色列的战略投资和并购。那段时间，谷歌约50%的收入来自欧洲，但是大部分产品开发工作是在美国加利福尼亚州的山景城进行的，因此公司需要通过投资和并购来关注欧洲、中东和非洲地区。最初，拉里、谢尔盖和埃里克三人与在不同时期加入产品和工程部门的高级副总裁们组成了投资委员会，他们的决策非常果断，而且主要受产品或者工程驱动。当时的投资具有高度的战略意义，而且通常集中在生态系统 / 价值链上，完全所有权根本没有意义或者根本不被需要，需要的是影响力以及深度关系，比如互联网接入和电信领域，尤其是在安卓系统诞生之前和诞生之初的那些日子。

谷歌资本和谷歌风险投资公司作为正式的架构都是后来出现的。谷歌资本是作为我们所做的战略投资的自然继承者成立的，我们专注于解决其他业务问题，而这些业务是Alphabet公司在不久的将来可能会开发的，比如银行业务和运输业务等，因此谷歌资本是一位后期投资者。基于谷歌看到了交易流的财富以及谷歌自有员工拥有的一些核心业务 / 产品构建技术都可以被视为独特的资产，可以为谷歌创造新的商业模式以从投资中产生财务回报，谷歌风险投资公司在成立之初被设想成一家金融风投公司。谷歌位于互联网的中心位置。我们在早期就看到了一切。我们从重点开始，并逐步扩展了重点的范围。在一个发展良好的市场中，创业者有选择权，而且企业风险投资公司或者任何风险投资公司都必须证明它们能够为初创企业或者投资者财团带来的价值。如果你有一个固有领域的专业知识和平台可以利用，初创企业应该会找上门来，在复杂生态系统中尤为如此。你应该成为首选的停靠港。对于目标明确的企业来说，如果它们能够熟练利用这一点的话，那将成为它们进行风险投资的内在优势。

谷歌公司逐渐在欧洲、中东和非洲地区用更多的人员实现了地理扩张，尤其在产品和工程方面。由于欧洲、中东和非洲地区的创业场景随着时间的推移而有所改善，这些地方成了并购开始的地方，这对谷歌来说也变得越来越有意义，比如 Global IP Solutions 公司、Waze 公司以及 Deepmind 公司都是在这些地方完成的并购。随着初创企业生态系统的改善，越来越多和更大规模的成功初创企业来自欧洲，越来越多的人表现出致力于培育这一生态系统的意愿，谷歌在初创社区中变得更加活跃。我发起了第一个面向全球开放的谷歌校园（Google Campus），它在伦敦与伦敦奥运会同期推出。最终，谷歌风险投资公司也把人们带到了欧洲。尽管谷歌风险投资公司是独立的，但是通常来说，如果我们把更多的钱用于投资，我们就会获得更多的并购机会。我们认为，让更多的人通过风险投资来了解谷歌会增加我们的并购机会。谷歌旗下的 Nest 是风险投资、培育并参与所有收购的最好例子。虽然像谷歌风险投资这样的全球性业务单元的目标是非战略性的，但是将资产优先配置给最佳交易和为了开发市场而进行的资产配置这两者之间将始终存在潜在的地区冲突，而后者最近导致了一家欧洲专项基金的解散。

事后看来，通向 Alphabet 架构的道路是一条自然而然的道路，能够实现多元化。谷歌充分地利用了由人员、资本和平台组成的核心资产，在 Alphabet 的架构下创建了多个业务单元，而收购和投资是这一过程的核心。

后来，我在瑞典现代时代集团[①]成立了数字并购和企业风投部门。这些部门非常关注线性收视率的下降情况，特别是 YouTube（谷歌旗下的一家公司）等公司导致的较年轻人口收视率下降的统计数据。与此同时，它们非常害怕自己的既定收入会被蚕食。例如，它们有一个非常有创意的 OTT 视频直播平台[②]，但是该平台总被作为收费电视的附加工具，而不是作为一种有丰富内容的独立业务变现。最终，这导致该平台在数字化方面起步较晚。

所以，我关注的焦点变成了什么能够快速并且有意义地让数字业务产生收入。并购可以做到这一点，但是如果没有一个系统性的企业风险投资计划，它可能就会成为一个在快速发展的创新世界中通过并购不断拼命赶超的案例（而且可能需要多付钱）。在你掉下悬崖之前，寻找创新是关键。

我们设法开发了一些数字收入流。瑞典现代时代集团的发展在基于多渠道网络收购 YouTube 以及成为全球领先的电子竞技产品企业这两方面都是成功的案例，但是我们本来应该早些开始的。对于像瑞典现代时代集团这样一个了解视频和娱乐内容以及广告的企业来说，它错失的机会太多了，而广告技术、数字营销、投注、音乐和互动视频只是一家企业风险投资公司可以有力地为其母公司定位的一些领域。广播行业是一个非常复杂的生态系统，大量的广告收入仍在线下产生。初创企业需要媒体合作伙伴来为其导航，并帮助它们生存下来。正如我们看到的其他媒体公司（Pro7Sat1 公司、Burda 公司和 Sky 公司）所做的那样，金融风投公司应当会愿意与我们合作，而且瑞典现代时代集团也已经投资了风投公司，旨在建立起这些关系。

我看到的另一个典型错误是，欧洲企业只在其本土市场上寻找风险投资。如果你在斯堪的纳维亚半岛，你需要地域多元化。投资那些在自己地域以外的风险投资基金可以帮助企业更早地看到来自硅谷、纽约和伦敦的趋势并发现一些初创企业。在数字领域，企业是可以实现全球化的，不像传统的电视广播行业。一旦你让这些网络就位并开始建立关系，并购就会变得更容易。虽然技术

① 瑞典现代时代集团是瑞典一家电视广播上市公司。

② 该平台先于奈飞公司（Netflix）很久就已经被开发出来了，而且有来自付费电视交叉授权的很棒的内容。

变化得很快，但是这些关系确实需要时间来产生结果。

最终，对于一家企业风险投资公司来说，要想与最好的基金和最好的创业家实现成功合作，那么你就需要提高行业和生态系统的合作价值，并且不要给并购施加更大的压力，因为机会一定会有，而你处在最佳位置。这就是最好的方法。

案例分析

中东、北非和土耳其（MENAT）地区的企业、家族办公室和主权财富基金如何创建企业风险投资机构

奥赞·森梅兹（Ozan Sonmez）
沙特阿拉伯王国阿卜杜拉国王科技大学（King Abdullah University of Science & Technology，KAUST）初创企业加速器主管

》》我和奥赞·森梅兹约了见面，他在沙特阿拉伯领导了很多创业加速器项目，而且他积极地参与了整个中东、北非和土耳其地区的主要创业活动和项目，包括初创企业伊斯坦布尔大会（Startup Istanbul）、Arabnet 大会、麻省理工学院泛阿拉伯地区企业论坛（MIT EF Pan Arab）、Startup Mena、Step Conference 和 Enpact 等。以下是他的叙述。

我觉得有必要先从几个方面开始来向你介绍中东、北非和土耳其地区的商业背景，这样有助于你了解企业风险投资在这里兴起的原因。虽然以色列在地理上属于中东地区，但是我在分析时会把以色列排除在外。因为以色列在风投支持初创企业人均量、人均风险投资额等方面均领先于美国，而且在初创企业的创建方面领先于所有其他发达国家，这些初创企业会在美国进行首次公开募股。

中东、北非和土耳其地区的初创企业没有太多的退出机会，因此该地区金融风投和天使投资人的数量比同等富裕国家的少。因此，在这里，创业创新的起步方式在很大程度上取决于那些愿意为该地区发展做出努力的企业，所以企业风险投资实际上对这里创业创新经济的发展尤为重要。很多时候，一个家族掌管着一家大企业，所以与人们在西方国家所见的那种为金融风投提供资金的

家族办公室网络不同，这里的家族办公室往往只与单独一家企业联系在一起，它们的利益与企业风险投资人更加一致，因为企业风险投资的战略回报高于财务回报，因此这又是企业的一次冒险。

中东、北非和土耳其地区的国家一直在发生变化，尤其是在过去二三十年。20 世纪 80 年代以后，土耳其采用了一种基于经济的自由的财富创造模式。在过去 20 年中，海湾国家在发展类似的自由市场模式方面取得了不同程度的成功。北非国家正在建设充满活力的经济中心，尤其是与欧洲的合作和贸易的潜力正在不断显现。这些政治原因导致出现了两种不同类型的财富和资源创造模式：一类是大部分被家族持有的本土控股企业，这些企业逐步成长，并成为这些繁荣经济体的主要驱动力；第二类是国家直接持有却由私人管理的大企业。

土耳其的科驰集团（Koç）和萨班哲集团（Sabanci）、沙特阿拉伯的 Abdulatif Jameel 集团、黎巴嫩的 Oger 公司和科威特的 Zain 公司属于第一类企业，它们当中一小部分仍是被私人持有的家族企业，不仅产出了大量的经济成果，也提高了其所在国家的国内生产总值。它们基本上都是从诸如银行业、制造业、建筑业和快速消费品等消费基础经济要素中积累了财富。这些为数不多的大型企业集团和家族控股企业处于引领创新的领先位置，它们的资产都用在已经建立起的供应链、品牌名称、基础设施以及它们每年雇用的人才上。

土耳其的 Tüpraş 公司和土耳其电信集团（Turk Telekom）（在私有化之前）以及沙特阿拉伯的沙特阿美公司（Saudi Aramco）属于第二类企业。这些企业从事的都是大型基础设施业务，在这些业务中，国家需要为产能建设提供资金，并且利用多余的价值创造来扩大产能和实现更快的增长。然而，由于在决策方面进展缓慢，这些经营自然资源开采的企业以及电信行业中的企业受其所处领域的创新和迅速变化的影响最大。像私人家族企业一样，这些国有企业也拥有可供其使用的财务、技术和人力资源来进行自主创新。

总之，在中东、北非和土耳其地区，那些动作缓慢、大多数非竞争性的、私有和国有的大型机构有足够的财富和资源。上述两类企业都参与了所在国的创业、创新和投资生态系统，它们有着不同的主动性和不同的动机。以下我会用案例逐个分析诞生于中东、北非和土耳其地区的独特模式，这些模式可以应对该地区独特的挑战。

机会主义的动机：去够那些容易够得着的水果

对于中小企业来说，它们缺乏既定增长的融资期权，信用评价不高，又缺乏具有吸引力的公开市场，这就为现金充裕的企业集团收购初创企业创造了机会。这些收购通常是从公司本身一触即发，而且不是收购少数股份，而是全额收购。尽管通过并购实现增长很具吸引力，但是这些并购通常不是由新型创新技术驱动的，而是由向新市场提供渠道、规模效益或者有时是由多样化机遇驱动的。这就是我会分别讨论兼并和收购以及风险融资的原因。

我想主要强调两种方法，这两种方法考虑更多的是战略性以及驱动这些大型机构投资偏好的因素。在深入分析案例之前，有一点值得提醒读者注意：在中东、北非和土耳其地区，基于创业生态系统的企业风险投资和创新完全处于初期阶段。虽然形式和结构各不相同，但是各项举措仍处于萌芽阶段，大部分尚未被证明有何影响。读者应当将这些举措视为一种突破，随着企业风险投资公司和风投公司的出现，高水准的初始企业也将出现：

1. 全资拥有并运营的创业加速器：专注于早期阶段的初创企业；
2. 全资拥有并经营的企业风险投资公司：专注于后期阶段的初创企业。

在中东、北非和土耳其地区成立企业风险投资公司的原因很多，主要有以下几点：

1. 通过新的技术投资避免黑天鹅效应带来的损失，保护旧经济模式；
2. 充分利用现有的基础设施，了解这些设施为何不易被初创企业复制；
3. 为现有客户提供多样化的服务组合；
4. 被视为创新领导者，以此吸引更多人才；
5. 创造国家财富，充分利用资源；
6. 有助于政府政策的执行，特别是创造就业和扭转人才流失；
7. 提供财务回报。

虽然这听起来可能有些奇怪，但是我相信，中东、北非和土耳其地区的企业风险投资公司通常并不是因传统的财务回报预期而成立的。一个原因是家族企业在其他国家大型私募股权的投资规模已经超过了其在自己国家的投资规模，而这些投资有着高于市场利率的财务回报预期。另一个原因是中东、北非和土耳其地区的国家首次公开募股的市场是有限的，它们可能无法在可预测的时间范围内退市，这就对以退出为导向的交易造成了阻碍。因此，我相信，上面提到的前 6 个动机共同驱动了中东、北非和土耳其地区的企业风险投资。通常，在企业风险投资公司投资主题的形成过程中，所有这些动机都起了一定的作用，但是以我的经验来看，其中一个起了更为主导的作用。以下是我对该动机的看法以及基于这种理解所列举的案例。

案例分析

附属于家族大学的企业风险投资公司的投资主题：获得新技术

在中东、北非和土耳其地区，为了获得创新，私人控股集团曾用以其名字为私立大学命名来建立名声。这些大学已经成为大型企业集团接触更多的科技创新和初创企业的切入点。一旦大学中的任何研发项目通过企业与各界的合作获得了支持和资助，土耳其各国都会实施非常优惠的税收激励措施，因此这些企业都非常愿意创建这种共同经营的结构。因此，这些企业的企业风险投资机构与这些大学保持密切的关系、成为它们的主人或者经营它们也就不足为奇了。尽管交易的数量和规模有限，但是从这些大学中涌现出多家初创企业，它们都是由当地的企业风投公司支持的。萨班哲集团和科驰集团就是企业风险投资公司与以其名字命名的私立大学建立紧密合作的代表，它们对来自这些大学的创新和知识产权进行投资。萨班哲大学的 Inovent 公司由该大学全资拥有，而不是由控股公司拥有，因此它在技术上是一只独立的大学种子基金，而不是一家企业风险投资公司。它的使命更广泛，就是要投资那些并非直接来自该大学的初创企业。另一方面，科驰大学与其控股公司直接成立了合资企业，这就使它们有资格成为土耳其第一家聚焦于创新 / 知识产权的企业风险投资公司。投资的主要动机不是受退出驱动的，而是受机会驱动的。这些投资通常与母公司的子公司紧密联系在一起，是一种获得新的创新的有效途径，而这些创新将直接影响到控股公司的传统业务。汽车和制造业以及主要被家族控制的企业会受益于这种直接参与。通常情况下，初创企业会成为全资子公司或者部分控股的子公司，因为企业风险投资条款主要旨在使母公司受益。这些企业风险投资公司对于将贸易和知识产权进行组合销售也有强烈的兴趣。

该地区由大学主导的另一项创新是黎巴嫩贝鲁特的 Berytech 项目。作为一个完全独立于圣约瑟夫大学（University of Saint Joseph）的合作与创新生态系统，Berytech 已经扩展了其活动的范围和深度，并增加了一只获得了 Circular 331 倡议[①]支持、以盈利为目的的风险投资基金。它们的方法是先产生影响、后获得收入，旨在创建更多以创新为基础的初创企业，为年轻且拥有多元文化的黎巴嫩人（他们通常都能够讲流利的阿拉伯语、法语和英语）创造机会，以避免人才流失。

案例分析

家族企业利用规模经济推动新兴企业的发展

那些参与国际市场的家族企业也被参与企业风险投资公司的创立以及对初创企业进行直接投资所吸引。土耳其的 Farplas 公司和佐鲁集团（Zorlu）的 Vestel 风险投资公司（Vestel Ventures）就是代表。Vestel 风险投资公司的运营在战略上完全依附于其母公司，而母公司的主营业务是向欧洲出口电视机、白色家电和小家电。母公司在市场上占据主导地位，并通过国际并购实现了增长。过去 5 年，作为 Vestel 公司的企业风险投资分支机构，Vestel 风险投资公司一直在寻找向移动和数字领域扩张的机会，同时它也是土耳其政府教育计划在该国的首选合作伙伴。虽然该公司的硬件能力在全球数一数二，但是它们仍在寻找新的初创企业，以整合进它们的软件增值组合。它们的主要动机是与初创企业接触，以便将这些初创企业嵌入其现有的基础设施和其他交易中。另一方面，Farplas 公司选择了一种更多元化的方式，即成立了 F + 风险投资公司（F + Ventures），在这家公司，它们可以聚焦于大批处于更广泛的移动领域的初创企

① Circular 331 倡议将在主权基金的案例中另外提及。

业，因为它们的客户通常是汽车制造商。

案例分析

电信公司利用规模经济推动新兴企业的发展

有的机构没有成立自己的大学，但是它们要么正在组建自己的加速器，要么在与加速器密切合作。我们在沙特电信集团（Saudi Telecom）的 Inspire U、Mobily 风险投资公司（Mobily Ventures）、Turkcell 公司与一所大学基于加速器的合作、Zain 公司的 ZINC 计划以及土耳其电信集团的 Pilott 计划中看到了这种趋势的兴起，尤其是在电信行业中的兴起。这些组织大致可以被称为企业风险投资机构，因为它们作为投资伙伴的参与在每种情况下都是不同的，但是在至少一半的案例中发生了现金换股权的交易。

土耳其电信集团的 Pilott 计划旨在应对该公司内部现存的新产品开发周期长与大部分手机用户快速变化的需求不兼容的问题。它们在没有股权投资的情况下仍然建立并运营着加速器，采用的是收入共享模式。Turkcell 公司一直是土耳其一个大学加速器的主要支持者，它们希望能够在不经历公司内部冗长的投资流程的情况下接触到那些新的初创企业。Zain 公司成立了 Zain 创新中心，该中心作为一个部分联合办公和初创企业中心运营，而不是一个正式的基于股权的加速器。

沙特电信集团是一个独一无二的案例，我们将两次提到这个案例，一次是在早期全资拥有和运营的加速器模型中，另一次是在传统的寻求财务回报的企业风险投资模型中。沙特电信集团已经成立了自己的加速器 InspireU。该加速器采用的是传统的现金换股权模式，它更多地参与到初创企业的经营中，以便把现有的基于新价值的服务提供给沙特电信集团的客户。目前的人才队伍是于 2015 年采用的，并且已经融入了母公司的技术和管理架构。

除了沙特电信集团全面运营的 InspireU 之外，该地区的很多电信公司还通过建立合作关系，以更安全的方式进入了创业和企业风险投资领域。沙特阿拉伯的 Mobily 公司[①]和约旦的 Umniah 公司[②]都已经选择使用传统的现金换股权模式经营一个加速器，它们与那些总部设在美国的投资者 / 加速器运营商的合作，旨在把该地区的初创企业带入美国市场。卡塔尔的卡塔尔电信公司（Ooredoo）已经与德国的 Rocket Internet 集团建立了合作关系，它更像是一位传统的有限合伙人，将其关注点放在了亚太地区。阿联酋电信集团还与 iMENA 集团采用类似的有限合伙人模式建立了合作关系，但这种合作也涉及重大的战略和运营介入。这些公司不一定是创业投资领域的先行者，但它们热衷于从快速成长的创业企业中获益，而这些初创企业会受益于该地区年轻人的高度参与和互联。虽然区域性电信公司的企业风险投资机构如果要像其欧洲和美国同行一样，达到每年两位数的交易量需要花一些时间，但我相信，它们与加速器的合作将有助于建立一个良好的种子期和早期公司的投资组合，这会驱动增长，并且为它们带来新的服务。

关于这种合作的最后一个值得注意的例子来自 Turkish Ecosystem MV 公司，它通过其专门的企业风险投资部门为 StartupbootCamp 在伊斯坦布尔的分支机构提供了资金支持。该公司还建立了一种混合模式，其中包括一个联合办公空间和一种后续融资架构，该架构可以让它们在其早期阶段的交易中与风险投资公司实现合作。

需要注意的是，在有着最先进的生态系统的中东、北非和土耳其地区，土耳其企业风投公司的数量最少。尽管土耳其日益以创新为发展方向，但是除了电信公司 / 加速器和由大学领导的组织之外，几乎没有其他的企业风险投资模式。造成这种局面的原因是对所有权的极度迷恋和一种虚妄的信念，即认为控股公司有足够的资源来建造它们想要的任何东西。在封闭经济中诞生的一代人现在管理着土耳其大部分的家族企业，他们仍未能理解那些只雇用几百人、每月实现两位数的增长，而且还为大企业带来困扰的初创企业的重要意义。

① Mobily 公司部分股权由阿联酋的阿联酋电信集团（Etisalat）持有。

② Umniah 公司由巴林（Bahrain）的巴林电信公司（Batelco）持有。

案例分析

媒体公司利用规模经济推动新兴企业的发展

除了上述提到的那些直接投资加速器或者与加速器合作的电信公司之外，媒体行业在创业领域也非常活跃，比如阿布扎比（Abu Dhabi）的 Twofour54 公司和迪拜的 MBC 风险投资公司。Twofour54 公司既投资了区域性加速器运营商 Flat6Labs，也成立了自己的企业风险投资公司。它们的投资组合并不局限于 Flat6Labs，因为它们还独立投资了后期的种子 / 创意阶段的公司。MBC 风险投资公司已经在没有与加速器或孵化器有任何关联的情况下进入了该领域，并为 3 家初创企业提供了资金支持，但该公司近年来似乎发展速度放缓。

案例分析

寻求多元化和财务回报的沙特电信风险投资公司（STC Ventures）以及 Hikma 风险投资公司（Hikma Ventures）

除了 InspireU 计划，沙特电信集团也积极响应其全资拥有的企业风险投资公司。在与 Iris Capital 公司合作时，沙特电信风险投资公司在该地区至少投资了 9 家初创企业，这些初创企业涉及教育、电子商务和企业 SaaS 等诸多行业，是同类中最大规模的投资组合。该基金关注的是那些处于成长阶段的初创企业，这些企业有后期产品和后期收入，它们在 ITC 和媒体领域有经过验证的商业模式。

约旦的 Hikma 风险投资公司是该地区最新、或许也是最传统的企业风险投资公司。Hikma 集团是中东地区最大的制药公司。该集团在 50 个国家都有业务，并且通过合伙、特许经营和设备业务迅速成长，于 2005 年在伦敦证券交易所上市。传统上，该集团在成长阶段更多地参与了并购，但是现在已经成立了一家资金充裕的企业风险投资公司，该公司投入 3000 万美元专门用于关注早期的数字健康初创企业。其根本动机是受益于中东和发展中经济体的新兴市场，并创造与初创企业一起快速接触创新的机会，而这与医药行业传统的长研发周期相比要更快。

案例分析

家族办公室引领后期直接投资，寻求财务回报

作为其主要公司不可分割的一部分而被持有和经营的大型家族办公室，除了其在风投基金和私募股权基金中的有限合伙人地位之外，它们也越来越接近风投类型的直接投资。由更多家族持有的风投公司有获得财务回报和实现多元化的动机，但是它们并不都会公开自己的投资组合。尽管交易数量或许远远高于这些数字，但最近最重要的交易有由 Al Tayyar Travel Group 领投，对 Careem 公司（Uber 在中东地区主要的竞争对手）1000 万美元的 B 轮投资以及 6700 万美元的 C 轮投资、Abdul Latif Jameel 集团对 MarkaVIP 公司（一个著名的电商平台）3000 万美元 B 轮投资以及 Al Sanie Group 对 Holiday.me 的 400 万美元 A 轮投资。这些例子（以及很多未披露的交易）显示，一旦风险水平在第一轮天使投资和若干轮风险投资后出现了下降，就会出现直接进入交易的情况。正如知名创投机构 CB Insights 对美国市场的看法一样，我认为企业风险投资公司所进行的平均交易规模明显高于风投交易的规模。如果没有与实际合作伙伴和决策者建立直接联系，很难追踪这种模式的投资。

案例分析

主权财富基金以及寻求财务和社会回报的由国家直接提供资金支持的架构

通常，人们猜测有些主权财富基金私募股权投资和大量风险投资敞口也会吸引那些处于后期阶段的新兴初创企业。就像 Impulse 公司[①]参与了 Careem 公司的 C 轮融资一样，有很多主权基金，特别是在海湾阿拉伯国家合作委员会（Gulf Cooperation Council，GCC）管辖地区的主权基金，会直接与初创企业打交道。海湾阿拉伯国家合作委员会是一个地区性政治组织，由能源丰富的海湾地区国家组成，这些国家包括巴林王国、科威特、阿曼苏丹国、卡塔尔国、沙特阿拉

① Impulse 公司是科威特投资局（Kuwait Investment Authority）的下属公司。

伯王国和阿拉伯联合酋长国。沙特阿拉伯王国的 Taqnia 风险投资公司（Taqnia Ventures）是该地区主权财富基金为初创企业提供资金支持的又一例证。

一项非常值得一提的倡议就是约旦的阿卜杜拉国王基金。2014 年，我亲眼见证了阿卜杜拉国王本人在加州大学伯克利分校（University of California，Berkeley）的一次特别联谊活动上向大家介绍了约旦初创企业生态系统的发展和前景。这只由王室法令创立的基金已经为约旦地区最不同的加速器之一 Oasis500 以及早期基金 Silicon Badia 提供了支持。

近期的另一项重要进展是政府通过黎巴嫩银行（Banque du Liban，BDL）① 为 Circular 331 公司提供了支持。黎巴嫩银行注入了约 4 亿美元的资金，这个数额在像黎巴嫩这样的国家是前所未闻的，这样做是想要在建立初创企业生态系统方面发挥决定性作用。这笔资金为由私人银行完成对知识经济 75% 的投资提供了保证。独立银行现在正在成为黎巴嫩新兴的风险投资机构的有限合伙人，因为比起尝试适应早期初创企业未知领域的高风险，它们的风险被黎巴嫩银行大幅降低了。

另一个类似企业风投公司的政府主导举措的例子是迪拜硅绿洲管理局（Dubai Silicon Oasis Authority，DSOA）。迪拜硅绿洲是一个 100% 由政府所有的自由区域，它以内置的社区、基础设施和内部商业服务促进着基于现代技术的行业的发展。这里会为初创企业提供孵化空间和指导，由迪拜硅绿洲管理局运营的基金持有早期初创企业的股权。

案例分析

寻求战略价值和财务回报的沙特阿美能源风险投资公司（Saudi Aramco Energy Ventures，SAEV）

该地区诞生的最著名的企业风险投资公司非沙特阿美能源风险投资公司莫属了。该公司令人备感兴趣的原因是，它们专注于某些领域的新兴技术、多轮

① 该银行是黎巴嫩的中央银行。

且规模不可知的交易以及完全国际化的投资策略。由于基金规模预计为5亿~10亿美元，沙特阿美能源风险投资公司享有拥有独立实体的自主权，与此同时，它们还可以与那些管理着全球最大原油储备量的公司建立紧密联系。化工和材料行业需要技术创新优势，这些来自技术创新优势的驱动力令企业风险投资团队走在寻找世界各地的初创企业的最前线。除了达兰（Dhahran）总部之外，该公司在美国、英国、中国、韩国、日本和挪威分别设有6个办事处。沙特阿美能源风险投资公司的投资组合方法也显示出其对价值链更广泛的理解：它们对大数据初创企业投资了2600万美元，这笔资金投给了Manaa公司；它们对可穿戴设备公司908Devices的C轮融资投资了1160万美元，该公司列出了15笔对初创企业的直接投资，这些初创企业服务于上游和下游的油气企业、石油化工企业、可再生能源企业、能源效率和水行业，还有三笔已确认的投资投资于不同地点的基金，投资从开发到成长阶段的初创企业。在基金的投资头寸中，青云创投（Tsing Capital）是中国首批清洁科技基金之一。沙特阿美能源风险投资公司因其独特的架构和计划成了国际风投竞技场上的重要参与者。据估算，该公司的投资组合中共有100多家公司，这些公司处于不同的发展阶段、属于不同的战略领域，除了那些由三家基金（沙特阿美能源风险投资公司是其有限合伙人）提供资助的初创企业，其余都是直接投资。

案例分析

沙特阿美石油公司寻求社会影响和回报的Wa’ed公司

中东、北非和土耳其地区已经摆脱了诸多障碍，尤其是在过去的10年中。政治格局的不断变化对该地区的青年影响最大。如今，青年失业问题是很多国家的一枚定时炸弹，需要用创新的解决方案来解决。在这种情况下，在以现金换股权为基础的企业风险投资主题中看到诸如“（我们……）投资于具有独特价值主张的公司，这些公司有合理的成功可能性，并且会在为一般劳动力创造就业以及巩固就业机会方面产生重大影响”的内容也就不足为奇了。Wa’ed是沙特阿美石油公司聚焦于全国的企业风投公司，据该公司网站称，迄今为止，Wa’ed公司每年投资4~14家公司。Wa’ed公司自称，其行动的驱动因素不是利润，而是影响力，正如其官方网站上所说：“典型的风险投资仅关注一个目标——利润，而 Wa’ed 公司倡导一种不同于这种运作方式的方法。Wa’ed 公司的焦点不仅是利润，还包括为沙特阿拉伯王国创造高质量的就业机会，实现经济的多元化。”因此，它是一家具有国家战略功能的风险投资公司。

从这些案例中可以看出，中东、北非和土耳其地区有很多独特的企业风险投资公司架构是我们可以了解和学习的。由于缺乏公开发行市场以及对国外直接投资的高度管制，退出机会是有限的。人才相对廉价，除了土耳其这样的少数国家以外，中东地区的本土企业大多数都依赖来自第一世界的外籍人士来领导本土人才和管理第三世界国家的外籍人士。除了像阿卜杜拉国王科技大学（King Abdullah University of Science & Technology，KAUST）和阿布扎比的马斯达尔学院（Masdar Institute）等少数机构外，基于新技术的创新并没有获得资源支持。人才外流使大部分本土出生的人才愿意到外国学习并留在那里，成就他们的事业。从国际报告发布的排名来看，在该地区做生意面临着法律和文化上的挑战。家族和文化原因导致对失败缺乏容忍度以及对稳定的期望阻碍了年轻人创业的步伐。

为了解决地区参与者面临的所有不利因素和挑战，人们正在探索混合模式。从像 Berytech 公司和 Wa’ed 公司这样聚焦影响力的举措，到投资建立生态系统来创造就业机会和停止人才外流的举措，以及直接投资于成长期初创企业的家族办公室的扩展，这个生态系统是充满生机和活力的。这些国家拥有高参与度和年轻的人口，所以它们坐拥的既可以是金矿，也可以是定时炸弹。

这些“生于中东”的投资模式的效果将决定创新和财富是否会在该地区被创造以及是否会流出该地区。我对初创企业融资生态系统的国际参与者和基金的普通合伙人的建议是，要能够以新的眼光来看待这个地区，而且来这里不仅是为其私募股权基金和风险投资基金寻找有限合伙人，还要建立起相互联系的由财富和影响力驱动的混合模式。请记住，在中东、北非和土耳其地区，初创企业的数量太少，无法进行激烈竞争。当地参与者关注的重点并不总是财务收益最大化，而是通过跨越旧模式和建立独特的架构来实现生态系统发展这一更长远的愿景。

案例分析

微软创投（Microsoft Ventures）和微软加速器（Microsoft Accelerators）

拉哈尔·苏德（Rahul Sood）
微软创投和微软加速器创始人
Unikrn 公司首席执行官

》》我和拉哈尔约好了见面时间，想谈谈关于企业风险投资的话题，他向我讲述了微软创投和微软加速器项目的成立过程，以及他成立 Unikrn 公司的原因。① 以下是拉哈尔的叙述。

当时，我正在微软工作，想找点有趣的事情来做。我一直在思考大企业如何进行内部创新。当我想到初创企业是从外部着手来进行创新时，我一下想到微软在客户实现方面做得非常成功。走进美国任何一家大企业，甚至维也纳、奥地利等国的政府办公室，你都会看见电脑运行的是微软的 Windows 系统，更不用说微软在服务器市场中的主导地位了。我们整个团队计划将微软公司打造成连接大企业和初创企业的管理者。我想到了一个主意，那就是让初创企业接触我们的客户，这一点是别的公司无法做到的。微软是独一无二的，我们可以让初创企业知晓客户收入的数额和规模。那么，我们如何在最有效地做到这一点的同时将创新引入微软内部，并将这种创新传递给我们的企业客户呢？我们从三个利益相关者的角度来看待这一问题，它们分别是微软公司本身、我们的客户以及我们选择合作的初创企业。

一想到这个问题我就很兴奋，然后我就会思考如何来实现这个梦想。当你能够支配微软公司的资源时，你就能够允许自己想得更多、更远。不过说真的，我的想法一直都有点与众不同。

在一些你可能听说过的微软高管人员的推动下，我们为微软的全球初创企业项目提出了一个全面的计划，即微软风投、微软创投和微软加速器计划。一

---

① 卢比肯风险投资公司是 Unikern 公司的投资人。

部分加速器与必应基金（Bing Fund）[①]一起已经在运行了，我们把所有东西整合在一起，成立了微软创投。

从微软创投成立的第一天开始，我们从不关注或者不屑考虑的就是做有利可图的投资。我们一直都在寻找创新项目，帮助初创企业成长。如果能做到这样，一些好的创新项目就会回流到微软。这非常有效。

作为微软创投项目的创始人，我提出了项目运行的三大核心原则：

1. 帮助初创企业成立和成长；
2. 帮助微软的企业客户获得创新；
3. 帮助微软获得创新（虽然我没想过，但显然我们获益不少）。

当微软创投成立时，风投界已经转向做后期投资了，因此我们决定去做前期投资。我们在全球发起了七个微软加速器项目，形成了一个投资网络。这些项目的地点分别在美国的西雅图（与美国家庭保险公司合作）、以色列的特拉维夫、印度的班加罗尔、德国的柏林、法国的巴黎、巴西的圣保罗以及中国的北京。

举一个成功的例子。几年之后，我们北京公司的总市值超过了 45 亿美元。我们的努力很难说是取得了巨大的成功。即使取得了一点成功，对微软这样的公司来说，这个项目也是值得的，也是一个利润中心。

我们的加速器项目为期 3~4 个月。我们从不拿股权，除非做的是资本投资。我们主要关注的是帮助建立企业并实现成长。当其他公司想要效仿我们所做或者采取不同的策略时，我想提醒大家的是，微软独有的一系列有利条件是大多数大企业所没有的。

这两样东西是独有的企业客户和资产覆盖率，以及一个发展成熟的软件资产和服务平台，该平台可以免费出租给初创企业，或者为初创企业提供贷款。而且，微软所拥有的东西正是初创企业所需要的东西。在微软创投和加速器中，我们总是让初创企业来选择是否立项或者是否使用微软的产品或者服务，但是由于我们提供的是最好品质的产品或者服务，所以几乎很少有公司会选择亚马

① 必应基金是一只天使基金，为访问必应或者其他微软软 / 硬件的初创企业提供资金支持。——译者注

逊或者 Rackspace 公司。

我认为，对于任何一家公司来说，要想建立一个加速器或者风投项目，并且还要得到很好的交易流和价值交换是很困难的。例如，任何一个想要推出平台的大型电信运营商都需要围绕这样一个事实来制定策略，即它们缺少专有软件以及私有技术的加持。

微软就有这样的平台。我就不在本书中详细介绍这个平台了，但是请相信我，这个平台是独一无二的，而且为初创企业提供了机会。它是一个集技术、客户获取和文化介入为一体的平台。

我们从未想过微软创投的财务目标和内部收益率问题。微软是一家大企业，其战略目标的重要程度经常远超财务目标。凭借我们的平台，我们能够持续发展这个可实现盈利的业务部门，包括比尔·盖茨在内的所有人都在支持这个部门的发展。

在微软创投，我们灵活地控制着财务预算和资源的获取。我们主要关注种子阶段的融资和 A 轮融资。当我主持这个项目时，我们对尚未盈利或者已过盈利期的初创企业都十分欢迎。微软目前的事业版图如此之大，所以每当触及行业焦点领域时，我们都保持着十分开放的心态。

我自己也从企业风投投资人转变为创业者。在微软工作时，我经常关注趋势性问题。在我看来，大多数风险投资公司已经不再做种子阶段的投资了，因为它们的基金规模变得越来越庞大。我们从天使投资和微型风投那里获知了趋势。我们能够看到的另一种趋势是电子竞技以及游戏和游戏广告的重要性日益上升。令我们感到兴奋的一家公司是澳大利亚的 Pinion，因为微软创投对该公司投资后，该公司得到了更好的发展。

离开微软，我决定重回游戏行业，因为那才是我真正热爱的行业。我决定收购 Pinion 公司，同时其首席执行官成了 Unikrn 公司的合伙人。我们关注的另一家公司是 Tabcorp。这是一家有着数十亿美元资产的游戏公司，它们面临的巨大挑战就是创新。我们凭借在微软创投为具有颠覆性的初创企业与大企业建立关系的经验，帮助 Tabcorp 公司和 Unikrn 公司建立了合作关系。

如今，Unikrn 公司是一家专注电竞游戏的游戏和娱乐公司。我们的游戏社区网络遍及全球 100 多个国家，玩家已达到数百万。我们为电竞游戏迷和新手玩家们提供了一个安全且合法的地方，让他们能够聚集在一起玩游戏和下注。Unikrn 公司的游戏有《英雄联盟》（*League of Legends*）、《反恐精英：全球攻势》（*Counter-Strike*：*Global Offensive*）和《刀塔 2》（*Dota* 2）等，总有一款适合大家在Unikrn上观看和游玩。我们从马特·米科尔森（Matt Michelsen）[①]、卢比肯风险投资公司以及其他增值型投资者（赋值型）募得资金，后来还从 Binary Capital 公司、马克·库班（Mark Cuban）和艾什顿·库奇（Ashton Kutcher）等知名科技投资者那里拿到了额外的资金。凭借募得的千万美元资本、先进的技术以及在爆发式增长的市场中抢占到了有力地位，我们目前正处于超高速增长的阶段。

① 马特·米切尔森（Matt Michelsen）是卢比肯风险投资公司支持的另一位创始人。

Masters of Corporate Venture Capital

03

企业如何选择加速器、孵化器和其他生态系统

提高就是为了改变，而要达到完美就必须要不断改变。

温斯顿·丘吉尔（Winston Churchill）

对企业来说，从外部引入创新的另一个选择就是与加速器建立联系。有的企业会以“企业名称＋加速器”来命名它们的加速器，比如“微软加速器”“思杰加速器”等。而有的企业则会与已经成立的独立加速器（如Techstars和Startupbootcamp）等进行合作，比如迪士尼和巴克莱银行的加速器就是由TechStars提供支持的。企业也可以选择对某一加速器进行投资，或者在不投资的情况下直接安排员工去担任一个或多个独立加速器的导师。我认识一位律师，他在美国开了一家律所，并且在伦敦7家不同的加速器中担任导师，旨在将英国和欧洲的初创企业介绍给美国特拉华州的C集团，然后争取拿到这些初创企业的法务工作。实现这种水平的创新成本极低，但如果失败，企业就会面对极高的信誉风险。如果做得不好，我认为很容易失败。早期的初创企业需要大量扶持，目前有上千家加速器聚集在旧金山湾区，而且数量还会继续增加，这些企业涵盖了包括从机器人到数字医疗的各种领域。加速器也各有不同，而且一直在变化。美国的创业孵化器Y Combinator似乎将自己从一个事必躬亲的加速器转型为投资基金，却没有为初创企业提供共享工作空间。它更类似于一个招生计划、一些志愿者“导师”的集合和世界上最好的投资者演示日。

对此，我的观点可能会有所改变，但我认为在大多数案例中，那些自己成立了加速器的大企业可能会承受不良交易流程带来的损失，因此将无法实现我们在第1章中列出的目标。世界上最好的初创企业更愿意选择Y Combinator、500Startups或者Techstars，而不是微软加速器。虽然这只是我个人的想法，但我认为真正优秀的初创企业不会很早地就把自己与微软的Windows、Azure和Kinect捆绑在一起。初创企业也可以成立或者加入多个加速器。初创企业可以通过 500Startups 和 Y Combinator 获益。Sphero 公司在得到了可观的风投基金后加入了由 Techstars 提供技术支持的迪士尼加速器，这对于双方来说都是一次成功的转型，直接的成果就是在《星球大战》(*Star War*) 电影中出现的 BB-8 机器人。毫无疑问，较之过去，沙丘路上的风险投资公司现在更多的是对后期发展进行投资。硅谷 A 轮融资的平均规模目前已经接近 1000 万美元。那些拿到了 A 轮融资的初创企业已经拿出了它们最初的产品、在市场上发布了产品并且实现了第一次盈利，甚至在 A 轮融资开始前就看到了利润的上升趋势。我想说的是，近 90% 的最重要的创业决策都是在 A 轮融资开始前完成的。因此，如果企业想要获得早期创新的话，那么它们必须战略先行。加速器对它们来说就是一个很好的选择。

企业可以自行选择何时与加速器合作。它们可以投资一个或者多个加速器，可能只需资助加速器推出的某个项目，或者直接安排员工成为多个加速器的导师。成立自己的加速器或者与像 Techstars 和 Startupbootcamp 这样的伙伴合作成立加速器可以同时进行或者分步进行。我要提醒企业关注的一个问题是，因为所有的事情都与风险投资有关，所以一定不能从短期来看待股价和每季度的每股收益，如果不能以 20 年为期来衡量成功和结果，至少也要以 7~10 年为期。如果做法得当，资本投资最长 3~7 年就能够实现盈利。对于风险投资来说，这是真的能够实现的，但对于加速器投资来说，实现盈利的周期可能会更长，而且有可能永远无法实现盈利。以这种方式实现盈利和自筹资金将会比与风险投资基金和加速器合作投入更长的时间，而且我个人认为，这种方式可能会出现亏损，除非有极好的运气，否则是不可能盈利的。企业还应当明白加速器、孵化器、共享工作空间和风投基金的区别。很多企业对自己的定位并不是十分清楚。一些企业创新项目仅仅为了让企业加入就要每年收取 2.5 万 ~25 万美元的费用。帕特里克•德•德泽乌（Patrick de Zeeuw）是 Startupbootcamp 的联合创始人，他经营着 InnoLeaps.com——最好的加速器项目之一（虽然不是最好的），而且旧金山的 RocketSpace 的首席执行官邓肯•洛根（Duncan Logan）提供了一个很好的项目，但是只有在企业无法通过有限合伙人投资或者无法对初创企业直接进行实际投资的情况下，我才会认同这个项目的可行性。我并不相信那些不为初创企业或者风投基金投入真金白银的企业创新项目。我认为，当你进行投资时，比起仅仅决定尝试与初创企业建立合作关系，你要对你所做的事情负起更大的责任。一旦资金到位，你的尽职调查和承诺的质量就必须跟上。如果企业无法成立企业风投部门，那么这些项目可能就是你获得外部创新的最好选择，或者你可以把它们当作跳板，向企业风投项目寻求支持。

帕特里克的 Innoleaps 计划是不同的。他实际上正在帮助一些大企业发掘它们的创业想法和组建创业团队，并单独对这些团队进行打磨、训练和提升，再把它们送回这些企业。他的计划能产生极大的价值，与大部分我不看好的“开放式创新项目”不同。类似的其他项目可能对企业内部的员工和一些初创企业有很大的价值，但我自己是不会花时间去参加的。

最近，日本一家大型企业让我的投资组合公司填一份在线表格，“申请”加入它们的创新计划，邀请我们飞到东京去与相关负责人见面，一同探讨合作关系，这种合作关系是其创新计划的一部分，而并没有任何实际资本用于投资。我永远不会用这种事情来浪费我的时间，这个项目就是一种妄想，它不会有任何进展。我个人不会花时间来参与这种战略，而且我会尽我所能地来保护我的初创企业，不让它们与这种无效管理方式有任何关系，因为我确定这对获得合作关系是没有任何帮助的。范德音曾向郭士纳报告，成立了 IBM 风险投资公司，如果她在打算投资上百万美元的同时，只用一半的时间来与一个业务部门合作，那么我为什么要冒险相信开放式创新项目的经理拥有能把一切准备好的魔力呢？

案例分析

思杰初创企业加速器（Citrix Startup Accelerator）

迈克尔·哈里斯（Michael Harries）
思杰初创企业加速器联合创始人和首席技术专家

》》我是在思杰加速器的午餐会上认识迈克尔的。四年半之后，我们再次坐下来讨论这个话题，讨论企业如何利用企业加速器来实现创新以及在第 1 章中提到的其他目标。

2011 年年初，迈克尔 • 哈里斯与别人一起发起了思杰加速器项目。思杰是一家有着 25 年历史的公司，2000 年时，公司本来只是一家专注于单一产品的公司，10 年后才发展成目前有着四大主营业务的公司。随着业务日趋复杂，公司研发团队发现，保持云计算、移动电话和虚拟化等多个业务领域的创新质量越来越有挑战性。成立思杰加速器项目的一部分原因就是为了拓展应用研究授权，来让初创企业探索与公司客户和未来业务相关的新兴技术，以及市场对这些技术有何反响。思杰加速器的核心任务并不是对介入思杰业务的公司进行投资，而是研究那些会对思杰主营业务有潜在非连续性损害的技术，或者研究思杰公司所关心的更宽泛的技术生态系统，即公司的核心技术。哈里斯解释说，在运行加速器时，思杰公司的投资回报可以通过不同领域的业务来衡量，比如首先可以从战略眼光来衡量。可量化的优势还包括思杰作为一家创新型公司的市场预期、员工留任率、招聘、正面的社区形象、对生态系统的贡献、在大组织内形成的文化转变、内部创业精神的培养、新技能的培养和自上至下的员工培训以及为创立、购买或者合作等关系提供的新视角和独特机会。

大部分加速器，比如 Y Combinator、TechStars 和 500Startups 等，都会提供 1.8 万美元、10 万美元或者最多 15 万美元等特定数额的资金，而且它们会邀请 30 家甚至 100 家以上的公司加入，每年会给多达 8 家新公司投资 25 万美元。思杰通常不会成批地来运行种子计划，这与之后要讲到的创新者项目不同。思杰公司不仅会让这些公司在 3 个月后的演示会上进行成果展示，还鼓励它们去思杰加速器的其他平台上进行为期 18 个月的锻炼。这些初创企业通常会在找到主要融资渠道后离开。

思杰公司 25 万美元的可转换债券投资对创业者来说虽然是有好处的，但是这也会使初创企业转而去筹集任何其他类型的可转换债券。比如，一家初创企业从思杰加速器筹到了 25 万美元，然后它又以特定条款从天使投资人和微型创投基金处筹到了 100 万美元。一旦这种情况发生，思杰的 25 万可转债将采用同样条款进行转换。因此，我认为这对创业者是有好处的。

2014 年，思杰加速器增加了一个更传统的名为“创新者计划”的加速器，该加速器为期 3 个月，每家公司都会得到 2.5 万美元的拨款。在此期间，各公司无权稀释股权，思杰公司也不会成为股东。到目前为止，思杰公司已经在其办事处所在城市实施了该计划，包括设在硅谷南海湾中心地区的圣克拉拉总部（此处无疑是全球企业技术的中心）、美国三角研究园（Research Triangle Park，RTP）的核心地区罗利-达勒姆（Raleigh-Durham）、美国圣巴巴拉和印度班加罗尔。这些计划都有一个由当地导师和企业顾问组成的小组，鼓励员工用3个月的时间来参加类似于“内部创业者”的活动，以便将某种理念变成可行方案。这项计划的课程包括设计思维、客户开发和领导力训练。创业者和内部创业者的目标是建立并证明一种商业模式的可行性。

在大多数情况下，员工都会秉承思杰的理念工作，这样他们不仅能够继续拿工资，而且还能够在证明商业模式可行性的同时锻炼自己的技能，证明自己的价值。在创新者计划结束之后，有可行性想法的团队可以得到资金支持去继续发展业务，这种发展是有着明确的期望和时间表的。这就使企业内部创新能够与现有的企业环境隔绝开，得到外部创业者和当地行业领导者的鼓励和支持。

创新者计划是由思杰研究基金和当地赞助商共同资助的。当地的赞助商包括其他公司、当地的投资者和政府机构。

种子计划的投资是根据思杰公司的资产负债表进行的，但最初是作为研究经费支出的。这些投资已经有了一些出口，甚至到了今天，估值也不准确。它们希望随着公司的发展，这些投资会产生巨大的倍数效应，这可以为思杰加速器的长期发展注入活力。

》》我问哈里斯，他会怎样说服一家炙手可热的初创企业加入思杰加速器，而不选择Y Combinator、500Startups、TechStars或者其他独立加速器，他给出了以下几个重要原因：

1. 思杰公司是一个由多家计算机初创企业组成的社区；
2. 思杰公司在圣克拉拉设有办事处，这是一个A级地区；
3. 像思杰公司这样的行业巨头所带来的光晕效应可以使初创企业受益；
4. 思杰公司内部有很多专业技能强、经验丰富的顾问，同样外部也有；
5. 客户拓展的过程可以帮助初创企业成功地培育出颠覆性技术和商业模式，但是这些企业需要帮助才能接触到优质的企业客户。

思杰加速器的主要关注点是以初创企业为导向的某一领域的企业，其中包括基础软件和未来工程，这意味着这个行业社区有着巨大的影响。我们的首席执行官会议很受重视，而且分享的经验也十分有价值。同时，我们的投入，无论是对某家公司还是某个行业的投入，其主要任务都是证明此类组织的商业模式。

》》我发现“光晕效应”是哈里斯给出的原因中最有力的一个，同时也是将思杰公司与其他加速器区分开来的最关键因素。在加入其他加速器项目前 / 后加入思杰的项目并不是相互排斥的。如果没有主要公司的参与，大多数加速器都无法为科技初创企业提供公共关系网络，这样公司就无法在初期阶段接触到大量的潜在企业客户。这样的接触能够驱动产品和商业策略、客户反馈和丰厚的利润。通常，加入 Y Combinator 的公司会宣称它们在加入计划的三个月内拿下了 60 个以上的客户，但是如果你仔细查看就会发现，其中 58 个客户都在 Y Combinator 的名单中。既然这是 Y Combinator 的强项，也是选择 Y Combinator 的原因之一，那么让思杰将你介绍给世界 500 强企业也有重大意义。毫无疑问，科技初创企业考虑加入思杰是一个明智的选择。那些希望利用风险投资实现第 1 章中所提目标的企业可以考虑思杰的做法。

思杰初创企业加速器是企业从只关注研究转型至“开放式创新”的成功例证。通过与初创企业合作，思杰从新发明和市场反响中来寻找新理念。对于那些想要朝着这个方向发展的企业来说，明确你的战略目标以及该目标如何与企业动态相结合至关重要。思杰寻找的是长期的大趋势，因此它们会投资具有大局意义的初创企业，这些企业正在尝试做一些新鲜的事情，比如开拓一些与知识产权相关的业务，或者进入一些未被完全开发、风险也高的市场。其他企业则可以瞄准特定的与企业发展生态系统相关的新领域，或者现有渠道的新产品等。

》》自从我与迈克尔·哈里斯讨论了这个话题之后，思杰公司就决定停止这项长达 5 年零 2 个月的计划。我非常欣赏迈克尔所做的重要工作，他投资并且帮助了 31 家初创企业，不管他之后会去哪里工作，我都期待与他合作。这就是这本书中的另一个现实例证，既证明了企业需要长期付出才能获益，也揭示了风投生态系统很多参与者对企业长期待在加速器中，直到建立起像英特尔投资公司那样的持续获利机制后才退出的做法表示怀疑的原因。

案例分析

Silicon Catalyst 公司

瑞克·拉赞斯奇（Rick Lazansky）
美国沙丘天使投资公司（Sand Hill Angels）创始人、管理合伙人和董事

》》我和瑞克·拉赞斯奇见了面，想知道他是如何与那些只关注半导体相关初创企业的孵化器合作的。他对半导体的了解比我认识的所有人都多（我与瑞克相识多年，他是卢比肯风险投资公司风投基金的活跃投资者）。以下是瑞克关于他如何与企业合作，“将硅放回硅谷”的叙述。

我是 Xpedion Design Systems 公司研发部门的副总，该公司已经被安捷伦科技公司（Agilent Technologies）收购，我在那儿工作过几年。我同时也是 Denali 软件公司和其他四家直接提供半导体产品或者中间产品服务的公司的董事长和创始人。行业中那些急需解决的软件难题深深地吸引了我。我还是一个通过沙丘天使投资公司积极地进行天使投资的人，是安德鲁在卢比肯风险投资公司的风投基金的早期投资者。

2001 年，我回到了 Xpedion 公司，开始研究射频集成电路（RFIC）仿真工具。在 21 世纪，这是业内唯一呈两位数增长的领域。2001 年至 2014 年，我们举行了 150 场发布会，基本上每个月都会发布新产品，紧跟我们客户的设计活动。起初，我们的客户中有一半是拿到了风投的初创企业，另一半是大企业。2009 年底至 2010 年初时，我们发现客户中没有初创企业了。原因很明显，这些风投不再投资这些初创企业，它们要么被收购，要么倒闭了。

行业下滑对诸多方面产生了影响，于是我决定必须采取行动了。对于像我们这样的局内人来说，原因是显而易见的。成立一家成功的半导体公司的成本非常高。在硅谷，从风投的角度看，半导体行业基本就是资本密集型行业。通

常来说，一家半导体初创企业一年大概会20万美元来购买设备。之后的运营也会花费大笔资金，每次从10万美元到25万美元不等，甚至会更多。建立测试实验室大概要花费50万美元到几百万美元。天使投资和风投以及创始公司有着很多的不确定性，但有一件事是确定的。投资半导体公司将花费大量的成本才能使技术发挥作用并获得最佳产量（生产的产品有多大比例可以用于销售）。

例如，如果你给做集成电路设计的一家公司投资了1000万美元，很有可能大部分钱都会花在购买设备和服务上。你的钱一大部分都给了别的公司，而没被这家初创企业用于开发自身的智力资本上。这一直很令我沮丧。但是，如果投资一家互联网或者软件初创企业，那么几乎你投的所有钱都会用在培育知识产权（IP）和自身发展上。比起投资半导体公司，投资互联网公司只需要投资半导体公司的20%或者比投资半导体初创企业还要少。

因此，市场上是存在明显差距的。半导体的创新已接近枯竭，如今，我们对物联网、工业物联网、万物联网和医疗技术的创新需求比以往任何时候都大。新的设备和传感器往往要在非常不同的规模上运行才能发挥作用，并且需要大量创新，而这种创新目前仍未出现。所以，当这些风险投资公司切断了半导体初创企业的资金链而去寻找更多有资本效益的初创企业时，我们迎来了一个需要更多、更快速创新的新时代。

我成立Silicon Catalyst公司的另一个灵感来自美国半导体制造技术联盟（SEMATECH）。该联盟是一个在20世纪80年代后期和90年代比较活跃的非营利组织，英特尔公司和其他公司都加入了该组织，探索解决高成本问题的方法，以促进行业的发展。我很高兴我们聘用了丹•阿姆布鲁斯特（Dan Armbrust），他是美国半导体制造技术联盟的前主席，即将成为Silicon Catalyst公司的首席执行官。之前，他曾负责IBM公司300毫米半导体的运营工作。

我同时也很怀疑，大多数企业只是想利用孵化器来看看自己到底想要什么。所以，这正是我们要做的事。首先，我花时间聘用了半导体行业中那些最出色的高管来运营Silicon Catalyst公司。这样，我们也像其他加速器一样拥有了自己的导师组，而且我们的导师都是头发灰白的业内泰斗。

我们希望能够成立一个独特的孵化器，它能够剔除那些使半导体解决方案资本密集的高昂成本，并且系统安排这些初创企业，这样它们就能将投资者的钱都用于培育自己独特的 IP 以及运营自己的业务上。我们召集了一批企业合作伙伴，为我们的初创企业提供了价值数亿美元的实物工具、设备、产品和服务。目前，我们的合作伙伴有新思科技公司（Synopsys）、欧洲微电子研究中心（Interuniversity Microelectronics Centre，IMEC）、是德科技公司（Keysight Technologies）、爱德万公司（Advantest）、普迪飞公司（PDF Solutions）、Open-Silicon 公司和欧特克公司（Autodesk）。这些公司都会为我们免费提供产品和服务，包括初创企业需要的其他东西，比如办公空间等。

我们的商业模式是在每一家初创企业中持有一定比例的普通股，并由那些愿意支持它们的志愿者导师组共同享有。与大多数加速器一样，我们的导师经常会与初创企业协商进行直接交易，这样他们就能获得额外的经济利益。我们把每个人都连接了起来。

我们认为芯片行业并不值得投资。新一代创业者从互联网公司和软件公司身上学到了很多，这些做硬件的人正在寻找快速验证失败和快速迭代的方法。建立可盈利的纯 IP 业务很容易，这正是增长点所在。英国的 ARM 公司（Advanced RISC Machines）就是一家没有涉及芯片业务的公司，它们把设计授权给更大的公司，并出售 IP。IP 是一项值得发展的业务。

从另一方面来讲，培育提供解决方案这种业务可能是一个更好的选择。目前，只有少数几家公司在为物联网提供芯片解决方案。像 Fitbit 这样的公司最终也是在做硬件，因为它们需要对一些还未出现的事物进行探索，但是收益模式变成了订阅模式和其他经常性收入流。

半导体企业孵化器与软件企业加速器的不同点在于，它们给企业的期限是 24 个月，而不是 3 个月。我认为，Silicon Catalyst 公司是一个长期孵化器，而不是那种在 3 个月后踢出所有人再去寻找新猎物的短期加速器。通常情况下，我们每个季度会引入新的企业，1/3 的企业无法发挥作用，而我们能迅速地应对失败。有了我们的网络，我们认为，我们能 100% 覆盖半导体解决方案行业。我经常对那些与我们合作的大企业说，如果你从中得到的是人才并购（acqui-hires），而这种并购可以为有着庞大资产负债表的企业创造出数亿美元的利益，那么这就是非常值得的。

我们原本只是想向风投表明，回到水里是很安全的。但是现在我认为，我们正在填补市场上的一个巨大缺口，并且邀请了一些大企业与我们一起合作，把“硅”还给硅谷。

案例分析

TechStars 企业加速器

布拉德·菲尔德（Brad Feld）
Foundry 集团（Foundry Group）董事总经理

》》我问布拉德，企业是通过建立和运营自己的加速器更容易达成目标，还是与像 TechStars 这样可以为它们提供加速器的企业合作，还是去投资一个独立的加速器并成为导师更容易实现目标？作为 TechStars 的联合创始人，很明显，布拉德选择了合作。以下是布拉德的叙述。

创建一个运转良好的加速器和实际执行并运营是两码事。我们应当从初创企业、企业、管理加速器的团队以及加速器中的导师和顾问等不同的角度去思考这个问题。自己单打独斗，不与那些了解如何创建和运营加速器的伙伴合作会使你更加缺乏经验。大部分企业可能更愿意做出 3 年的承诺，但这种努力通常都需要 10 年的承诺。大企业的优先事项和管理层时常发生变化，这就可能导致企业在一个预算周期内不再关注加速器。缺乏持续性可能并不会对企业本身或者高管层造成影响，但却会对参与这些独立加速器项目的初创企业产生负面影响。

如果加速器的目标是帮助初创企业，那么它就需要打造一个广阔的关系网络。拥有庞大资产负债表的大企业也可以同时进行多种选择。它们可以自己成立加速器项目，投资一个或多个独立的加速器，并且在所有加速器中积极行动，与此同时，它们还可以对那些愿意拿到钱并创建一个团队来运营自己的企业风投，以进行直接投资的风投公司进行合伙投资。

迪士尼就是一个很好的例子。迪士尼与 TechStars 合作，成立并运营着迪士尼加速器计划，该计划由 TechStars 提供技术支持。参与这个计划的所有公司在被批准加入时都会得到 2 万美元，还可以根据自己的意愿得到 10 万美元的可转换债券。因此，每家加入迪士尼加速器的企业都会拿到 12 万美元的投资。迪士尼加速器的办公室坐落于大洛杉矶地区，这个地区是娱乐业的中心地带，有 60 多位迪士尼高官和 70 多位创业者以及来自商业社团的投资人可以提供指导服务。

布拉德提到了 Sphero 智能球和 BB-8 机器人的故事。Sphero 公司的总部在美国科罗拉多州的波尔德。它加入迪士尼加速器时募集了 3400 万美元，同时收到了来自加速器项目 12 万美元的投资。正是与迪士尼的关系使《星球大战》注意到了 Sphero 公司的产品，这是该公司的一次转机。

案例分析

TechStars 与迪士尼 TechStars 加速器

大卫·科恩（David Cohen）
TechStars 创始人、首席执行官和总经理

》》大卫·科恩作为初创企业生态系统中的一位无私的支持者，为我第一本书中企业加速器的相关章节提供了大部分内容。他也为这本书做出了贡献。以下是大卫的叙述。

对于初创企业来说，TechStars 是一个可以将新技术引入市场的全球生态系统；对于一些全球知名品牌（比如迪士尼、耐克、巴克莱银行、福特、Sprint、麦德龙等）来说，TechStars 可以提供加速器服务。企业通过与 TechStars 合作可以将创新项目外包而不是自己运作，这样就可以避免“先给予还是先收获的”的问题，这种问题往往会导致做出相反的选择。这种合作关系会吸引最好的企业加入，资本也会随之而来。

例如，由 TechStars 提供技术支持的迪士尼加速器，其总部设在美国洛杉矶，聚焦于数字媒体和娱乐业。在第一批加入的公司中，TechStars 通过其网络招募了一家名为 Sphero 的数字游戏公司。该公司加入了迪士尼加速器，而且后续项目吸引了来自迪士尼和其他公司额外 4500 万美元的投资。这是一个可观的数字，而迪士尼和 Sphero 公司都受到了进一步的影响。Sphero 公司的一款产品是一款智能球，它可以用手机远程控制。这款产品激发了迪士尼首席执行官罗伯特·艾格（Bob Iger）的灵感（他是加速器计划中的一位导师），为星球大战电影的新系列“原力觉醒”开发出了 BB-8 和新一代的 R2-D2。BB-8 发布时风靡全网，好评如潮。这就是一个很好的例证，证明了企业和初创企业都可以通过 TechStars 的平台以“先给予”的方式获得巨大收益，并获得更多的长期价值。

再举一个例子。DoPay 公司是巴克莱加速器（Barclays Accelerator）的参与者，由 TechStars 提供支持。这个设在伦敦的项目专注于金融科技领域。DoPay 公司为巴克莱一直无法解决的某个问题提出了解决方案。如何让那些没有银行账户的人来银行存钱？巴克莱决定冒险让 DoPay 公司来帮助它们开发一种云端薪酬服务。在最初的几个月里，全球有超过 100 万的人创建了新账户，与此同时，这也帮它们的客户解决了与那些没有账户的员工一起工作的问题。

我们从 TechStars 身上学到的是大企业一开始并不会考虑“先给予”。它们认为自己的分销渠道和顾客基础是无价的。那些聪明的公司正在学着在进入创业环境前先给予，它们认识到这些初创企业并不是它们的竞争者，而那些藏在角落里的人才敌友莫辨。不妨先与它们成为朋友，实现共赢。

案例分析

为孵化器和加速器提供资金支持

维克托·帕斯库奇三世
USAA 风险投资公司创始人和前负责人，企业发展部门负责人

作为一家企业，你需要为你喜欢的部门付一笔赞助费，然后你就可以为其进行投入了，就像加入加速器一样。商业合作伙伴可以在路演日参与进来。

USAA 是金融服务赞助商。

对加速器和孵化器的总结

我个人认为，大部分加速器的单位经济效益是无法计算的。它们中的大部分都募集到了足够的资金，可供它们使用 2~3 年。如果足够幸运，它们是不会很快关门的，甚至能够收支相抵。有的加速器会为同一个加速器募集更多的资金，而其他加速器则会选择去别的城市或者围绕其他行业成立新的加速器，来保证加速器的持续运营。考虑成立加速器的企业应当意识到，大多数加速器的单位经济效益正在减少的这一事实，还要注意这是企业风险投资中盈利概率最低的一种投资方式。与初创企业加速器不同，企业可以负担那些亏损的业务。

缺少资金的加速器投资初创企业的日子要么即将结束，要么那些加速器将会遭受不利交易流程选择的重创。如果你是一家初创企业的首席执行官，并且正在考虑加入某个加速器，你面临 3 种选择：（1）加入愿意为你投资 15 万美元的加速器项目；（2）加入愿意为你提供足够资金，让你的团队去硅谷学习 3 个月的加速器项目；（3）加入只提供导师或者办公空间的加速器。那么，你愿意选择加入哪一个呢？在其他条件相同的情况下，提供资金的加速器会是你的首选。

500Startups 会给加入其加速器的初创企业投资 15 万美元，然后要求这些初创企业向其支付 2.5 万美元，作为办公室和加速器经验的费用。500Startups 的麦克卢尔（McClure）称它们得到的实物服务和产品（如云主机服务等）价值 12.5 万美元，所以只付 2.5 万美元是很划算的。据我了解，其他加速器并没有这样做。然而，麦克卢尔了解他的单位经济效益，而且很可能不会被迫卖掉他的股权来维持企业生存。他组织了一系列不同的活动，而且还举办了一场声势浩大的商业活动，开辟了另一条收益线。我认为他很明智，他运营着一个单位经济效益丰厚的加速器，而其他加速器则无路可退。最终，他在世界上不同的地方募集了大量的风险投资，完全突破了加速器商业模式的限制。他参加了其他加速器的路演日，投资那些他能发现的最好的初创企业，而且他并没有限制其风投基金只投资那些加入 500Startups 计划的初创企业。麦克卢尔收取管理费并且以此盈利的方法简直太棒了，他是一个天才。我深受震撼，此举前无古人。

在一些案例中，企业建立自己的加速器（如微软或者思杰）可能是非常有意义的举措。但是像迪士尼这样的公司，最好的选择可能是与像 TechStars 这样的公司合作，请它们来运营迪士尼加速器计划。其他公司可能会对如 TechStars 和 Y Combinator 等独立加速器 / 基金进行投资，因为它们能带来战略价值。我个人认为，对大部分企业来说，在产生战略回报方面，投资独立的加速器项目或者基金有很大的风险，这可能不会为它们带来其所寻求的战略价值。实现战略目标的最简单方法是将员工派去不同的加速器担任导师。这样一来，企业唯一的支出就是当地员工的薪酬。而员工既可以与初创企业的团队一起学习，获得战略知识，也可以为加速器生态环境做出贡献。更棒的是，企业还可以在路演日亲自动手，多投资几家公司。

Masters of Corporate Venture Capital

04

企业风险投资对其他风投基金的投资——FoF

兵之情主速。　　孙子

»» 请参考思科公司如何在四年间投资 47 只风投基金的案例。另见西班牙电信集团、意大利菲宁维斯特集团、意大利电信集团和其他案例，了解 FoF 和企业风险投资策略的结合是一种最佳实践。

为什么 FoF 对企业、初创企业和风投而言都是明智之选

约翰·法兰科（John Frankel）
ff 风险投资公司（ff Venture Capital）合伙人

»» 法兰科是纽约 ff 风险投资公司的负责人。我们的公司在纽约和硅谷都有办公点，所以我经常与他碰面，过去也共同投资过项目。以下是法兰科的叙述。

企业以盈利为工作重心，而且通常按季度统计数字。风投基金的非流动期通常为 5~7 年，而企业的发展周期通常比这个时间更短，而且发展目标也与风投基金不同。随着时间的推移，目标的不一致可能会导致令人失望的结果。此外，企业的决策团队也未必能够考虑到风投资金的发展，因此由于企业决策者的更替，决策思路可能不会随着时间的推移而始终保持一致。那么，为什么风投基金要参与进来呢？

简单地说，如今，科技对商业世界的挑战前所未有。然而，工业革命颠覆了社会的缓慢发展，使很多行业得以成形，让目前我们所拥有的企业得以诞生。但是随着芯片的广泛应用、移动超级计算机的问世、社交网络带来的无处不在的连接以及现代软件语言的可达性和复杂性，这一切都意味着企业不再拥有以

前的研发优势了。成立企业的成本以及攻击企业运营可防御部分的成本已下降为零，因此眼光独到的智者能够快速开始攻击传统企业的业务，他们似乎很快就成功了，而且还获得了无数潜在的投资。面对获得数十亿资金支持的优步和来福车（Lyft），出租车公司虽然有保护自己的手段，也毫无与其抗衡之力了。

此外，大企业往往会因为一些政治因素而拒绝改变和质疑，这就使它们无法快速做出保护自己的决策。很多企业无法改变自己，宁愿开发一些低利润率的替代产品，任由这些产品逐渐取代大部分已有的高利润率业务。像高盛、苹果这样的大企业仍在不断自我改进，但是这样的例子实在太少。

大企业亟待转变还有另外一个原因，即全球人为控制的低利率和人口老龄化趋势使经济增长越来越难以实现。在全球零增长的环境下，企业需要增长，而这种增长来自初创企业。对大企业而言，初创企业是新的研发实验室。但如何才能最好地开发和利用它们呢？简而言之，通过在正确的早期募资阶段成为重要的投资者，大企业将会比其他企业更早地接触到这些具有颠覆性的理念。不仅如此，通过投资风投基金，大企业获取这些信息无须支付任何费用，相反它们实际上是在赚钱。大企业及其企业风投部门能够给初创企业带来客户，并最终收购这些投资组合公司。所以，目标一致是使 FoF 能够成为一种成功战略的关键因素。

FoF 是第一步，直接的企业风险投资是下一步

企业如果想进行风险投资，我的建议是向 SAP、网威（Novell）、微软、英特尔、诺基亚、思科等公司学习，即先向其他风投基金投资，再进行直接投资。实践证明，这样做会有更好的效果：既有助于你实现战略和财务目标，又可以有力地掌控你自己的直接投资计划。如果你按照本书第 1 章的内容列出一个目标清单，再让企业高管层的主要人员认可这些既定目标，我敢说实现这些目标最快、最可靠的方法就是先投资 FoF，然后再制定直接的企业风险投资策略。从

直接投资开始而不是买进其他公司，这种方式也会降低失去时间和资本所带来的大部分金融风险。

有一些现实情况是需要考虑的。大部分初创企业都想从像红杉资本、克莱纳·珀金斯（Kleiner Perkins）和基准资本（Benchmark Capital）这样大企业或者像安德森·霍罗威茨这样新晋的热门风投手中拿到投资。这些大品牌以及新晋的投资经理总能获得最佳交易流。新人们总能为他们的有限合伙人带来更好的收益，而要预测出下一个炙手可热的风投新人却并不容易。这与音乐行业颇为相似。总有一些乐队和歌手势头强劲，而且他们的下一张唱片依然畅销，但是同时也总会有新的声音出现。

创业者的梦想并不是必须要拿到约翰迪尔风险投资公司（John Deere Ventures）、金宝汤风险投资公司（Campbell Soup Ventures）或者其他类似公司的投资。这是一个简单的事实。相反，不要让别人欺骗了你。你所寻求的创新从本质上并不想要你。

很多年轻的创业者或许应当接受企业风险投资公司的资助，但他们却没有，因为他们担心这一不可逆的行为将令其无法与该公司的竞争对手进行业务往来，或者无法将其业务出售给该公司的竞争对手。大多数企业风险投资公司的名声都不大好，所以它们一直以来都是初创企业最后才会选择的募资方式，或者当初创企业真正进入 C 轮、D 轮融资甚至后期融资阶段的超高速增长模式时才会去选择企业风险投资公司。初创企业拿到了企业风投公司的资金或许会得到更好的发展，或许还会从直接的合作关系中获益，但是大多数年轻的首席执行官一定会犯这个错误。当一家拥有企业有限合伙人且财务独立的风投公司向首席执行官提出同样的合作邀约时，很容易就会得到首席执行官肯定的答复，企业也就实现了我们在第 1 章中提到的目标。

企业风险投资公司应当由那些从内部和外部聘用的人才来共同管理。首先，他们需要依靠那些直接来自风险投资的交易流，他们在这些风险投资中是有限合伙人。如果他们专注于这些交易，他们就将达成能够带来战略价值且收益不错的良好交易。这样，企业风险投资公司就会在正确的道路上、以最小的风险不断地实现第 1 章所提到的目标。那么，他们就会因为自己所做的热门投资而变得炙手可热。热门投资的步伐使任何风险投资特许权都变得有意义，并且建立了它们自己的品牌。这样，交易流就会直接找到企业风险投资公司，而且企业风险投资公司也无须特别依赖它们投资的其他风投公司。再次重申，投资即将破产的初创企业实在没有任何战略性或者变革性意义。与那些有着数十年经验的金融风投紧密合作才是坚实的保障。

我认为大企业需要投资 FoF，当然这会打乱它们实现第 1 章所述目标的时间。如果你做得对，你会投资一些不同的基金，覆盖不同的地区。在硅谷、纽约、伦敦、特拉维夫和中国投资一些基金可能会非常有意义。投资的领域也能够呈现多样化，比如一部分投资金融科技或者物联网基金，而其余部分投资互联网公司。很多人不赞同我的观点，我也尊重大家的看法，但是我十分赞同不能只投资专业的风投基金。我们无法预测未来的创新会来自哪个领域，虽然清洁能源技术基金在几年前风靡一时，但是我们不能只盯着这个领域，而错过当下的智能手机和共享经济的生意。大部分专业的清洁能源技术基金让它们的有限合伙人赔了钱。

最成功的创业者是真正的多面手。重要的不是生活给了你什么，而是你如何对待生活。最优秀的创业者面临着巨大的挑战，八面玲珑、知进退帮助他们将风险变为财富。我相信风投基金也是如此。我想拥有最大限度的灵活性，如果我想要，我就会说“是的”。我希望我们按照策略投资多个行业的能力不会被限制，即便这些行业将被软件行业干掉。

如果你身处一家大企业，你需要考虑你的核心业务和边缘业务，但你仍然会面临很多与核心客户无关的问题，比如如何与员工打交道以及如何处理其他支出。不要只在原本列出的那几个有意投资的领域中投资风投基金。现在最重要的是互联网、智能手机、大数据、物联网、新兴的商业模式、谁拥有什么以及未来的支付方式。一切都在改变，改变的速度似乎越来越快。可以肯定的是，没有人知道接下来将会发生什么。撒开一张大网能够让你始终关注整个大环境，而整合你所有企业风投战略的 FoF 能够让你省去撒网这一步。

当你准备投资 FoF 时，要确保那些基金的普通合伙人愿意告诉你具体的投资项目，至于你直接的企业风险投资行为，他们会在其投资组合公司的未来数轮融资中进行安排。有时，你将会与金融风投共同投资，但是你有可能出手太慢。最好的方法就是进入下一轮融资，或者在金融融资轮结束后发起一次只有你自己参与的战略性融资。

创业者更喜欢从红杉资本这样的金融风投拿到资金，而不愿意把自己与那些打开一扇门却关上十扇门的战略风投绑定。同样，大多数金融风投不愿意拿企业有限合伙人的钱。布拉德·菲尔德在本书中提到，只要 Foundry 集团完成最低融资，他就只会接受一家企业的资金，前提是它们同意对他未来的基金做出承诺。金融风投不愿拿企业有限合伙人的钱是有原因的。因为有限合伙人素来不会持续投资，也不会投资未来的基金。正因为它们自己的企业风险投资团队的平均寿命只有两年半，虽然如今有延长至五年的趋势，所以它们不会为金融风投投资超过两只风投基金。如果你是金融风投，你希望每三年能募集一只新的风投基金。在理想情况下，你希望所有现有的有限合伙人都继续投资，让你的基金被超额认购，再迅速关掉。恩颐投资公司似乎在星期一启动了一只新基金，周五结束时已经募集了数十亿美元。这样的事情不会发生在企业有限合伙人身上。更换首席执行官、经济低迷或者陷入僵局都是你可以选择的理由。这些理由都会使有限合伙人无法对未来所有的基金做出可靠的承诺。在理想状态下，只要金融风投实现最低融资，企业获得最低的财务收益，金融风投会得到企业具有法律效力的承诺，来投资接下来 10 年中的三只基金。

在卢比肯风险投资公司，我们完全相信，我们可以为初创企业带来价值。而我们所做的一切就是为了给初创企业带来价值，所以当我们正在颠覆我们的风投模式时，写这本书并且引入企业有限合伙人对我们来说是非常有意义的。

企业风险投资分拆为普通合伙人 – 有限合伙人模式，实现独立并重塑品牌

在我全家搬去硅谷的前两天，约尔格·希夫特（Joerg Sievert）走进了我位于伦敦特拉法尔加广场（Trafalgar Square）的办公室。那天，他得意扬扬地走进来，自豪地宣布直至那时还在进行表外投资的 SAP 风险投资公司已经转为普通

合伙人–有限合伙人结构，并且刚刚关闭了一只超过 3 亿美元的风投基金，SAP 公司是该基金唯一的有限合伙人。普通合伙人通常会得到每年 2% 的管理费和 20% 的收益，这 20% 是其投资收益的 20%。几年后，约尔格离开了 SAP 风险投资公司，到 SAP 公司创始人之一位于瑞士的家族办公室工作。

SAP 风险投资公司的故事很有意思。一开始，大部分进行表外投资且向投资专业团队支付基本工资和奖金的企业风投公司可能更看重大企业的业绩，而不是自己的投资业绩。很多与独立风投进行同样交易的企业风投专员也做着大致相同的工作，他们认为自己也应当像我们一样，得到 2% 和 20% 的补偿。另一个分拆成独立结构的原因是为了保证投资计划的长久性。当你进行表外投资时，投资专员担心项目随时会被取消、叫停或者暂停。首席执行官新上任、经济低迷、公司重组、像麦肯锡公司一样奔走呼吁企业“只做好自己的事”，这些情况都可能令企业风险投资计划终止。而一个通知就可能让这样的事情发生。另一个分拆的动机则是为了获得更多自主权，投资专员可以不必经过投资委员会或者企业管理层就能完成交易。大企业往往行动迟缓。眼看一笔 100 万或者 500 万美元的投资本周就要结束融资了，投资专员还在追着某些大企业的首席财务官审批和签字，想想就令人失望。在硅谷的快车道上，速度太重要了。

一旦企业风险投资公司分拆成普通合伙人–有限合伙人结构，新加入的普通合伙人就可以开始出席普通合伙人–有限合伙人会议、与机构投资者建立联系、像一只独立的风投基金做事，并且尝试丰富有限合伙人的基础。这样做是有原因的。母公司或许认为基金运作应当是个连续不断的过程，而且会停止资金流入未来基金，让企业风投成为一个零成本的研发项目。一位有限合伙人或许只能为你带来一只基金。如果新加入的普通合伙人希望每三年募集一只新基金，那么他们最好使原始有限合伙人实现多元化，并尽快将原始有限合伙人的比例降至 50%、33%、20%，甚至 10%。如果它们想被市场视为独立风投，那么它们最好把任何一家企业对未来基金的投资降至 30% 或者 20%。这一点非常重要，因为很多初创企业担心如果它们拿了 SAP 风险投资公司的钱，就不能把公司卖给 SAP 公司的竞争对手甲骨文公司了。这种担心是对是错我们还不清楚，但观念反映了现实，而且无论 SAP 风险投资公司是最大还是最小的有限合伙人，创业者只要从该公司拿到钱就会有这样的担忧，既然如此，当其他独立风投向你抛来橄榄枝时，为什么还要去冒险呢?

我曾多次与 SAP 风险投资公司的专家们有过接触，每次我都听他们这样说:“我们完全独立于 SAP 公司，实际上我们已经把更多的投资组合公司卖给了甲骨文，而不是 SAP 公司。”很显然，他们每次都这样说就表明他们一直对此耿耿于怀。最终，SAP 风险投资公司更名为 Sapphire 风险投资公司（Sapphire Ventures），进一步与 SAP 公司划清了界限。我认识一些几年前在 Sapphire 风险投资公司工作的人，他们在加入该公司之前都在独立风投工作，即便如此，他们也拒绝接受我的采访，并声称他们不是一家企业风险投资公司，而且不想在市场上被视为一家企业风险投资公司。这就是传统的企业风险投资公司向完全独立的金融风投的演变过程。我知道其他公司也有相同的经历，它们也不想在本书中被提及，因为它们不想被误认为是企业风险投资公司，毕竟现在它们是独立的金融风投了，它们曾努力地想要冲破阻碍和重塑品牌。

我所见证的模式是从表外融资开始，利用企业获得最高的内部收益率，之后作为唯一有限合伙人从企业中分离出来，然后使有限合伙人群体实现多元化，再改名走出企业风投的“阴影”，最后从企业的办公大厦中搬出，成立自己的工作室。

最近一次注意到 Sapphire 风险投资公司时，我发现该公司还分别在美国帕罗奥图市的山景大道和英国伦敦的威廉王街的 SAP 公司设有办公室。或许它们应当将办公室搬到旧金山和梅费尔地区，实现独立的最后一步。

现在，要理解企业风险投资公司想要实现独立并跟随 Sapphire 风险投资公司脚步的逻辑就很容易了，不过我们还得从企业的角度来考虑。回忆一下第 1 章中提到的目标。企业参与风险投资的首要和次要目标分别是什么呢? 当你的企业风险投资团队像 Sapphire 风险投资公司一样分拆出来，我不确定企业还能在多大程度上实现自己的目标。或许它们能够比在企业体系内时更有效地实现目标，但这一点需要解释清楚。

以下是我的观点。如果企业风险投资团队像 Sapphire 风险投资公司一样独立出来，而且企业希望实现第 1 章中提出的战略收益最大化的目标，那么它们就要与这家新成立的独立的风投多沟通，未来也是如此，这样战略目标才能够实现。

投资专家支持企业风险投资团队独立的逻辑也很明确。企业支持这一点的逻辑更像本书 FoF 章节所提到的内容。有趣的是，Sapphire 公司的策略综合了 FoF 和直接投资的投资策略。Sapphire 公司直接投资其他风投基金，而且利用这一点从这些风投基金的投资组合中获得交易流，为后期的直接投资获得稳定的交易流。这样就好理解多了，Sapphire 公司已经成了一家强大的风险投资公司。

最近我在硅谷的一次活动中遇到了一位老朋友，他告诉我他刚加入了一家大企业新成立的企业风险投资团队。他是一位创业者，而且一直都想做风险投资，甚至有过募集一只独立基金的失败经历。在开始这份新工作前，他告诉了我他的计划。他想效仿 Sapphire 公司，尽快把这个新成立的企业风险投资团队分拆出来，甚至想好了新公司的名字……可是，上班第一天，他竟然没出现。所以要记住，你找来管理你企业风险投资团队的人或许正在寻找背叛你的时机。

所有拥有企业风险投资团队的企业都应当意识到，它们很可能创造了一只怪物，而且是一只活的怪物！我认为，当筹建企业风险投资专业团队的时候，有些要点甚至应当写进聘用合同。例如，如果企业分拆，那么企业或许可以成为普通合伙人；如果企业风险投资团队解散或者团队整体离开，那么企业或许可以通过一些具有法律效力的条款来保障企业所需。

风投公司和代理人（帮助风投公司募资的银行家）有时会给我发一些他们的路演文稿（pitch deck），这些文稿用于为其风投基金募集资金或者将自己介绍给那些潜在的有限合伙人。最近，我看了一只基金的路演文稿，这只基金隶属一家大型企业风险投资公司，在亚洲各地都有业务。因此，有时这个团队不用独立就能够购买一只新基金，并且一旦有了固定的有限合伙人的保护，团队会努力摆脱企业的管理。

对于这个话题，我还有一些观点。多数企业风险投资团队非常有信心地展示着其炼金术士般的投资业绩，似乎希望当其离开这家企业风投公司，并且在成为一只独立基金的一般合伙人或者另起炉灶时，他们的过往业绩能够一直得以保留或者实现转化。除非他们能找到一种方法来保持与之前公司的联系，使其成为他们的第一个大客户，或者让他们的销售团队与初创企业充分合作，否则他们此前的出色业绩可能无法被保留。企业风险投资是一种非常不同的技能集合，大多数风投都没有与企业建立工作关系。让企业风险投资公司的高管在现有的独立风投公司中任职可能有助于业绩转化。

案例分析

从网威公司到 Pelion 风险投资公司

布莱克·莫德塞斯基（Blake Modersitzki）
Pelion 风险投资公司总裁
网威公司联合创始人和总裁

另一个有趣的转型故事来自我的朋友布莱克·莫德塞斯基，他是 Pelion 风险投资公司的联合创始人。布莱克一开始是 WordPerfect 公司的国际产品营销经理。这是一家曾与微软 Word 竞争的老牌文字处理公司，后来它与网威公司合并，赚了一大笔钱，并曾一度占领大半个电脑网络市场。网威公司坐拥美国犹他州美不胜收的山谷风景。布莱克成了网威公司发展部的经理，也帮助成立了网威风险投资公司（Novell Ventures）。网威风险投资公司的资本来自网威公司的资产负债表，而且有双重底线：一是通过投资大企业为网威公司的股东挣钱；二是只投资那些属于更广泛的网络软件基础设施生态系统的公司。它们以 FoF 战略打头阵，而且布莱克投资了沙丘路上一些最好的独立风投公司。后来它们决定自己进行直接投资，并且将企业发展与直接投资结合起来进行。

2001 年，当埃里克·施密特（Eric Schmidt）离开网威公司去谷歌担任首席执行官时，网威公司新的管理团队决定专注自己的核心业务，企业风险投资业务不再是工作重点。通过阿塞尔合伙公司（Accle Partners）一位联合创始人的引荐（通过网威公司的 FoF 项目，网威是阿塞尔公司三只基金的有限合伙人），布莱克见到了 Utah 风险投资公司（Utah Ventures）的团队，该公司是美国犹他州一家区域性风投公司。经过几次交流之后，Utah 风险投资公司和网威风险投资公司的团队认为，双方合作会使双方实现利益的最大化。这意味着网威公司风险投资的重心要向直接投资转移。布莱克注意到，基金并没有吸引到来自加利福尼亚州和全美的最佳交易流，因此他们将公司名字改为 UV 合伙人公司（UV Partners）。不过这个新名字看上去似乎仍然与某种地区战略有着联系，所以他们又将公司名字改为 Pelion 风险投资公司（Pelion Ventures），这看起来才是一家强大的、持久的风投公司。事实证明，该公司这 20 年来完成了多次成功的风险投资。网威公司的风投业务从 1996 年持续到 2002 年。Pelion 风投合伙公司（Pelion Ventures Partners）的前身可以追溯到 2002 年的 5 月。它们的第六只基金在封闭时成功募集到了 2.4 亿美元，远高于预期目标。Pelion 公司的投资战略和行业焦点可以追溯至其在网威公司时的表现。

Masters of Corporate Venture Capital

05

对与企业风险投资公司、创业者和金融风险投资公司有关的企业风险投资的建议以及最佳实践

成功就是在屡败屡战中不失激情。

温斯顿·丘吉尔

蒂姆·德雷珀对企业风险投资的看法

》》蒂姆·德雷珀（Tim Draper）是我敬仰的英雄之一，它是德丰杰风险投资公司、Draper Associates 公司以及英雄学院（Draper University）的创始人。他在风险投资方面拥有很多无人能及的经验和见解。以下是他的主要观点。

1. 企业风险投资公司会在漫长的发展过程中获得最好的状态。比如，英特尔投资公司在这一点上做得很好。它们擅长突然潜入一项风险投资业务并坚持下去。很多企业风投公司都是从市场高点进入，而在市场低点离开。很明显，这不仅对企业不利，而且在入股公司最需要支持时撤回资金，也会对这些公司造成损害。

2. 企业风险投资公司是初创企业的最佳合作伙伴，它们能为初创企业推荐合适人选来测试初创企业的产品。初创企业会特别欢迎它们以投资者的身份介入，并作为初期客户测试和使用产品。

3. 当一位创业者从企业风险投资公司拿到钱时，他或她应当小心并且明白企业风险投资公司首先忠诚的是自己的公司。这是人之常情。但是当企业风险投资公司在初创企业董事会中占有一席之地，并且其行为看起来是为自家公司谋取最大利益，而不是为初创企业实现最佳利益时，这种情况会很令人沮丧。

4. 对于那些已经从企业风险投资公司拿到钱的创业者来说，最好给企业风险投资公司保留一个董事会席位，来另设一个不把企业包括在内的独立咨询委员会。因为通常情况下，企业的利益与初创企业的利益会存在分歧。

5. 创业者经常担心企业支持他们创业是因为想要他们破产，或者当他们出现资金链断裂时以低价收购他们，但这几乎是不可能的。即使首席执行官可能将其视为竞争对手，或者只是关心他们是敌是友，几乎所有企业也都会为创业者的成功而欢呼雀跃。

（根据蒂姆在其 Facebook、领英和 Twitter 上的观点和言论整理。）

布拉德·菲尔德对企业风险投资的看法

》》我在科罗拉多州波尔德的 Foundry 集团见到了它们的联合创始人和总裁布拉德·菲尔德。我们对企业风险投资、他们在实践中犯的典型错误以及独立加速器与公司加速器之间的区别等话题进行了探讨。你可能对布拉德·菲尔德有些陌生，他是风险投资和创业精神方面的书籍的优秀作者。他所有的书我都强烈推荐，其中《风投交易》（*Venture Deals*）一书最为畅销。以下是我与布拉德谈话的主要内容。

20世纪80年代末，当我在商学院学习时，企业风险投资正在流行。多年来，我所见证的是企业并没有坚持进行风险投资，而且最终这种不连续性也导致它们受到了影响。现在，大企业似乎再次想起了创新的重要性。一般而言，这些企业擅长不断完善它们的产品，但是在创新方面比较吃力，特别是在打破现有商业模式方面。

这些企业明智的做法就是利用风险投资来平衡缓慢的发展与激进的创新。一种方法是参与加速器项目，当与擅长创建和运营加速器的组织（如 TechStars）合作时，加速器项目往往最有效。对小公司进行直接投资和对风险投资公司进行有限合伙投资既是大企业与初创企业合作的另一种选择，也是一种典型的企业发展计划，而这项计划中通常包括收购一些小公司。

微软公司及其历年的投资行为是很有参考价值的。在 20 多年的风险投资生涯中，我目睹了微软公司从积极地投资其他公司，到制定了一项不投资其他公司的政策，再到重启一个投资其他公司的项目，然后将该项目停滞多年而只是为了重新开始。这种言行不一，特别是长期的言行不一肯定会逐渐削弱或者减少初创企业的潜在收益，因为大企业会不断地调整其战略，而不是将其重心长期放在初创企业和创新上。

很多企业没有坚持下来，并且没有长期致力于企业风险投资，这是不对的。它们应当将目光放长远，同时也要有一个灵活的架构来应对首席执行官和首席财务官的变化。

作为在 Foundry 集团中独立且受财务目标驱动的风险投资人，我拥有多年与企业风险投资公司联合投资的经历。这些经历好坏参半。有时候，这些企业风险投资公司非常棒，有时候却很糟糕。奇怪的是，有时候一家公司在一笔投资中表现极差，却在另一笔投资中表现极好。在这些案例中，虽然企业有不同的人参与每一笔交易，但是他们代表的是同一家企业风投。如果企业风投公司的高管在其组织内部没有在初创企业那么大的权力，那么在具有挑战性的情况下（这种情况在所有初创企业的整个生命周期中是持续发生的），他就会失去理智，只顾着为自己谋求利益，而不是先考虑初创企业的利益。他可能会担心他的行为和决策会削弱他在初创企业的价值，并且丢掉工作。在其他案例中，企业风险投资公司可能处于被动，或者相关高管无法使初创企业与企业产生协同效应。在这些情况下，企业风险投资的唯一价值就是它们投资的资金。

然而什么都不做也可以，虽然它们承诺要充分利用大企业，但是它们的答复仍然很重要。我见过一些企业风险投资公司承诺初创企业会在下个星期三给予答复，却并没有具体说是哪一年的星期三！

一些风险投资公司或者个人的名声极坏，并不称职。因此，不让企业投资者与其他风险投资公司达成特殊交易是非常重要的。在某些情况下，企业风险投资团队在企业发展团队中非常独立，其他时候是同一个团队同时管理着企业发展团队和企业风险投资团队，或者是这两个独立的团队向同一个负责人汇报工作。尤其需要注意的是，不要放弃优先认股权（right of first offer，ROFO）、优先购买权（right of first refusal，ROFR）和负面消息封锁权。

例如，当一家初创企业陷入财务困境，董事会正试图让其进行另一轮融资时，可能会发生不好的企业风险投资行为。在这种情况下，如果风险投资公司拥有一个董事会席位，那么它们就会陷入作为董事会成员而不注意履行其信托责任的困境。在更糟糕的情况下，当初创企业的财务危机升级时，它们会故意拖延时间，企图在初创企业走投无路时以低价将其收购。这种情况我见过很多次。联合广场风险投资公司（Union Square Ventures）的弗雷德·威尔逊（Fred Wilson）可能就遇到了其中一种状况，他在其博客中写道，他绝对不会再与风险投资公司进行共同投资，曾轰动一时。

有些风险投资公司会设法在企业中保持自己的独立性来避免这种行为的发生。谷歌风险投资公司就是很好的一个例子。谷歌风险投资公司被定位为一家独立的风投基金，在长达20多年的时间期限里承担责任，而谷歌公司在谷歌风险投资公司中的角色更多的是一位有限投资人，如果两者存在利益冲突的话，那么理论上坚持“中国墙”策略（Chinese Wall policy）[①]会防止上述情况的发生。同时，谷歌风险投资公司的投资专业人士与谷歌公司保持着密切的联系，可以为投资组合公司解锁协同效应。

在Foundry集团，对于那些想以有限合伙人的形式进行投资的企业，除非它们能够证明其对投资我们的基金做出的长期承诺，否则我们不太可能接受企业以有限合伙人方式进行投资。我们基本上每三年募集一只新基金。如果我们履行承诺，那么我们就会去执行，我们期待对我们未来基金进行投资的新承诺。我们很难真正相信一家企业会继续支持我们未来的基金。通常，一位企业高管会被拉上风险投资的轨道，但是他只想巩固自己在该轨道上的位置。这种偏差很难让企业成为可靠的有限合伙人。

为了实现永续经营，企业风险投资的合作伙伴需要适当的补偿，这与风投合作伙伴所需的补偿相似，但是企业却很难了解它们的想法。如果企业无法提供适当的补偿，那么最好的企业风投合作伙伴将被风投基金纳入旗下，而且企业风投将会有大量的人员流失。这会产生不利的选择效应，那些在企业风投工作时间最久的高管，其业绩可能最不好。理想情况下，企业应当奖励拥有丰富经验的人，不仅要考虑他们在投资中所扮演的角色，而且还要考虑他们在与其他大企业合作以及管理一个团队等方面的经验。但是，很多企业风险投资公司现在的做法却恰恰相反。

① 中国墙策略是在商业环境中一种典型的访问控制策略，这种策略最初来源于证券咨询业务的安全需求。——译者注

企业风险投资公司令人失望之处

汤姆·福格蒂（Tom Fogarty）
气囊导管发明者和 165 项医疗专利持有者
福格蒂创新研究院创始人
资深投资者

》》我曾有幸与我的另一位偶像见面，他就是硅谷福格蒂创新研究院的创始人汤姆·福格蒂。我很幸运地见到了福格蒂博士，他是 Biomedix 公司的主要投资者，该公司是一家知名的医药科技初创企业。福格蒂医生是一位外科医生，他是斯坦福大学的教授，是气囊导管的发明者，有超过 65 种非常重要的医学发明。后来，他成了一名高产的投资者。他不仅挽救了数百万人的生命，而且还通过他的初创企业的投资组合有了数十亿美元的资产。福格蒂博士认识到，风险投资公司并没有为那些与医疗保健相关的初创企业提供资金，于是他创建了福格蒂研究院来弥补这一空缺，该研究院与埃尔卡米诺医院（El Camino Hospital）以及医疗保健生态系统中的诸多企业都建立了合作关系。医疗保健企业应当关注这家独特的研究院并与其建立联系，因为这家研究院中有多家即将在未来进行转型的医疗保健初创企业。以下是我与福格蒂博士的谈话的主要内容。

企业风险投资公司并不是我想象的那样。它们就像风投一样，表现得好像知道该如何做所有的事一样。很多大企业不想在其所属领域进行投资，因为那似乎默认了其内部研发团队的无能。医疗科技的创业者不应当问公司想要什么，而是要告诉公司它们需要什么。

这就是说，不要用同一把刷子给所有的企业风险投资公司或者风投公司上色，这取决于与你一起共事的人。我之前见过大企业收购了我们公司，然后反过来又想把它卖给我们。无论它们何时购买，你至少在并购后第一年要把它们当作合作伙伴。

在医学领域，一些最糟糕的风险投资人就是医生，尤其是那些对自己选择医生职业感到不满意的人。如果你想摆脱医生的工作，那么你应当做你应做之事。这非常重要，因为如果人们不按照公认的步骤行事，那么安全性就无法保证。大胆地尝试、有点疯狂的冒险与尝试做一些不同的事是需要结合起来的。你需要用不同的方式进行思考。行业和企业都需要与医生合作，而不是与他们斗争。人们需要认识到药品迭代与药品巨大变化之间的区别。如果你有一项新技术可以治病救人，那么在你向医生介绍这项技术之前，还要牺牲多少人呢？技术发展比监管流程快得多，这是现实。尽管监管流程越来越完善，但是有时在拿到食品药品监督管理局（Food and Drug Administration，FDA）的批准函之前，其实你可以做得更多。科技日新月异，想要降低启动初创企业的成本，想要新事物真正发挥作用，我建议企业在风险投资生态系统中发挥更大的作用。

透过窗户向外看，你永远不会知道外面究竟发生了什么。你必须走近观察，而不是远远眺望。

企业必须调整步伐，以适应初创企业的速度

匿名

总裁，活跃于日本和硅谷大型企业投资项目中

沙丘路上一家顶级风投通过一个闭环引入了一家早期的初创企业。在第一次会议上，这家初创企业因其创始人获得过多次成功，而且有着清晰的愿景给人们留下了很好的印象。这次见面后的一年，我们就如何合作进行了沟通。从大企业的角度来看，该初创企业看起来仍然处于早期阶段，我们可能无法与其合作。我们的企业风险投资团队努力说服了业务部门，并设法安排了几次会议，开始为试验供应样品。就在我们讨论如何推动进一步合作时，我们听到了很多关于这家初创企业与其他企业实现合作的好消息。我们的企业风险投资团队尝试加速试验进程。然而，该初创企业被收购了，于是我们的合作就这样结束了。这件事的教训是，在大企业，在项目的早期阶段发现一个冠军项目的操作难度大却很重要。很少有风险投资家对追求短期成果的企业高管一直感兴趣。

企业风险投资需要企业内外部联动

匿名
活跃在硅谷的金融风投投资人

企业风险投资成功的关键是拥有合适的团队、拥有来自企业执行团队最高层（首席执行官）的长期承诺以及以风险投资成功指标为基础的客观投资策略。这需要从企业外部招聘员工，并且给他们足够的空间与风险投资人和创业者建立长期的合作关系。

企业风险投资需要在企业内部进行良好的政治运作来建立战略关系，需要将投资“出售”给官僚机构，需要在风险投资界建立声誉，并帮助创业者获得成功。

托比·刘易斯对企业风险投资的看法

》》托比·刘易斯（Toby Lewis）是《全球企业风险投资报》（*Global Corporate Venturing*）的一位编辑。该报纸是风险投资界的出版物，经常刊登一些我在其他地方看不到的事件和数据。以下是我们谈话的主要内容。

50% 的财富 50 强企业和 30% 的财富 500 强企业在企业风投方面非常活跃。很多企业都认为如果其他人正在进行企业风险投资，那么我们也应当如此。以下是在考虑组建新的企业风险投资团队时应当考虑的问题。

企业风险投资项目通常是首席执行官的个人项目，由企业创始人或者一位资深人士推动该项目的进行，而且通常在项目启动后不久，每个人都会持续跟进直到项目结束。企业风险投资团队的平均寿命不到五年。企业风险投资团队可能需要请三名首席执行官来评估该项目是否能够真正存活下去。

初创企业提交的专利数量已经从几年前占所有专利的 5% 增长至现在占所有专利的 30%。如果企业希望抓住这种创新的转变，它们就需要一种策略。过去，顶级大学的优秀毕业生都想加入名企、银行和咨询公司，但是现在，这种情况已经在美国、中国和欧洲发生了变化，日本可能也开始发生变化。如果你在美国、欧洲或者中国进行招聘，并且想要获得完整的人才库，那么拥有强大的企业风险投资计划和企业发展计划就是最好的方式之一。

只有一个人的风险投资团队的失败就像一个人创业失败一样。75% 的企业风险投资团队只有 5 个人或者少于 5 个人。在考虑如何组建团队时，或许可以借鉴金融风投的经验。

最大的失误就是未能建立一个相关的投资组合。

补偿问题是企业风险投资团队的另一个大难题。不到 10% 的企业风险投资团队会提供 2/20 补偿计划。相反，如果你执行 2/20 计划，你最终会得到一笔金融风投，而这对企业来说可能没有任何意义。正确的做法是使企业战略和财务奖励实现一些平衡。这些企业风险投资团队最有可能成功。企业风险投资团队高管的平均工资是 30 万美元，而大多数金融风投的底薪是 100 万美元起，而且他们收入的差异是非常大的。毫无疑问，只有企业风险投资团队稳定，才能使企业实现目标。补偿不足意味着目标可能无法实现。

投资 FoF 是你实现目标的最快方法。30% 的企业风险投资团队都在做 FoF 投资。

再次确认你正在做什么的最简单方法就是问问自己加入企业风险投资团队的动力是什么。首席执行官应当问问那些正准备启动项目的高管这个问题。

在我看来，如果你有一家大企业，却没有企业风险投资团队，那么你就犯了个大错误。

弗雷德·威尔逊关于企业风险投资如此糟糕之原因的著名论断

》》弗雷德·威尔逊是联合广场风险投资公司以及 Flatiron 合伙公司的创始人和管理合伙人。经他的允许，我把他以前对企业风险投资的观点放入了本书。

“我的确认为，风险投资并不能最有效地利用企业资本，最好的情况是产生低于平均水平的回报，最坏的情况是造成巨大的亏损，这是无法避免的。”在接受《潘多月刊》（*Pando Monthly*）访问并被问及作为风险投资人所获得的经验和教训时，他立刻回答道，他这辈子再也不会与企业风险投资公司一起投资。

当被问到他为何有如此强烈的反应时，他回答说：“这些公司太糟糕了！它们感兴趣的并不是企业或者创业者的成功。企业的存在是为了实现利益的最大化。它们永远不会仁慈，永远不会宽宏大量。它们的 DNA 中没有这些，所以作为投资者，企业风险投资公司表现得很糟糕。”

“我只是认为企业是非常糟糕的合作伙伴。它们不应当投资你的公司，它们应当买下你的公司。这才是你看待一家企业的正确方式。它们是你的出口，不是你的财务伙伴。创业者说与企业合作可以让他们的公司估值更高，”弗雷德继续说，“它们（那些企业）应当做的是收购。”

》》再次重申：弗雷德后来在他的博客中写道，要仔细区分被动的企业风险投资公司（如谷歌风险投资公司、英特尔风险投资公司、SAP 风险投资公司和康卡斯特风险投资公司）和积极的战略性投资，前者是一种很好的资本来源，后者与创业者和企业的目标不一致。

我不太愿意将以下这一点纳入本书，即要让企业知道人们普遍认为企业风险投资与现实世界中那些消极的不良运营者有着紧密的联系。弗雷德在全球科技生态系统中有着重要影响，人们都在关心他所说和所写的内容。我想提出的一点是，企业风险投资对企业、初创企业和金融风投机构来说都是一个巨大的机会，但它需要像弗雷德·威尔逊在其著作中提到的方式来构建，并且不能够像他不愿意合作的阵营那样构建。他并不是唯一一个这样说的人。

查尔斯河风险投资公司（Charles River Ventures）的传奇风投人泰德·丁特史密斯（Ted Dintersmith）在谈到关于从战略上获得资本的话题时曾对我说：“要小心。你会卖掉你的公司。你只是不知道而已。”这句话出自美国投资公司 Founder Collective 的迈卡·罗森布鲁姆（Micah Rosenbloom）之口。

如何构建你的企业风险投资交易以实现最优化

高瑞夫・巴辛（Gaurav Bhasin）
Pagemill Partners 公司和道衡证券（Duff & Phelps）分公司总裁

虽然我们公司一般不做早期风险投资（我们主要关注技术并购，任何募资行为都集中在成长股和后期融资），但是我们有时会为与我们有长期合作关系的公司和前客户提供资本募集方面的咨询服务。其中有一家公司能够为智能手机提供关键技术，并且希望从三家企业投资者和一家规模较大的传统风险投资公司那里募集资金。除了资本，企业投资者可以提供接触最终客户、制造专业知识和一些关系（在亚洲制造组件所需的工艺知识和组装线）的渠道。它们还可以为该公司的产品提供强大的整合机会，这是传统风投所无法提供的。

在谈判期间，其中一家企业投资者要求有为期 30 天的优先购买权。虽然硅谷的企业投资者很少要求掌握优先购买权，但是硅谷之外的企业投资者却经常提出这样的要求。鉴于我们以前对优先购买权的经验（包括它们并购流程的挑战性），我们建议公司不接受优先购买权，而提出优先通知权（Right of First Notification，ROFN），这只需要在公司收到内部报价或者决定启动销售程序的情况下才通知企业投资者。这是我们通常的做法，因为企业投资者也是潜在的买家。经过多轮谈判，这家企业投资者放弃了优先购买权的要求，并接受了优先通知权。

经过多年的发展，该公司认为是时候启动并购程序了，并正式聘请我们担任其财务顾问。我们之前帮助公司考虑优先购买权和优先通知权的影响，并最终达成对优先通知权达成协议的努力最终得到了回报，因为在感动于企业投资者提供的支持的同时，我们所接触到的每一家有前景的公司几乎都在询问企业投资者是否有任何特殊条款（如优先购买权）或者特殊的许可协议。一些有前景的公司说它们不会在审视机会上花费时间，尤其当这个机会是一家提出优先购买权要求的目标公司提供的，因为它们害怕被当作掩护真正目的的借口。由于没有优先购买权（只有优先通知权），我们可以将公司展示给大量有前景的企业，这就最大限度地提高了竞争力，最终导致该公司被一家最具战略前景的企业投资者收购，而不是目前的企业投资者。

在寻找企业风险投资时，请务必记住，条款清单（term sheet）是非常重要的。虽然企业投资者可以提供更多的利益，而不仅仅是获得资本，但是它们也会添加限制公司独立性并使其销售流程复杂化以及可能破坏销售流程的条款。除了上述提到的优先购买权和优先通知权的例子之外，另一个需要注意的常见问题是企业投资者对公司的制约性规定或者限制。例如，公司应确保其开发的知识产权完全属于自己，而不是按照制约性规定授权给企业投资者，或者确保由公司和潜在企业投资者共同开发的产品可以被单独出售，或者确保公司有能力（在商业的基础上）与多个竞争对手合作。

在协商企业风险投资募资时，要考虑优先谈判权和优先通知权

柯蒂斯·莫（Curtis Mo）
英国欧华律师事务所（DLA Piper）企业证券团队合伙人

》》柯蒂斯·莫是1000多家初创企业、上市公司、风投和私募股权基金、投资银行以及其他客户的代理人。他非常友好地与我探讨了企业风险投资这一话题。

如果企业风险投资公司为初创企业进行少数股权投资的主要动机就是让企业收购该公司（这是硅谷早期企业风投活动的原动力之一），那么这将会创造出一个动态的三维棋盘。在进行首次投资时，企业通常希望通过谈判获得优先购买权来收购初创企业，并且将该条款纳入企业的保密文档。这给创始人和独立金融风投带来的问题是，这样做可能会限制他们的优势。最好的做法是去争取优先谈判权。即使限制较少，这也可能会给出售业务泼一盆冷水。优先通知权可能是最好的，但重要的是要精确定义优先通知权的真正权利。如果初创企业通过无声条款禁止投标，而该条款又阻止该企业出售自己，那么优先通知权可能就会干扰该笔交易。这就产生了三维棋盘动态，该企业可能需要建立一个独立的委员会来控制利益冲突和信息流动。企业和外部买家可能都会关注与产品相关的信息流动和技术路线图策略等。不管这些问题是如何解决的，初创企业的买家可能会将现有的企业风投投资者视为鸡窝里的一只狼。

成立新的企业风险投资公司的最佳方式

小阿曼多·卡斯特罗（Armando Castro Jr.）
美国必百瑞律师事务所（Pillsbury Winthrop Shaw Pittman）合伙人

多年来，我与多家企业风险投资公司有过合作，它们包括辉瑞（Pfizer）、豪雅（Hoya）、思科、三星、英特尔、博通（Broadcom）、高通、博世（Bosch）、西门子、本田、武田制药（Takeda）、英伟达和想象技术（Imagination Technologies）等。提到成立企业风险投资公司的最佳实践，有很多框架结构可以运用，也有很多实践方式可以选择。如果企业能够明确回答以下问题，那么必将从中获益。

- 基金是作为一只独立基金成立，还是仅作为一个向企业财务部门报告的业务部门？
- 基金是追求资本增长，还是意在为“母公司”获得战略性技术呢？
- 谁将会用基金来识别并做出投资决策？
- 所有投资是必须有一个业务部门作为赞助者或者支持者从业务层面上推进交易，还是基金可以独立地做出投资决策？
- 基金是否被允许在融资轮成为牵头人或者唯一投资者？
- 基金是否被允许成为第一笔外部资金进入一笔新的风险投资？
- 基金的员工如何得到补偿？他们有资格获得附带权益吗？

在20世纪90年代和21世纪初，网络和通信行业经历了高速发展。驱动这种成长的基金并不是传统的风险投资基金，而是思科公司的企业风险投资团队。在这期间，思科公司不仅是一位积极的投资者，还是网络空间领域的顶级收购企业之一。它们的努力最终使其在2000年和2001年的某个时期成了全球首屈一指的技术公司。思科公司所享受的增长和影响大部分是通过其企业风险投资团队所使用的战略产生的。思科公司利用其企业风投团队了解了该领域最新的技术发展情况、识别出了可供其他业务部门考虑的顶尖人才，并且确定了可能的收购目标。

21世纪初，三星公司在美国加利福尼亚州圣克拉拉市成立了风险投资部门。它们的目标在很大程度上利用其投资部门来匹配思科所获得的成功，以扩大其在硅谷科技界社群和硅谷以外地区的影响力。这个目标成就了如今在硅谷最活跃的企业风险投资公司之一。

企业风险投资与客户交易结构交付

马修·梅尔斯（Matthew Myers）
法国巴黎银行集团（BNP Paribas Banking Group）国际企业风险投资交易高管

只投资与企业核心业务相关的领域是一种有缺陷的投资方式。企业风险投资公司投资其传统业务以外的重点领域是至关重要的。在硅谷、纽约和海外的很多企业风险公司只投资那些有潜力补充其现有运营和业务线的技术。这是一种非常狭隘的视野。它忽视了初创企业、品牌塑造和投资机会，正是它们才有潜力塑造企业风险投资公司的母公司的内部效率。

例如，花旗创投（Citi Ventures）集中投资那些“能够帮助花旗集团应对在其业务相关领域中关键挑战的初创企业”。通过直接制定目标来创建只对应母公司的投资，花旗创投已经错失了一些意义重大的初创企业和技术。

一家通过开发软件和技术来不断优化其人力资源管理体系或者重新定义其企业文化的初创企业对花旗创投来说会更具价值，花旗创投可以将其整合到被收购公司的投资组合中。为什么呢？企业文化的变化会影响企业在技术方面的投资，尽管技术与其核心使命（网上银行）相关，但是从长远来看，投资技术并不是那么有利可图。企业内部对技术给予越来越多的支持会使企业变得头重脚轻。没有人想要一家发展不均衡的企业，无论是股东、机构投资者、员工、客户，还是消费者，他们都不想要这样的企业。

为什么不把项目重心转移到与企业核心业务无关的领域呢？谷歌风险投资公司投资优步就是一个很好的例子。这笔投资对谷歌风险投资公司和 Alphabet 公司来说并不那么激进。企业风险投资公司的子公司需要投资那些有潜力挖掘自身企业文化和提高企业内部运营效率的初创企业。仅仅通过投资那些支持其核心业务的早期或后期企业是不可能实现的。为什么谷歌的收购没有创造出能够与 Search 或 AdWords 抗衡的新产品呢？

谷歌推出了大量与竞争对手相对应的产品（如 Google+ 对应 Facebook，Google Collections 对应 Pinterest 等）。为什么谷歌一直在复制其对手的产品，而不是不断培育和重建其内部企业文化和团队来支持新的突破性创新呢？这正是 Alphabet 公司、谷歌公司和谷歌风险投资公司必须要做的事。谷歌风险投资公司要投资那些能够颠覆自己的技术和初创企业。这正是在谷歌内部创造出下一种具有开创性产品并重振公司的策略。

这些初创企业可以在为期 3 个月的加速器或孵化器项目中脱颖而出，而参加企业风险投资公司的路演却是极其无聊的。这些公司的路演演讲经常充斥着陈词滥调，也没有具有突破性创新的技术。一旦为期 3 个月的项目和初始投资完成，初创企业和企业风险投资公司将各行其道。企业风险投资公司对一家较成熟的公司进行独立投资也是如此，被投资的公司会强加一些不支持收购公司的法律和财务条款，但并不是非要这样做。

在风险投资中投入大量时间和资源的初创企业和早期公司需要有同等水平的机构承诺。这将转化为实际投资（100 万美元或者更多）和各种支持（超过一年）。它也会使企业风投从其传统业务领域之外的企业中拿到股份。如果不能实现这一点，那就是空谈。这只是一种粗略的投资。很多合作关系并没有实质内容，因为企业及其管理层并没有对这些初创企业和早期公司进行真正意义上的评估（无论是财务还是其他方面）。这就是企业风险投资公司投资的众多项目被中止、失败或者最终被收购的原因。母公司的管理层并没有承担评估不当所带来的风险，但是他们需要为其所做的每笔交易承担风险，否则将扰乱企业风投文化，并改变企业风投母公司的内部环境。

对局部与广泛聚焦的看法

将马修的成果纳入本书，部分原因是因为他关注的是企业风险投资公司应该投资哪一领域这一问题。很多企业风险投资公司需要业务部门负责人的支持才能完成投资。这在理论上可以确保企业风险投资公司所做的投资可以对企业产生战略意义，而不单纯是为了获得财务回报。其他企业风险投资公司仍在坚持执行严格的采购清单，并投资那些与其核心和周边业务直接相关的主题和行业。显然，一家企业风险投资公司应当关注这些问题，然而在本书中，我通过与超过 100 位企业风投投资人的对话所得出的结论是，企业风险投资公司应当关注更广阔的领域。我认为，只专注投资那些与其核心和外围业务相关的领域的观点是错误的。如果企业风险投资公司的投资范围太过有限，那么它们可能无法实现第 1 章中所列出的主要目标。它们很可能会错过那些能够撼动整个行业的事件，或者错失获得创新、使其产品和服务实现多元化、降低成本以及使员工更快乐、更具竞争力的机会。你的企业风险投资活动不应局限于你所销售的产品和服务，也不应局限于你所消费的产品和服务。实际上，你的业务范围要广泛得多。

撰写本书之初，我研究了谷歌风险投资公司，我苦思冥想，想弄清楚它们的做法是否走得太远了。现在，我认为它们正在做最聪明的事。我不期望大多数财富 500 强的首席执行官在看到我对此问题的观点后能有所启发，但是我呼吁他们能够打开思维、理智思考，能够有动力去发现一些与众不同的东西，而不是更多相同的东西。行走于硅谷最热门的交易和科技走廊中，与最好的金融风投机构联合投资，这将带领企业迈入一个有趣的创新世界，无论创新是什么，做着什么有颠覆性的事情。我倾向的做法是，先确定一些核心领域，然后集中 25%~50% 的时间召开会议来考察非核心领域以外的一些交易，而这个时间取决于你是否有信心放松对行业焦点的关注。如果你的企业拥有众多员工，我相信你资深的企业风险管理者会以相对平衡的“给予和获取”方式，为看似不大可能成功的初创企业增加价值。当你的股东看到每股收益增加时，他们是不会有抱怨的。

企业风险投资是如何为日本企业增值的

伊恩·梅尔斯（Ian Myers）
三井住友银行（Sumitomo Mitsui Banking Corporation）企业顾问
斯坦福大学硕士研究生以及《企业风险投资与硅谷：为日本企业带来创新》（*Corporate Venture Capital and Silicon Valley*：*Creating Innovation for Japanese Firms*）作者
曾在世界创新实验室（World Innovation Lab，WIL）实习

》》伊恩·梅尔斯分享了他在斯坦福大学完成硕士学位论文时的主要发现，其论文主要关注与日本和其他亚洲市场有关的企业风险投资。在完成论文的同时，他还在世界创新实验室实习，这是硅谷的一家风险投资基金，有很多日本企业有限合伙投资者，正是他们把我介绍给了伊恩。

企业风险投资如何为日本企业增值

企业风险投资的好处表现在两方面。一是，可以跨行业实现普遍利益，这是企业风险投资活动（包括日本企业在内）的自然成果。二是，我们考察了企业风险投资是如何依靠密集的研发活动为日本企业带来某些特殊效益的。这些效益如下。

- 敏捷性。企业风险投资活动获得的洞察能够让企业通过拥有或者利用新兴技术快速应对日新月异的新市场。
- 抵御威胁。严重依赖内部研发的企业仅仅把重点放在对现有技术的逐步改进，而无法正确地识别出潜在的竞争对手。企业风险投资提供的尽职调查可以帮助企业抵御新出现的威胁。
- 研发互补性技术。企业风险投资公司可以投资或者帮助那些正在开发新技术的初创企业，而这些技术都依赖于母公司现有的技术。这是加快采用上述技术，同时向用户提供更多功能的低劳动密集型方式。

除了这些好处以外，日本企业因其高度依赖研发而能够从企业风险投资中获得高回报。尹永坚（Young Gak）和伊藤佳子（Keiko Ito）在对日本和韩国企业研发投入和生产力的比较研究中发现，日本企业在研发方面的支出很高，但这些支出的回报却很低。然而，正是由于其研发支出较高，日本企业才在企业

风险投资方面具有优势。研究表明，具有强大的内部研发计划的企业往往具有相对较高的吸纳能力，这可以作为企业通过企业风投探索新机遇的坚实基础。这些发现不仅仅存在于企业风投公司和研发公司中，在技术创新方面（研发、并购和内部创业）有多种投资方式的企业都可以通过获取与现有运营互补的知识而从企业风险投资中获益最多。

这种知识获取不仅仅发生在投资完成后。日本企业甚至可以从企业风险投资运营的早期活动中预测出结果。加里·杜希尼茨基（Gary Dushnitsky）和迈克尔·伦诺克斯（Michael Lenox）发现，这些知识可以在投资过程的三个阶段中获得。第一，在提供资金之前，企业可以通过尽职调查获得一些初步知识；第二，投资后，企业可以通过董事会席位或者通过在投资组合公司与母公司之间扮演联络人角色来获得信息；第三，即使风险投资失败，企业也能够洞察潜在的技术陷阱或者缺乏吸引力的市场，这些都可以用来评估现有的内部研发的相关性。

虽然国内销售增长仍然强劲，但是很多日本技术企业正在目睹那些一度是其独创和品质象征的产品（如电视、手机、收音机和家用电器等）在全球市场中迅速失去优势，取而代之的是颠覆性技术、创新的商业模式和低端产品的商品化。2014 年 2 月，索尼公司宣布关闭其笔记本电脑业务。一个月后，松下公司关闭了其等离子电视业务。日立、夏普、东芝和索尼要么大幅度降低电视机产量，要么完全解散了这些业务部门。如果日本企业希望削减成本、提高生产力并直面当前的市场现实，那么转变以前的核心业务就是必须的。

最近，很多日本企业的利润出现了大幅增长，这导致了一个问题：为什么企业风险投资是一家已经在其核心领域获得成功的企业必须做的？正是出于这个原因，促使安德鲁写下本书，来强调从事企业风险投资的各种可能性。研究表明，身处高度动态化行业的那些资源丰富的企业不太可能进行风险投资，因为它们想把资源用在那些风险小、更可能获得成功的商业机会上。但是，考虑到它们必须不断创造和传播新知识以保持竞争力，并应对快速变化的市场，这又是矛盾的。这种需求使企业必须以将业务扩展到传统业务和传统定位以外为使命，为新的消费者提供更好的产品。由于传统的研发无法产生创新或者颠覆性技术，这些企业正在通过寻找新兴市场或者补充市场、选择相关知识并使用企业风险投资基金作为快速应对行业挑战的一种手段。通过参与企业风险投资，日本企业将能够丰富或者重组内部的知识网络，从而提高它们保持全球竞争力的能力。

日本的企业风险投资公司应当把重心放在哪些领域

在说明了日本科技企业能够通过企业风险投资提升其创新能力之后，我们来关注这样一个问题：日本企业开始进行企业风险投资后，哪个地理区域会最受益？我们认为，硅谷是最受益的区域，原因如下。

- 2014 年，美国有一半的风险投资交易都是在加利福尼亚州进行的。在加利福尼亚州，企业风险投资交易活动活跃的前六大城市都集中在湾区。
- 现有的日本企业风险投资主要集中于互联网和移动技术行业，而这样的风险投资交易最密集的地方就是硅谷。
- 很多日本企业已经通过设立研发中心入驻硅谷，而且它们开始将入驻硅谷作为一种增加开放式创新活动的手段。通过企业风险投资活动获得的知识能够对现有的研发运营起到补充作用。
- 在硅谷，退出方式越来越倾向于并购，而非首次公开上市。很多日本企业都有足够的资金来吸引那些正在寻找退出策略的新的初创企业。
- 日本企业拥有资源丰富的人脉网络，尤其对于那些制造硬件的初创企业来说，它们正在寻找制造业的合作伙伴，这就为日本的企业风险投资公司在价值增加方面提供了竞争优势。

企业风险投资公司不太可能作为领投者主动采取行动，尤其是在初创企业成长的初期阶段进行投资，这意味着它们必须作为共同投资者参与金融风投主导的投资轮。这主要是因为企业风险投资公司的投资经理缺乏开展新业务所需的经验，而且创始人往往担心给企业带来太多束缚，担心自己的技术在其风投有机会实现增长之前被共享。这得到了长谷川（Hasegawa）的支持，他发现，日本电子企业在美国的企业风险投资经理往往不太愿意担任领投者。因此，日本企业应当设法将其企业风险投资业务放在金融风投交易数量最多的领域，因为风投活动越独立，企业风险投资公司作为共同投资者进入投资轮的机会就越大。2015 年，美国加利福尼亚州的风险交易数量（2974 笔）几乎是排名第二的纽约州（1040 笔）的 3 倍（如表 5–1 所示）。

表 5–1　　2015 年美国风投交易数量排名前五的州

州名	交易数量（笔）	交易金额（亿美元）
加利福尼亚州	2974	444
纽约州	1040	89.6
马萨诸塞州	676	78.5
得克萨斯州	512	24.3
华盛顿州	383	22.3

在加利福尼亚州，交易数量排名前十的城市中有 8 座城市都在硅谷（如表 5-2 所示）。

表 5–2　　2015 年加利福尼亚州风投交易数量排名前十的城市

城市	交易数量（笔）	交易金额（亿美元）
旧金山	1279	246
帕罗奥图	242	36.6
洛杉矶	239	19.7
圣迭戈	199	17.6
山景城	165	22.6
圣何塞	109	10.9
红木城	105	16.1
圣马特奥	86	14.3
森尼韦尔	84	9.93
圣克拉拉	72	6.91

》》如果把旧金山湾区其他城市和城镇的所有初创企业的交易数量相加，你会发现，只有硅谷的交易数量最多，而且这其中不包括湾区很多其他城镇的初创企业。

由于高密度的风险投资活动，在硅谷投资能够使日本的企业风险投资公司获得比在美国任何其他地方更多的知识和技术。

评估企业风险投资公司运营的战略成功是非常困难的，因为缺少具体的指标，人们一般都是根据财务业绩来评估大部分企业风险投资公司的。这是企业风险投资业务以寿命短而闻名的最大原因之一。随着市场变得不景气，投资者看到了投资回报率的下降，管理层关闭了这项业务。研究表明，与企业核心业务有关的投资活动将提高财务投资回报率。现有的日本企业风险投资公司已经表现出对互联网和移动行业的投资偏好，在过去两年中，分别有 58% 和 31% 的投资发生在互联网和智能手机领域。2014 年，在互联网风投交易数量最多的五个城市中，有三个城市在硅谷。智能手机领域的风险投资交易也是如此，在五个风投交易数量最多的城市中，有三个在硅谷。通过投资与其核心业务相关的领域，日本科技企业能够提高财务回报率，从而为高管层创造更大的动力来支持企业风险投资公司的持续发展，这是成功的关键要素。此外，它们将有更大的机会来找到与其战略目标一致的初创企业，并更好地为其提供促进增长的有利资源。

企业风险投资部门的发展速度应当比传统研发部门要快，这样才能收集到既能够补充其母公司现有运营，又能提升现有研发部门效率的新兴趋势、颠覆性技术以及初创企业的信息。在硅谷拥有研发中心或者发展办公室的日本技术企业将受益于使用企业风投知识强化现有举措，而这些知识是通过企业风投获得的。其中几家企业已经设立了企业风险投资分公司，或者投资了 FoF，并且已经开启了与硅谷合作伙伴的合作。

比较有代表性的例子是 DOCOMO 公司、丰田汽车公司和日产汽车公司（Nissan）。在进行了 12 年的纯粹的研究活动后，NTT DOMOCO 公司决定设立 DOCOMO 创新项目，通过与硅谷企业合作，把该项目作为追求创新的一种途径。日产汽车公司希望加速无人驾驶汽车的研究进程，于是将它们的研究中心从日本搬到了森尼韦尔。它们已经开始与美国国家航空航天局（NASA）、斯坦福大学、加州大学伯克利分校 / 戴维斯研究实验室以及当地几家企业开展了合作。同样，丰田公司于 2012 年在山景城开设了一个研究所，以便与硅谷企业在数据和娱乐系统上开展合作。2015 年 11 月，丰田公司宣布了与斯坦福大学以及加州大学伯克利分校的合作计划，将在硅谷开设为期 5 年、斥资 10 亿美元建设的人工智能研究中心。

三家公司的高管都表示，希望自己能处于其所选领域创新的中心地带，这是选择在硅谷开设分支机构的基本原因。这些案例都表明日本技术企业越来越愿意与硅谷的机构合作，以充分发挥外部知识的作用来实现持续研发。

硅谷的企业风险投资办事处如何选址

一家中国企业问我在湾区哪个地方设立企业风险投资办事处比较理想，于是我最近在博客上写了一篇文章。总而言之，我建议要么在帕罗奥图，要么在旧金山设立办事处。门洛帕克市的沙丘路也很好，但是我认为把办事处设在南部的圣何塞或圣克拉拉，距离太远，并不是很理想。从旧金山到圣何塞，整个硅谷都是交易发生之处，所以最好将办事处设在市中心，这样人们会甘愿忍受恼人的交通拥堵来到你公司，你也不用舟车劳顿地去拜访他们。

英特尔投资出售 10 亿美元的投资组合资产

英特尔投资公司最近宣布，它们正在与瑞银集团（United Bank of Switzerland，UBS）合作，出售高达 10 亿美元的投资组合，这些投资组合与其业务并没有战略相关性。我认为这样做很棒。英特尔公司的投资组合涉及面很广，而且非常成熟，它们可以通过出售所投资初创企业的股票来获得巨大收益，因为这些初创企业的估值已经上升，并且可以将未实现的收益转化为现实收益。然后，它们可以将这些资金重新投入下一笔 10 亿美元的风险投资中来寻求更多的战略性回报，而不是从那些已经成为与英特尔业务没有直接战略关系的好投资中寻求回报。当很多企业风投公司在等待每家投资组合公司通过上市或者在并购中发生流动性事件时，它们其实已经在二级市场上开始进行销售。这是我第一次见到企业风投公司做开放式投资，并且在后期对投资组合做出适当修正，以使其更具战略性，所以它们的时间和资源与其实际业务更加匹配。消息一出，媒体对此产生了误解，并错误地报道了这一事件，发表了一篇题为《英特尔投资公司放弃风险投资业务》的头条新闻。我收到了 30 多封来自朋友的邮件，他们想确认我是否得知了这个消息。媒体的理解是错的。英特尔公司非常聪明，此举非常明智，它们希望二级市场的买家能够为它们获得的投资组合资产增加更多新价值。如果风险投资公司不是为其投资组合公司而战，那么它们应当选择放弃。

》》正如书中提到的其他很多案例一样，很多事情在本书出版后都发生了变化。英特尔投资公司曾宣布将不会拆散其目前的投资组合。把目光放在这些不断变化的事情上是非常有益的。

美国及其他政府风险投资基金

20 世纪 90 年代末，我作为创始人在华盛顿为我第一家初创企业募资，不久之后，我们被介绍给了 In-Q-Tel 公司。后来，我才对这家公司有了更多的了解。以下是我对我们在合作中所发生的事情的观点。

美国中央情报局（Central Intelligence Agency，CIA）的高层问："中情局中有谁了解互联网？"最后，他们发现并没有人了解。我听说他们甚至都不太清楚谁在运营互联网。然后又有人说："硅谷那些做风险投资的家伙对互联网很了解。我们可以跟他们聊聊。"

有人认为中情局能够拿到无数的钱（这些钱都来自纳税人），为什么不能创建自己的风险投资基金呢？于是 In-Q-Tel 公司诞生了。它是中情局的基金，后来又从美国政府的其他部门拿到资金，现在它们有更多的"客户"（用它们的术语讲），而不是有限合伙人。在我看来，它们可以无止境地进行尽职调查，因为它们可以向美国政府中的任何一个人寻求帮助。我认为每个政府都应当创建一只风险投资基金。这真的是一件再简单不过的事情。

进一步说，所有政府都应当停止失败的孵化器项目，它们应当把资金投入风险投资基金，这些基金投资的是那些聘请其国民作为创始人的初创企业，而不要求这些企业将总部设在其母国。有两只很好的国家基金成功地解决了缺少天使投资人和种子投资人的问题，它们是德国的 High-Tech Gründerfonds 和瑞典的 Industrifonden。

一只欧洲主权财富基金找到我，并提出只要我们承诺投资那些从其国家聘请了至少一位创始人的初创企业，它们就会投资卢比肯风险投资公司。它们没有明确提出该企业需要入驻本国或者其他附加条件，只要求在创始团队中安排一位创始人。我认为这个举动对母国来说是很明智的。

让我举例说明。瑞典政府应当投资那些愿意为总部设在纽约或者硅谷的初创企业投资的风投基金，这些初创企业至少拥有一位瑞典籍创始人。它们不应当限制瑞典籍创始人关注瑞典本土市场。MySQL 公司将其总部从斯堪的纳维亚半岛迁往帕罗奥图，一年后，该公司以 10 亿美元的价格被收购。创始人带着 3 亿多美元的现金回到了斯堪的纳维亚半岛，他们把大部分资金都投给了斯堪的纳维亚半岛的初创企业，除了资金，他们还提供了人脉关系和经验。很多斯堪的纳维亚的风投公司都很优秀，如今，那里有了由真正的创始人管理的风投基金，而且重要的是，他们了解硅谷。我认为这对瑞典本国经济来说是一种积极的促进。这只基金最近又发展到了伦敦，聘请了我的一位老朋友理查德·穆雷黑德（Richard Muirehead）来管理，而且该基金正逐渐成为一位主要的金融风投参与者。它们最新的名为 Open Ocean 的风投基金可能是斯堪的纳维亚半岛最好的风投基金之一。

实际上，政客们应当支持创业者走出国门。当我在哥德堡与一位瑞典议会成员一起讨论 MySQL 公司迁至加利福尼亚州以及 10 亿美元退出这些事情时，他仍然为失去那么多的就业机会而感到遗憾。这其中的道理，他始终不懂。

以色列从一开始就知道这种模式，但是其他国家却迟迟未能了解。我呼吁政府放弃其薄弱的创业项目，只投资国内外能够为其国家提供资金的风投基金。如果国民可以自己直接投资初创企业或者支持初创企业的风投基金，那么我会建议设置能够为国民减税的税收优惠项目。英国、法国和以色列在这方面都有值得学习的案例，美国各州也应当效仿。当你开始认为自己的初创企业已经获得了成功的时候，你才会发现其实你根本连皮毛都没摸到。这就是我对目前美国和全球风险投资的看法。我们甚至还没有迈出第一步。要想让风险投资在美国维持稳定的状态，还需要几代人的努力，大多数其他国家将继续促进其风险投资生态系统的成长，并缓慢发展到美国的风险投资密度（即人均风险投资额）。

卢比肯风险投资公司有限合伙人（LP-IR）入驻计划

很多企业风险项目未能充分发挥它们的潜力和实现当初列出的既定目标，是因为在初创企业、风险投资机构和企业及其相关业务部门的管理层之间缺乏有效的基础设施，来保证信息流的畅通和有效沟通。

第二个问题是，很多初创企业及其独立的风险投资公司不希望公开与某家企业结盟或者疏远该企业的竞争对手来给自己找麻烦。还有其他一些问题，比如快速结束投资交易的能力，以及企业风险投资处于很不利的情况，成功的机会很少的原因。FoF 项目可以解决其中的一些问题，但是如果企业无法获得信息，或者无法与初创企业和风险投资机构互动，那么 FoF 也将变得毫无意义。对于企业风投专家或者拥有企业有限合伙人的金融风投公司来说，向业务部门的管理者寻求帮助来评估与初创企业的合作其实也是一个挑战。

很多业务部门的高管会因为各种原因拒绝与初创企业合作。即使初创企业具有更好的技术和更低的价格，"人们永远不会因为与大人物合作而被解雇"，而且这些业务部门的经理在与初创企业合作时很少有经济上的优势。即使企业风险投资公司努力从业务部门获得许可来与初创企业合作，也很难实现合作。所以，整个过程对初创企业来说是一种挫折，而财团中的其他金融风投公司、企业风投专业人士和企业自身也并没有任何收获。

卢比肯风险投资公司有限合伙人入驻计划通过运用持久和新的人力资源基础设施解决了这些问题，我们认为这些基础设施可以彻底解决各环节分离的问题。该项目的部分灵感来自改进过的、日本企业广泛使用的轮转模型（rotation model），改进后的模型可以弥补我们所研究的这些项目的不足之处。正如旭硝子玻璃公司（Asahi Glass Corporation，AGC）的上野正雄所说：“投手太多，而捕手不足。”他用这一比喻说明，硅谷的企业风险投资团队会向太平洋彼岸的日本总部传递好的理念，但是总部却没人接受或者理解这些理念。这种情况可能发生在企业风险投资团队发现了好的理念却没有投资的时候。当企业风险投资团队在对初创企业进行尽职调查方面需要帮助，包括从公司获得专业支持的时候，这种情况也可能发生。当企业风险投资团队尝试建立合作关系和信息流，并且让企业风投的魔力在投资后显效时，这种情况也会发生。从 FoF 的角度来看，在每一个阶段实施有限合伙人入驻项目可以避免这些失败。

卢比肯风险投资公司的计划包括在卢比肯办事处为有限合伙人设置一个办公室，鼓励合伙人在我们硅谷的办事处工作 6 个月，然后在纽约的办事处工作 6 个月，或者在 12 个月中可任意安排在两个办事处的工作时间。合伙人也可以选择 12 个月都在一个办事处工作，随时去另一个办事处。12 个月后，卢比肯公司将把这些高管送回总部，再迎接下一批有限合伙人入驻项目的参与者。这样做非常重要，因为会有源源不断的项目参与者，最后在企业总部中形成校友圈，使总部总有人可以与卢比肯风险投资公司的管理层以及未来的项目参与者保持联系，从而提高了卢比肯风险投资公司、其投资组合公司以及企业之间实现战略价值转换的可能性。我从日本企业风险投资公司中听到的一种批评之音是，它们的轮转项目的持续时间太长。当轮转的高管正在建立一个可以增加本地价值的本地关系网络时，他们就需要返回总部了，或者如果他们待的时间过长，他们就不了解总部目前的状况，那么轮转就毫无价值而言。12 个月足够执行明确的策略来培养持久的校友关系，这对培养更多的“捕手”和减轻对创新的抵制非常重要。我认为，我们的校友是“双重间谍”，他们可以回到企业，而我可以直接打电话给他们，而且我知道我有一位可以并肩作战的朋友。

目前，有限合伙人入驻计划以及重返企业的校友不断为企业培养出一批又一批高管。这导致企业可以在其企业风险投资部门中直接制定企业的直接投资计划，并采纳孵化企业风投的最佳实践。更重要的是，该计划实现了初创企业与企业之间实时的信息交换，为企业业务部门与初创企业实现合作创造了机会。

所有直接的企业风险投资项目都可能因错失交易流和成功关闭的机会而使初创企业的投资能力而遭受损失，这些初创企业不希望在发展业务的同时与某家企业保持一致。让我说得更直白一些。如果一家汽车行业的风险投资公司想要投资一家与汽车有关的初创企业，而这家初创企业可能会选择不拿这家企业风险投资公司的钱，因为它们认为这会限制它们向其他竞争对手销售产品或者服务的能力。我们也不要忘记，一些风投公司比其他公司更热门。企业风险投资公司是如此热情高涨和有吸引力，这是很少见的，它们确实是创业者的首选投资人。独立的风险投资公司最常获得这种地位。

卢比肯风险投资公司的有限合伙人入驻计划旨在为企业提供其无法自己获得的交易流来解决这个问题，而企业通过该计划会在卢比肯风险投资公司拥有自己的团队和校友圈，这些人可以回到企业，帮助企业在创新发生时迅速实现本书第 1 章所列出的目标。卢比肯风险投资公司还负责管理机密信息，以确保初创企业的首席执行官在推介会期间同意介绍有限合伙人入驻计划。这些首席执行官可以轻松地要求不让特定的项目参与者访问或者获得他们的机密信息。初创企业的首席执行官会对此事负责。

卢比肯风险投资公司每年会向有限合伙人计划的参与者（每人）收取一定的佣金，以支付费用。在某些情况下，同一位有限合伙人可能会选择同时在有限合伙人计划中安排 1~4 位高管。有限合伙人计划的费用不会从基金的管理费中扣除，而是从那些纯粹希望参与计划的有限合伙人那里收取。我认为这一点很重要，因为我已经看到一些基金是多重企业风险投资结构，当大笔的管理费被用来帮助企业有限合伙人时，金融投资者就会开始出现亏损。这种模式迫使企业有限投资合伙人为其开销付费。

有限合伙人入驻计划也提供教育培训课程，告诉这些高管风险投资是如何运作的、如何成为风险投资者以及卢比肯风险投资公司是如何与其战略有限合伙人投资者紧密合作的。促使企业参与有限合伙人入驻计划的关键驱动因素已在本书第 1 章有所论述。

对于那些经常无法通过其企业风险投资计划或者在对传统风投的有限合伙

人投资中实现战略性目标的企业来说，卢比肯风险投资公司从企业获得有限合伙人承诺并促进合作的策略显然是非常成功的。在客户或者合作伙伴无须妥协中立或者承担法律后果，无须受到公司决策流程慢、无须受到合作关系影响的，就可以大力营销其产品和服务，获得接触大型蓝筹公司的机会方面，初创企业显然是赢家。在很多情况下，初创企业可能会期望通过多家企业来解决销售周期问题，并且通过卢比肯风险投资公司直接接触企业的首席财务官、首席技术官、策略负责人或者业务主管。即使卢比肯风险投资公司不投资，对于一家初创企业来说，希望得到业务发展的机会而尝试与卢比肯风险投资公司建立联系也是非常值得的。由于交易流程的优化和初创企业价值的快速增长，那些纯粹追求财务回报而投资卢比肯公司基金的投资者是能够成功的。这些关系会加速公司的上市进程，而且在很多情况下，并购回到了战略性有限合伙人，在初创企业被直接收购之前，这些合伙人会“在购买前尝试”与这些初创企业建立合作关系或者投资它们。

Masters of Corporate Venture Capital

06

首席执行官、企业创始人和风投的商战故事

如果你正穿越地狱，那么就请你继续前行。

温斯顿·丘吉尔

了解创业者对企业风险投资的一些负面看法是相当重要的。在期待最佳实践的同时，你还需要了解一些坏消息。本书提到的很多企业风险投资公司都调整了它们的实践，以纠正这些错误，但这都是20世纪90年代和21世纪前10年企业风险投资操作的传统观念了，而且有的观念至今还有人在坚持。读到这里，你不必愤愤不平。虽然好的企业风险投资并不是这样，但是人们普遍认为企业风险投资公司效率低下、无法领投或者只能进行后期投资。对于大多数企业风险投资公司来说，这些说法并不准确，但是如果你对上百位接受过风投支持的首席执行官进行调查的话，那么你可能会听到这样一些消极观点。

我想分享自己接触企业风险投资公司的一些经验，包括20世纪90年代中期和21世纪前10年我作为创业者去募集风投基金的经历，以及后来我在乔治敦风险投资公司（Georgetown Venture Partners）、创始人俱乐部（The Founders Club）和卢比肯公司的经历。毫不夸张地说，在这几百笔风投交易中，我亲自经手的不在少数，我与企业风险投资公司的接触着实不少。通常会有一定程度的A/B测试，在测试中，我经常会在一天内向4家风投公司宣讲同一笔交易，一个月内我要向20家风投公司宣讲，这让我不得不注意到企业风险投资与金融风投的区别。通常，创业者初次接触企业风险投资公司时，他们立刻就能感受到企业风投与金融风投的区别。当然，这些区别在不断变化，但我觉得我有必要为我的读者做一个全面介绍。

你可能马上就会觉得，与金融风投的员工相比，这些企业风投公司中的员工更像是政府公务员。你可以说金融风险投资公司的员工们都在拼尽全力赚钱。他们有种本能，即如果想进行某笔交易，他们就会迅速行动起来。一旦交易开始，他们就已经准备好牺牲某些人的利益（无论好坏）来实现退出。根据我对企业风险投资公司的了解，它们一般是不会主动投资的，除非目标公司的产品适应了市场，并且实现了良好的回报。所以从某种程度上说，创业者对企业风险投资公司的感觉是："当初我需要你的时候，你在哪里？"

即使如此，企业风险投资公司仍然无法领投，它们只会参加 B 轮融资，锦上添花，希望利用企业自身的影响力为初创企业实现增值。企业风险投资团队承诺，它们能够让企业成为初创企业的客户或者分销伙伴来实现增值，然而最终，企业风险投资团队并没有足够的影响力来帮助企业完成任何事，正如在竞选中落败政客的空头承诺一样。

企业风险投资公司也是出了名的效率低下，从做出投资决策到通过批准，再到放款，这是个很漫长的过程。企业风险投资通常都有内部流程，需要业务部门的管理者或者执行委员会的签字。所以，你不仅需要向企业风险投资公司的风投部门"做推销"，而且还需要让一个业务部门用自己的信誉做担保，来保证它们会和你做生意。这是一种双向销售。那为什么不直接采用金融风投使其成为单向销售呢?

有的企业风险投资团队就像一家公司那样庞大，以至于它们自己都担心反托拉斯垄断问题，它们负责商业合同的法律团队在与你签署合同时也会拖拖拉拉。就算该签的合同都签了，等其财务部门真正汇款给你也是一两个月之后的事情了，请不要惊讶。这可能与你想找的风投大相径庭。如果企业风险投资需要首席财务官和首席执行官这两位大忙人签字，那么交易在汇款前夕突然受阻的这种情况也就说得通了。

在你接受了企业风险投资公司的投资后，它们并不会迫切地想要见证你的初创企业获得巨大成功。而其他风投公司还在设法说服你们，想要为你们提供资金，或者如果它们已经投了资，那它们可能正在计划着要把 20% 的利润都直接装进自己的口袋。当你和风投打交道时，你会感觉一些风投更像是联合创始人。大部分企业风险投资公司得到的是只与企业业绩挂钩的红利，与你的初创企业的业绩毫无关系。创始人和金融风投注意到了这一点。

以前，企业风险投资公司通常会对那些前来进行路演的初创企业表示，如果它们最终能够拿到初创企业 20% 甚至更多的股权，它们就需要与母公司（通常是家上市公司）合并财务报表，而它们并不想这样做。它们认为这对创业者有利，并声称它们不像贪婪的风险投资者那样，会尽可能多地攫取你的初创企业的所有权，相反，由于要遵守一般公认会计原则（Generally Accepted Accounting Principles，GAAP），它们会极力避免拿到的所有权超过 19.99%。我曾经认为这对初创企业是不利的，因为当遇到问题时，企业风险投资公司也许并不能通过再次投资来支持你，即使它们想这样做。

对于企业风险投资公司的另一个固有印象就是它们只会参与 B 轮或者 C 轮融资，而且可能因为它们行动缓慢，以至于会错过本轮融资而直接参与下一轮融资。最后，很常见的情况是，在企业风险投资公司投资后不久，公司中的一些员工可能就会跳槽，去寻求传统的 2/20 补偿或者重新加入另一支团队或者另一家公司，甚至直接跳槽到初创企业。所以，你在那个大企业中的支持者可能会从你面前消失。很多企业风险投资项目在两三年后就难以为继了。所以，即使你们的团队没有解散，整个项目也有可能不存在了，你就成了孤立无援的投资者，还背负着市值表上沉重的负担。本书提到过的多位人物在接受完访问直到本书出版这段时间内都有跳槽经历。

我建议创业者在选择风险投资的决策过程中要考虑三个因素：第一，与风投基金的管理者的气味是否相投；第二，风投公司的声誉；第三，交易（估值等）的经济效益和具体条款。如果风投基金的合伙人对你的态度有所变化的话，那么你就要引起注意了。直接二级市场基金的一个投资主题就是买断已经抛弃了初创企业的企业投资者，然后用能够实现增值的积极投资者取代它们。

有的企业风险投资公司善于在特殊协议谈判中找到比其他风投更好的交易，并因此闻名。比如有了业绩保证，如果它们成为初创企业的客户，它们就能拿到更多的股权。本书中提到的一些企业风险投资公司表示它们从不这样做，因为这样做显然是无益的。

最后，很多创业者和金融风投都怀疑因为害怕利益冲突而把企业纳入市值表的做法。它们怕企业风险投资部门只是企业发展/并购团队的一个延伸部门，而企业发展/并购团队就想看着被投资的公司出现资金短缺，再低价收购该公司（这个价格比起最大化的投资收益来讲真是微不足道），再以这次成功作为基础去进行下一轮融资。

早些年，我也有很多类似的看法。在我获得更多经验后，甚至在写作本书的过程中，我逐渐明白这些被普遍接受的观点虽然有一定的道理，但在通常情况下，事实并非如此。时代在变化。也就是说，如果你最近与一家企业风险投资公司建立了合作关系，并认为一个响当当的名字和巨额资金就能够帮你实现最佳交易，那么你就需要再考虑考虑。你要像我们大家一样去赢得名声，而事实上，有的事情已经开始事与愿违了，你可能要去解决这些问题。

永远不要拒绝那些聪明的战略投资者

肯尼·霍克（Kenny Hawk）
Ubidyne 公司前首席执行官，Mojio 公司首席执行官

》》肯尼·霍克是我的一位老朋友了，大约 10 年前，当他还是 Ubidyne 公司首席执行官时，我就与他相识。当时他主张为企业风险投资公司提供它们想要的业绩保证，却没能让他的金融风投公司参与进来。可能是命中注定，T-Venture 公司是他现在初创企业的投资方。以下是肯尼的叙述。

在过去 10 年最艰难的融资环境下，Ubidyne 公司还是成功地完成了大量的 B 轮融资，从一位重要的战略投资者那里获得了 500 万欧元的风险投资协议，这位投资者就是 T-Venture 公司，它是德国电信集团的企业风险投资团队。管理团队努力确保风投条款清单能够落实，他们发现，由一家全球领先的移动运营商担任战略投资者可以给他们带来巨大价值。T-Venture 公司在投资额和财团构成上非常灵活，并且任命其首席技术官为战略顾问。我们现有的风险投资者在是否接受它们的风投条款清单的问题上还存在分歧（包括业绩保证，而业绩保证又与他们对初创企业的特殊贡献挂钩）。虽然我们的投资者都没有在初创企业工作过的经历，但是还是有些人害怕 T-Venture 公司的投资会破坏我们与沃达丰公司的重要关

系。管理团队与 T-Venture 公司最近 10 笔投资的投资对象进行了深入的对话，我们发现每位投资对象实际上都加快了 T-Venture 公司与其他运营商的合作步伐。他们也承认，德国电信集团所承诺的增值都超额实现了，而且远超过他们之前的预期。弗拉林科技公司（Flarion）的创始人举了一个再好不过的例子，他说公司要是没有 T-Venture 公司的早期投资和支持，肯定无法成功。弗拉林科技公司后来被美国高通公司以 6.5 亿美元的价格收购，为其投资者带来了非常可观的回报。

我们的管理团队以及部分投资者开始对 T-Venture 公司表现出截然不同的态度。最后，那些投资者能够阻止这笔交易。在德国波恩的最后一次会议上，我们的投资者明确地告诉 T-Venture 公司的管理团队，他们没有发现“任何战略价值”，而且 T-Venture 公司得付出与其他投资者一样的价钱（比如没有业绩保证）。不到 18 个月后，这群投资者不得不按照少于 T-Venture 公司给出的估值的 1/10，即 600 万欧元的价格进行了一轮内部融资。这一战略性失误的最终结果就是让所有创始人和员工的股票期权价值化为了泡影，使公司发展受阻（而包括华为在内的竞争对手都加速发展），而且还将公司的控股权拱手让给了半途撤出的投资方。

让企业风险投资公司同时成为投资者和最大的客户

雅各布・布拉廷・彼得森（Jacob Bratting Pedersen）
Northcap 公司合伙人

之前，我是一家瑞典软件初创企业的投资人和董事会成员。有一家日本公司承包了我们大约一半的销售额，是我们最大的客户。由于我们的技术逐渐引领了新的标准，所以吸引了这家日本公司企业风险投资部门的目光，它们认为初创企业基于利润预估的价值增加可能会使它们获利。当时作为股东，我们欢迎企业风投公司成为我们的投资人，因为我们认为，这样也许能让我们通过这家日本公司找到退出渠道，而且我们在合同中也明确规定，这笔投资不会限制我们通过其他渠道退出。

企业风投部门的投资落实了。拿到这笔投资后，我们与日本公司负责技术许可的业务部门又进行了持续的商业谈判。它们当时正在衡量要如何有效地从下级供应商处拿到组件和软件的货源。当然，由于与初创企业相比，它们有规模优势，而且它们要对初创企业的大部分利润负责，这就使它们清楚地认识到了自己的主动权。价格压力变得很大，企业的风投部门和业务运营部门出现了“斗争”。这两个部门的日常运营和激励机制截然不同，而我们（初创企业）则沦为它们的“玩物”。

从价值生成的角度看，毫无疑问，这家日本公司最好不要把如此大的价格压力施加给初创企业，因为初创企业产生的利润大大驱动了价值创造，而且公司的股权价值可能会得到极大提升。但是，日本公司基于其决策做出决定时很少这样考虑。商业谈判要在完全公平的基础上进行。

我为这些创业者和金融风投给出的建议是，如果这家企业恰好是被投资者的重要客户，那就不要让这家企业的风投部门来做投资人。

企业风险投资的商业验证

作为一家金融风投，与企业风投公司一起来讨论建立可能的联盟是非常有益的。其优势在于企业风投经理能够直接联系到自己公司的业务部门，并且能够获得信息，这些信息不仅包括目前在售产品的信息，还包括未来即将上市的产品以及趋势等业务部门掌握的信息。作为金融风投，我们可以通过这种方式来验证初创企业的产品在未来的商业潜力，并根据更充分的信息来做出商业决策。

我们如何让不利的优先认购权 & 优先购买权反败为胜

埃里克·艾夫曼（Eric Elfman）
Onit 公司创始人和首席执行官，DataCert 公司创始人和首席执行官

2000 年，我从美国联合包裹速递服务公司（United Parcel Service，UPS）拿到了 200 万美元的资金，因为它们在经营实物包裹业务的同时想要开展“数字包裹”（digital packages）业务。它们想要出售安全邮件信息服务这项业务。现在，这听起来可能很蠢，但是这在市场暴跌前对它们意义非凡。我为它们提供

了一种早期退出的方式，能让它们在暴跌后的动荡时期实现资产翻四番，但是它们拒绝了。当时，团队负责人告诉我，美国联合包裹速递服务公司只会以两种方式退出投资：要么卖掉公司，要么公司倒闭，没有介乎其间的可能。虽然这很愚蠢，但最终它们得到了 10 倍的回报。

我们从一个想要收购我们的战略投资者那里募集到了约 500 万美元，但是我们并不准备被收购。我当时太天真，再加上得到了糟糕的法律意见，所以接受了优先认购权和优先购买权。我知道，这是一种老掉牙的套路。投资完成的几年后，那位战略投资者购买我们的意愿更强烈了，它后来收购了我们的竞争对手。鉴于这种情况，我得出了以下结论：接受优先认购权和优先购买权似乎并不合适。我们找了律师协助，但得到的结论是，在找到证据之前，起诉有可能会失效，而我们确定能够发现不正当行为。所以，我们必须要想办法让他们起诉我们。我们当时非常有创意地为我们的运营公司成立了一家控股母公司，并把所有资产和股权都转移至母公司名下。但我们把合同，包括优先认购权和优先购买权都留在了运营公司。这样一来，我们就能够在不违背优先认购权和优先购买权的情况下卖掉母公司了。如今，这样的操作在现实中已经很难实现了，而且有可能根本行不通。但在当时，这足够让它们起诉我们了。它们几乎是立即就想解决问题。最后，这些条款都被撤销了，它们又另外为我们提供了 800 万美元的投资，7 年后它们收购了我们整家公司。

TrueCar 公司

维克托・帕斯库奇三世
USAA 风险投资公司创始人和前负责人、企业发展部负责人

由于市场经营不善，汽车电商平台 TrueCar 公司在 90 天内失去了近 60% 的经销商客户。与某大型网络服务提供商的业务开发协议出现失误使公司需要支付几百万美元，没有有意义的收益，这一切都是雪上加霜。再加上一笔花费了巨额现金却没有带来任何经济效益的体育赞助，不用说，公司陷入了水深火热的窘境。作为一位投资人，这不是冒险提供资金的时机。作为战略投资人，你

可以正当地质疑整体服务的可行性。然而，出于对该公司的信任，相信其对于USAA公司的战略价值以及可以为USAA公司员工带来的益处，USAA公司雪中送炭地投资了1000万美元来帮助该公司周转，使公司能够正常运营。两年后，TrueCar公司的首次公开募股成为年度最成功的公开上市案例，公司市值超过15亿美元。由于USAA公司和TrueCar公司的合作关系，USAA公司的员工在购买新车时总共节省了50多亿美元。

从医疗视角来看，交易越来越需要一家企业来完成

彼得 • 鲁尔（Peter Rule）
OptiScan Biomedical 公司董事会主席和首席执行官

》》彼得 • 鲁尔曾经从金融风投公司和企业风投公司拿到了1亿美元的投资，并且最后以接近2.2亿美元的价格卖出了他的最后一家公司。以下是他的叙述。

从本质上说，企业并不把风投的直接投资视为研发的一个要素，它们最多将其视为收购的前奏。因此，按照后一种看法，它们期望看到一些“立刻”就能够对其企业产生影响的东西，当然也有例外，不过这是常见的情况。所以，哪家企业会投资、哪家企业不会投资、什么时候投资都是“谜”。最大的例外就是强生集团下的JJDC公司（Johnson & Johnson Development Corporation，JJDC），但即使是它们，也有需要一位支持者的限制。

使情况恶化的是企业对年终分红的专制思维，以及与之相关的对近期股价的严格控制。投资一家风投公司对这两点都没有帮助。

我为那些规模大却无法为企业提供有影响力的业务的创业者提出了以下三点建议：第一，每年与企业谈话一次，最多一次，因为再多就是浪费双方的时间；第二，了解企业的需求，在对话中展现“契合度”，开诚布公地询问“我理解得对吗？”第三，要明白，这是一种建立关系和信任的长期过程。这不是冲刺跑，而是一场马拉松。企业想要看到的是长期业绩。在医疗设备行业，很少有企业会迅速行动，甚至连可预见的行动都不常见。

实际上，一家公司一直都会处于募资模式。募资就是工作的一部分。Optiscan Biomedical 公司拿到了超过 1 亿美元的投资，我们现在进行 E 轮融资。传统的风险投资模式无法帮助像我们这样的公司走向当下需要到达的阶段。坦白地说，比起过去那些年，现在的首次公开募股市场需要的是一些更加成熟的公司。所以，一家公司需要寻找多重资金来源。企业是一种资金来源，但只是众多来源之一。传统投资者也只是其中的来源之一。如今，私募股权基金感兴趣的是那些后期医疗设备公司，但是同样，它们的动作也很慢，大型的私募股权基金可能而且经常会花一年多的时间来跟踪，然后再做决定。

我一直在问我的团队："你会抵押自己的房子来投资我们公司吗？如果你说会，那么你可以期待新的投资者加入我们。如果你说不会，为什么不会呢？我们要如何去克服这种阻力呢？"这是个非常有趣的测试。对于我们之中那些已经获得过成功的人来说，我认为投资者期待我们为自己的企业投资是合理的。

》》OptiScan Biomedical 公司在 2016 年 6 月的 E 轮融资中拿到了一笔 2945 万美元的投资。

当企业风险投资公司找上门时该怎么办

汤姆·尼科尔森（Tom Nicholson）
尼科尔森纽约公司（Nicholson NY）[①] 首席执行官
LBi International 公司董事会主席和首席执行官
Angel Round Capital（ARC）基金创始成员

当企业风险投资公司找上门来时该怎么办？我们都知道企业战略投资的利弊。现在，作为身在纽约的一位早期投资者，我所接触到的初创企业常常会面临这个问题。早在互联网时代初期，我自己成立的公司就曾遇到过这个问题。当时公司正位于第一次浪潮的风口浪尖之上。这次浪潮帮助像 IBM、新闻集团（News Corporation）和美国全国广播公司（National Broadcasting Company,

① 尼科尔森纽约公司后来被 IconMedial AB 公司收购。

NBC）这样的公司适应了新媒体的机遇。

我接到了一个电话，这个电话是一家企业风险投资公司打来的，它隶属于一家市值60亿美元的广告控股公司，这家广告公司刚刚在一次史无前例的互联网服务公司上市中大赚了一笔，正在寻找下一笔交易。它们看中了我们。但是，正如我们所了解的那样，这笔交易会是不一样的。现在，它们的目标完全是战略性的，而非财务性的，我们将帮助它们的机构更快速地为其客户提供互联网相关服务。而且，它们想收购我们，估值为1800万美元。

我拒绝了。很多年来，我们一直是这样做的。作为纽约第一家数字机构，早在酷爱牌饮料在网络上掀起宣传狂潮之前，我们就致力于创新和技术挑战，以此来创建新媒体，而且我们的员工也从对全新领域的挑战中得到了启发，这绝非汽车广告所能带给他们的。我不清楚我们的未来是否与这些销售酷爱牌饮料和汽车的广告狂人紧密相连，但是谁又能准确地知道呢？当我们第一位百万级的客户IBM公司开始每年向我们支付200多万美元，请我们负责其品牌的线上维护时，我们确信，我们引领了行业的发展方向。

因此，在拒绝收购后，我采用了一个对冲方法去应对，这种方法既能让我们继续在广告行业站稳脚跟，又能帮助我们走出去，确保我们有机会考虑未来的全面收购。我将保留公司80.1%的股份，接受19.9%的少数股权投资（会计原因），重要的是我能保持未来对公司的控制权。

好消息是，在短短的几个月内，我们的投资者兼合伙人提出了一个“了不起的新计划”。我们将以高于原交易估值的价格向他们出售公司的其余股权，他们会把我们与他们刚开始提供数字服务的三个内部小团队进行整合。这将是这个行业有史以来最重大的事件！最后但不是最重要的一点是，他们中最有实力的一位机构业主的儿子会来负责整个计划。

我又再次想到那些汽车广告。

“什么？你正在拒绝的钱比你这辈子能见到的还要多！”一位牵头的建筑师反驳道。事情开始有点进展。毕竟他们是我们的主要投资者和董事会成员。我又想起那些广告，并坚持了自己的立场。

随着互联网的兴起，我们的业务继续蓬勃发展。我们的员工继续热衷于探索互联网对数字机构意味着什么以及如何创造最佳的数字体验。在这个时代，创新精神超越了固有的疆界，很多创新都演变成了伟大的事物。

我们的利润和收入继续增长，很快，又有一位新的收购者找上门来。但是这一次，不是一家企业风险投资公司，而是一家业务单一的数字咨询公司，该公司已经在欧洲上市，并且满足我们的条件：相似的企业文化，100% 专注于数字业务，帮助我们的客户进入欧洲和斯堪的纳维亚半岛的十几个国家并实现了盈利，在美国没有业务，而且重要的是，该公司已经上市。所以如果我们要像竞争对手那样决定上市的话（当然这也是我们当时的其他主要选择），那我们就不用进行大规模的路演。最后，当我得到一个董事会席位时，这意味着在完全退出时，我能够掌握极大的控制权。我们甚至商量出了一个数倍于上市公司收入的估值，而且当我们在交易所宣布收购消息时，股价在接下来几周内翻了三倍。

正如它们所说的那样，这是一场多赢的交易。我们进行全球化布局，总部设在欧洲，在美国有分支机构。最重要的是，从企业风险投资的角度看，我们的企业投资者不仅获得了 3 倍的投资回报，而且比起直接收购纽约公司，这种全球化布局具有更大的战略意义。

如今，我们仍然致力于投资新媒体业务，但是我们现在正在将新媒体应用到我们生活的各个方面，并且应用于各种规模和各处的设备中。这一直是我们的乐趣。新的机会不断应运而生，并且将继续改变既定秩序。

例如，我的第一笔投资投给了一位年轻的创业者，那是几年前的事情了。当时他试图让“互联网上的所有人”都能接触到艺术。这真是一种疯狂的想法。[①] 有一天，当他告诉我，他正在考虑向艺术界最有影响力的画廊老板寻求投资时，作为他的第一位外部投资者，我完全惊呆了。

我想起那些汽车广告。但是现在作为中小投资者，我记得我获得的教训，并在静观其变。我在等待时机。这样再好不过。

① 他的网站 Art.sy 已经得到了包括彼得·蒂尔（Peter Thiel）在内的 5088 万美元的风险投资。

企业自己指派的首席执行官能帮助其完成最好的尽职调查

巴特·乌尔曼（Bart Würman）
DDF 风险投资公司（DDF Ventures）首席执行官
AM Pharma 公司前首席执行官
Lanthio Pharma 公司前首席执行官

》》巴特·乌尔曼是我在 J.P. 摩根健康产业大会（J.P. Morgan Healthcare Conference）的一位老友，他还是生物技术领域一位经验丰富的首席执行官，现在进入风投行业。

当我还是 Lanthio Pharma 公司的首席执行官时，我与 MorphoSys 公司在德国签署了一项技术许可协议。MorphoSys 公司也为 Lanthio Pharma 公司的 A 轮融资投了 500 万欧元。一年后，当我正在为推进我们主导药物产品的研发，并使其进入纤维化概念证明的第二阶段而寻找更多资金时，MorphoSys 公司表示，它们有兴趣继续资助我们，条件是让它们公司的一位首席执行官参与到项目当中。其他投资者同意了这个条件。5 个月后，MorphoSys 公司以 3000 万欧元的估值收购了我们公司。企业自己指派首席执行官能让其实现最佳的尽职调查，并使其在收购谈判中占据有利位置。这是非常聪明的做法。

》》我第一次见到巴特·乌尔曼时，他还是荷兰 AM Pharma 公司的首席执行官。辉瑞公司斥资 8750 万美元入股 AM Pharma 公司，同时还可以选择斥资 5.125 亿美元收购 AM Pharma 公司，这取决于 AM Pharma 公司能否成功地完成治疗败血症引起急性肾损伤的一种新疗法的第二阶段研究。

时间对于企业和初创企业有着不同的含义

莫里茨·万·普拉特（Moritz von Plate）
Cassantec AG 公司首席执行官

》》莫里茨·万·普拉特是我最好的朋友之一，也是我在读工商管理学硕士时的一位室友。当我们还是学生的时候，他听我讲述我从朗讯科技公司和朗讯风险投资公司那里募集资金的故事。现在轮到我听他讲述他的企业风险投资的故事。在成为创业者之前，莫里茨是波士顿咨询集团（The Boston Consulting Group）的高管。以下是他的叙述。

时间对于企业和初创企业有着不同的含义。我目前任职的公司最近进行了一项技术尽职调查，这项调查是由企业风险投资公司和一个有意愿与我们合作的业务部门共同开展的。从我们第一次与企业风险投资公司互动到进行这次尽职调查，时间已经过去了一年。尽职调查进行得很顺利，我们收到了对于我们的技术非常积极的反馈，并被告知对方公司会认真考虑对我们的投资以及与我们的合作，投资和合作最早会在 6 个月后开始进行。

同时，我们必须先完成重组和战略审查过程。虽然如此漫长的流程对于一家企业来说是司空见惯的，但它显然不适合初创企业。结果就是，我们要继续发展业务，并自筹资金。虽然知道最终可能会找到合作伙伴，但是我们不再会继续等待。也许，等到该公司准备采取下一步措施的时候，它们已经失去了这个机会。

关于企业风险投资的一个经典案例

这是一个被人们引用过很多次的故事。初创企业会从企业募集资金，但是由于企业冗长的流程，这个流程比从金融风投募集资金耗时更久。因此，初创企业和其他风投就开始宣扬关于企业风投效率低下且难以共事的消息，然而它们却都对与企业风投合作的收益有着很高的预期。至少在半数情况下，企业风险投资团队的投资专家没有权力让企业的业务部门与初创企业合作。就像美国的新总统可能没有办法让国会和参议院通过他提出的立法议程一样，企业业务部门的管理者不会向企业风投团队汇报，所以对初创企业的承诺通常无法兑现。所以，企业风投团队的声誉越来越差。

而另一半的情况是，企业成为客户，而且实际上可能成为初创企业最大的客户。那么企业会认为收购这家初创企业对它们具有极大的战略意义。在这笔交易中，从初创企业和金融风投的角度来看，它们可能会比想象中更早地结束交易，虽然它们真的只想与企业风投团队合作，但是同时它们在与并购团队打交道，遗憾的是，并购团队和企业风投团队往往是同一个团队或者关系十分密切。

经过6个月彻底的尽职调查，企业退出交易，并从初创企业手中拿回了收益。对于初创企业来说，同时遭受双重打击可能是毁灭性的：与企业谈收购的同时也与风投谈投资，向企业承诺实现收入迅速增长的同时也告知其被迅速收购的可能。然后突然之间，企业毫无预兆地撤资并放弃收购，而且随着收入增加和蓝筹客户的消失，风投被吓跑了。这样，初创企业就陷入了资金短缺。

在硅谷，你可能会发现你的技术团队和销售团队离开了你，去街对面的索马区[①]找工作，并且进入另一家刚从克莱纳·珀金斯公司拿到风险投资的初创企业。因为初创企业命悬一线，创始人和现有的金融风投决定，最好接受企业新的更低的收购报价，以低价收购这家初创企业并收回投资成本。

有些人可能认为企业巧妙地运用了企业风险投资，而且打得一手好牌。问题在于，糟糕的名声会开始在市场中传播，而且这会阻碍其他企业风险投资公司在未来获得优质交易流。

显然，本书引用的企业风险投资案例旨在转变这种消极的观点，但我认为，对企业来说，更重要的是要考虑推出新的企业风投计划或者运营一家刚成立的企业风投公司，来了解很多企业风险投资公司的声誉。创业者也应当与重视声誉的企业风投公司建立合作关系。当然，还有很多其他成功案例来反驳这种传统的消极观点。本书旨在鼓励读者将这些积极成果应用于实践。我还可以写一本很长的故事集，请创始人来讲述金融风投的暴行。初创企业和早期投资就像坐过山车，每个人都应当系好安全带，并在整个旅程中保持冷静和理性。

① 索马区位于旧金山，有很多初创企业。

07

如何得到企业风险投资公司的投资

有路找路，无路开路。

汉尼拔（Hannibal），公元 217 年

当你考虑从企业投资者那里拿到钱时，你需要知道些什么

威廉·基尔默
英特尔投资公司（欧洲、中东和非洲）前主席
Mercato 合伙公司（Mercato Partners）运营合伙人
Public Engines 公司创始人和首席执行官

我既是一位企业战略投资者（英特尔投资公司前总裁），也经营过一家接受过投资的公司（赛门铁克公司），这两种身份有着非常大的区别。近年来，企业风险投资行业发生了很大的变化，最重要的变化就是企业投资者在其投资方式和投资理由上变得更为成熟。

我想，现在不应再将企业投资者的资金视为“笨钱”了。事实上，既然它们已经坚定地参与了如此大比例的交易，我们就别再拿它们与风投相比了。它们不再是异类了。企业风险投资公司的投资者只是有些不同而已。他们经常积极地参与风险投资，他们与风投一样能够帮助你实现你所在组织的成长，而他们面临着平衡战略利益和财务利益的双重重任。

总的来说，从战略投资人那里拿到投资比从金融投资人那里拿到投资要更难。但是最终，你会从你的战略投资人那里获得更多的价值。让我来解释一下我的依据。

第一，你对企业风险投资者的第一条筛选标准通常是战略性，这马上就限制了它们投资对象的类型。你可能潜力巨大，但是如果你不具备战略性优势，那你就不在它们的考虑范围之内。相信我，英特尔投资公司曾经考虑要投资多

家公司，这些公司从财务上看都很不错，但是我们无法找到战略依据。

第二，一个好的企业投资者，由于其品牌属性，很可能每年都会面临成百上千个投资机会。它们会进行选择，也确实会从那些交易流程中变得更聪明。

第三，与典型的风投相比，企业投资者会拥有更多的专业知识，来支撑它们对你做出评估。在英特尔投资公司，我们会根据工程、销售和市场资源等因素来审视每一笔投资，同时会与很多客户和服务供应商联系来验证我们的投资假设。除非与你打交道的是一家投资专门领域的风投，或者曾经是创业者的投资人，否则他们是不会这样做的。

第四，大多数企业投资者的业务是全球化的，或者至少它们的母公司是全球化的，因此有大量的投资项目可供它们选择。如果有另一家公司与你公司的经营内容相仿，那么这些企业投资者不仅会拿你与那家公司进行比较，而且还多了另一个选择。大多数的风投都没有能力对你远在孟买的竞争对手进行投资。

第五，一个优秀的企业投资者会因为战略原因而关注你，如果它们有足够的能力，它们会拿你与其他所有从事同样业务的公司进行比较，然后决定投资对象，即使（或者可能尤其是）那家公司远在孟买。

第六，与金融风投不同，企业风投背后的企业实体有诸多可选择的投资对象。去问问任何财务部门吧，企业中某个部门的某位管理者可能更愿意把钱投向别处。它们不会像风投那样考虑投资时机和投资动态，虽然这些的确很重要。

企业投资者以前常用的“遍地开花式”策略普遍不再奏效，这就支持了以上观点。英特尔投资公司近期计划出售一些投资组合，这一计划显示出该公司并不愿意承担太多投资，而业务部门也无力负担那些对其实现战略目标无用的外部风险投资。因此，如果你正在寻求企业投资的话，你就需要成为行业中的佼佼者。就它们的专业知识、市场渠道以及加速你企业成长的能力来说，你也能够从那些投资中获得战略性回报。

所以，一个寻求企业风投投资者的创业者需要了解什么呢？对于所有希望从企业风投那里拿到钱的人来说，我能给出的最佳建议就是站在企业风投的角度考虑一下，而且还要能够清晰地表述出它们为什么一定要给你投资。我问了十几位做企业风投的朋友，他们来自不同的企业风投团队，我想知道他们在寻找什么。以下我写出了他们的反馈。应他们的要求，我并未署名。

清晰地阐释“为什么”胜过肤浅地声称你支持某种创新精神，或者你们将要接受某个业务部门的资助。有一个简单的方法能够帮助你理解以上观点，那就是要列明三个因素，这三个因素能够帮助你想明白你与潜在的企业投资者的战略契合度。这三个要素就是定位、优先事项和潜力。

企业定位。第一，你需要了解企业在你所在市场上的定位。它们是市场上的领导者，是你的竞争对手，还是连参与者都算不上呢？它们的目标和战略目标是什么？它们是采用了进攻（追逐市场）、防守（保护现有市场）还是中立（可能它们甚至就没在这个市场中）的策略？对它们来说，这是一笔大单、一个重大的战略举措还是只是玩玩而已？它们是否只是想找到一个立足点来了解市场或者学习你们的技术？无论这些企业与你们有何关系，了解它们在市场中想要实现的目标是你们了解自我战略价值的基础。

企业的优先事项。第二，你需要回答这个问题：相对于企业在市场中的定位，企业的优先事项是什么？要了解它们为了支撑其战略举措需要完成的事项。它们想从像你们这样的公司得到什么？也许，它们想为未来创建一个有价值的选项。一位企业风投投资者曾这样说过：“找出上述问题的答案，你就会知道你对谁最有价值，谁最有动力来帮助你获得长期成功，并帮助它们找到可能会加速你商业计划的其他方法。”

战略潜力。第三，战略潜力是你应当清晰表述的关系的最基本要素，而你最应当清楚的是你们将如何帮助企业，而企业又将如何帮助你们。正如一位企业风投投资者所说的那样：“最应当明确的都和你与企业间潜在的协同效应有关，比如‘你能为我做些什么？’‘我又能为你做些什么？’”通常，这些都应当在投资附带的商业协议中写清楚。

在英特尔公司，这被称为“有所给予有所得”的交易，而且反映了投资的共生属性。一方面，你作为首席执行官，需要了解企业风险投资公司想要你“给予”它们什么来成功地建立合作关系。另一方面，你也要问问自己需要从它们那里“得到”什么（企业风险投资公司“给予”的），从而实现双赢。

在投资阶段，不要害怕提出你想要“得到”的东西。一位企业风投投资者曾给出这样建议：“如果投资对象能够帮助企业，而企业无法提供相应的帮助给投资对象的话，作为创业者，我可能不会接受这种投资。”你的成功应当有助于它们的成功，所以告诉它们，帮助你就是帮助它们自己。

最后，确保你的企业投资者能够清晰地看到投资背后的财务状况。别奢望有哪位投资者仅仅会因为战略清晰就投入上百万的资金去支持某个业务部门的计划。你要是认为它们不像其他金融风投那样追逐经济收益的话，那你就大错特错了。一位投资人曾对我说：“有的公司持有一种错误的观点，那就是比起金融风投，企业风投会投入更多资金，做更少的事，而事实恰恰相反。”

在你能够清晰地表述和展示战略价值之后，还考虑一些事情。

第一，不要落入企业风险投资公司作为领投者的陷阱。我遇到了太多公司，有不止一家企业风险投资公司对它们有投资兴趣，但是没有金融投资者有下一步行动。我最近与一位首席执行官聊天，有三位战略投资者对他的公司非常感兴趣，却没有任何一位愿意领投，这明显是个危险的信号。如果你目前有投资人，那么就要确保他们位于舒适区，而且了解企业风险投资。

第二，了解它们的程序。风投公司在交易审批流程上各有不同，而且有的公司在投资决策流程上非常松散。另一方面，企业的决策流程通常更严格和明晰。我曾经与很多位首席执行官交谈过，他们表示企业的投资决策过程通常比实际要长得多。如果有疑问，就直接问问企业风险投资公司，它们有什么样的流程，在审批上有什么进展或者它们从“感兴趣”到“批准投资”还要经过什么流程。

第三，除了企业投资外，也要考虑个人投资。正如一位友人所建议的那样，问问自己“你希望这个人加入你的董事会吗？除了简单地帮助你与他公司的同事建立联系之外，他还能发挥其他价值吗？他在其公司中有影响力吗？他真正明白初创企业所面临的挑战吗？”另一位企业风投投资者提醒说：“有太多企业风投投资者缺乏创业经验，不知道初创企业在日常执行和管理中会遇到什么挑战，而且它们也缺乏外部关系网络。”同样，不要陷入他们的陷阱，别以为他们总是你的拥护者。毕竟不是你付钱给他们。

第四，提前了解清楚这个企业风投投资者是否常常要求签署特殊条款。谨防企业风险投资公司的财产负担，无论在投资中还是一次商业交易中，这些负担会限制你的经营范围、你可能合作的客户（竞争对手）或者可能对申诉、退出有影响的任何权利。提前做好功课，打电话给首席执行官或者首席财务官，询问他们其他投资的情况。

如果你将自己成功地定位为一位合格的投资者，并且能够避免一些普遍误区，那么这家企业对你的公司来说会非常有价值。

如何与企业风险投资公司打交道并成功拿到投资

伊戈尔·索伊福特（Igor Shoifot）
TMT 投资公司合伙人
加州大学伯克利分校、加州大学旧金山分校以及纽约大学客座教授

企业风险投资公司的动机和组织结构

企业风投投资家的投资动机与创业者和私募风投公司的动机是不同的，但又不是完全不同。

与传统的风投公司类似，企业风险投资公司青睐那些具有扩展性的成功产品，这些产品会被无数的用户使用，并且将带来巨大的投资回报。它们也明白一次技术成功所能带来的公关效果及其对整个基金的巨大影响，或者在企业风险投资案例中对整个企业的巨大影响。

与创业者不同，企业风险投资公司同样了解“为了创新而创新”到底有何价值，虽然这不是出于它们本身对科技的热爱，而是因为先进的技术能够让企业受益并完善其产品。

很明显，企业风险投资公司独有的投资动机的关键就是它们了解在公司框架内进行颠覆性创新的误区和风险。克莱顿·克里斯坦森（Clayton Christensen）的《创新者的窘境》（*The Innovator's Dilemma*）一书在商学院和公司董事会中

广为流传，这本书详细地讲述了企业内部创新是如何被顾客和分销商的需求和动机扼杀的，并解释了其中的原因。战略价值是推动企业风险投资公司进行投资的最大动机。

所以，在接触企业风险投资公司时，很明显，第一步就是要做研究。在你向企业风险投资公司自荐之前，先找到企业的战略方向。用谷歌、领英和Twitter进行搜索就能办到。想办法与那些已经被这家企业收购的公司聊一聊，当然了，最好与那些其企业风投部门近期投资过的公司聊一聊。这样的谈话能够让你了解它们的关注点。你通常会感到震惊：企业拥有的丰富经验足以让它们在其竞争优势领域之外搜寻目标。

在很多案例中，企业风险投资公司不仅仅对新技术感兴趣，它们还对有延伸潜力的产品或者服务线、新商业模式、新市场及其产品或者服务的替代品感兴趣。要记住，企业风险投资公司的动机是由它们在企业内部的报告关系来定义的。大多数企业风投部门都向最高管理层或者企业的战略和发展部门报告，有的直接向研发部门或者财务部门报告。在某些行业（医疗行业、制药业）和某些国家（日本、韩国等），企业风投部门通常向研发部门报告。

要想知道如何接近特定的企业风险投资公司以及是什么驱动了它们的搜索、思考和决策，了解这些关系是非常重要的。而且，你可以直接问它们。

接触企业风险投资公司

不要使用线上表格或者邮箱向企业风险投资公司发送你的自荐信息。比起私募风投，在企业风险投资公司，这些自荐信息更有可能出现在年轻助理和实习生的邮箱中，因而很有可能不会被认真考虑。虽然表格和邮箱唾手可得，但是请不要在它们身上浪费时间了。

要找到与企业风险投资公司正确的沟通方式。这并不太难，虽然这的确会耗费大量的时间和精力。

以下是为创业者准备的与企业风险投资公司打交道需要注意的事项。

- 在参加行业活动时，寻找企业风险投资公司，并向其推荐你的公司。它们来参加活动是有目的的，就是为了寻找初创企业。

- 告诉你遇到的企业员工，你希望他们将你引荐给他们的企业风投部门。他们常常会在企业会议时见到你要找的人，甚至在某些内部项目中与他们有过合作。在多数情况下，企业风险投资公司会使用自己的员工去筛选投资项目和进行尽职调查。同样，大部分企业风险投资公司并不会投资，除非企业内部的业务部门会“支持”这个项目。
- 去接触一家企业风险投资公司的投资组合公司（能与其管理层见面更好，通过领英、AngelList或者其他社交网站也可以），向它们解释你为什么以及如何适合，并请求它们引荐。风投们很喜欢它们投资成功的创业者为它们推荐新的投资对象。
- 如果你想向某企业的风投部门推荐自己，那么就去参加该企业组织的线上和线下活动、会议、研讨会和社交活动吧。积极参与，帮忙介绍其他参与者，并且介绍你的公司。
- 通过企业风险投资公司在交易中使用的律师事务所来与它们建立联系。投资者通常都会听取律师的意见。
- 其他投资者，无论是风投还是天使投资人，都是企业风险投资公司交易流的主要来源。比起传统的风投或者天使投资，企业风投面临更大的风险，所以它们通常更青睐其他投资者提供的交易。独立风投对于企业风险投资公司来说是一个尤其有价值的交易流来源。大多数企业风险投资公司都不会单独投资，而且很多公司都不愿意做领投者。把你所了解到的东西与投资者进行交流，这样可以帮助你找到合适的企业风险投资。
- 如果记者或者博客作者采访了一家你想要接触的企业风险投资公司，那么就请这位记者帮忙引荐吧。

最后却最为重要的一点是，要记住，“搜索和赋权”只是诸多企业风险投资模式中的一种，无论你是否愿意接受，其他模式还包括“搜索和抄袭”，甚至是“搜索和消灭”。企业不仅要确定为谁投资，还要尽早发现对其核心业务有威胁的创新，而且通常它们的投资动机与初创企业甚至金融风投都是不同的。与大企业打过交道的投资者和创业者都能讲出很多骇人听闻的故事。

然而，除了“聪明”的钱带来的显著价值，企业风险投资公司能够为初创企业提供很棒的销售和营销渠道，帮助创业者与供应商、客户、合作伙伴甚至工程公司建立合作关系。还有一个同样重要的问题。CrunchBase 公司提供的一项分析显示，获得企业风投资助的初创企业被收购的概率是那些只获得私募风投资助的企业的三倍。事实上，几乎每三家获得企业风投资助的公司中就会有一家被收购。

所以，冒险可能是值得的。毕竟，创业精神本身就是一种冒险精神，不是吗？

如何与大企业打交道：欧洲创业者与美国创业者的区别

弗雷德里克·龙博（Frédéric Rombaut）
思科公司前总裁，企业国际发展部门负责人
高通风投（欧洲）前创始人和总裁
安佰深公司前合伙人
法国布伊格电信公司联合创始人
孵化器 Founders Factory 创始人

毫无疑问，对于一位美国的创业者来说，接触一家大型科技企业相对比较容易，而且有可能共同参与市场活动使他们成为显著而理想的共同投资人。对于一位距离硅谷 5500 英里[①]的欧洲创业者来说，情况则截然相反。创业者正努力通过复杂的组织和频繁变化的策略来管理大企业。由于文化差异，他们很难进行恰当的沟通。我花了很多时间培训创业者，指导他们如何更有效、更直接地推介他们的公司。大企业在与创业者进行互动的过程中几乎没有什么想法。创业者必须提前准备，直截了当地阐明价值主张、他们与其他创业者的区别及其对企业的意义。然而，最先进的技术往往都没有得到最好的介绍。

最后，风投基金通常都不愿意大企业与它们走得太近，因为它们既不相信也无法理解这些大企业作为投资者能实现增值。公平地说，并不是所有的企业风险投资公司都能够实现它们的增值承诺，但是如果实现了，这对初创企业来说将是实现加速发展的最有效途径。有趣的是，一些风投坚持“绝不”（接受企业的资金），而其他风投却表示它们“总是”这样做。我认为，正确的决策一定

① 1 英里约为 1.6093 千米。——译者注

要基于更合理的分析并对具体问题具体分析而做出。

人们普遍认为企业风险投资公司有定义清晰的战略目标清单，它们只需按照目标清单来确定投资或并购目标即可，但这是一个误区。事实上，企业内部有多种势力，而这些势力可能无法达成一致。例如，一家企业风险投资公司可能非常愿意投资一家特定的初创企业或者与其合作，企业的研发部门可能正在努力为一个新的创新项目拿到预算，工程部门还没来得及开发自己的替代产品，正在努力追赶，同时，战略合作伙伴正在寻求与一家更成熟、更健全的公司合作，销售部门可能正在试图与其客户推荐的其他初创企业建立合作关系，企业知识产权部门正在可能发生的知识产权冲突中谨慎对待授权许可，财务部门可能对财务数据不乐观，并购部门可能正在忙于对你的竞争对手进行尽职调查……这个过程中的任何时间节点，组织结构都有可能发生变化，可能会有新的管理者到岗或者优先事项发生变更。在一个变化如此迅速的环境中，管理这种复杂性是一门艺术，需要具备领导力、快速分析能力和深厚的人脉资源。

》》弗雷德里克的观点强调了我所谓的“反向渠道”（back channeling）的必要性。他描述了现实的复杂性，从他的描述中你能清楚地看到，无论是想有效地募集企业风险投资基金，还是想顺利完成你的并购交易，你都需要在圈子内有人脉关系，这样你才能够通过一通电话就找到对的人，了解在这种复杂环境中究竟正在发生什么。究竟你是“假马”，还是真正能拿到投资或实现你所希望的并购呢？这就需要你走“反向渠道”去了解。这需要人脉关系，还需要“给予和索取”的关系能够使这些人受益。

寻求投资的最佳办法：写邮件给风投公司或者企业风险投资公司

所有人都会告诉你，接触风投或者天使投资的最好办法就是热情引荐。除了这个最简单的方法，你还可以联系它们投资组合公司的首席执行官来得到他们的引荐，并且直接与这些首席执行官沟通，来判断他们是否喜欢这些风投和天使投资，这不失为一种聪明的方法。不过，有的首席执行官比很多繁忙的风投还要难联系到。如果你没能成功联系到他们，那就问问首席执行官，风投有没有给出最后一轮投资。首席执行官可能会被戳中痛处，因为风投可能决定暂停向亏损的公司投钱，或者在等待下一个关键时点。他们也许就是你想要联合的那种投资人，也许不是。你要明白的关键一点是，风投会通过邮件得到海量的交易流信息，可是它们每天用于查看邮件的时间却少得可怜。风投的日程表中排满了各种很多投资宣讲会、与创始人通电话的日程以及不分昼夜的宴会活动等。所以，当你通过邮件发送你的推介资料时，我认为你需要知道，这个风投很可能会匆匆浏览这些邮件，就像在战区的急诊室处理伤员那样迅速。风投会尽快判断出某个投资机会是否需要他花更多时间去了解，或者转发给团队中的其他人进行深入分析或者请专家审议，或者为了节约团队的时间来快速传阅。

对我个人来讲，我很痛恨首席执行官发送了大量信息却没有讲他的公司处于哪个融资阶段。对于我来说，要在邮件正文中阅读大段的文字信息，还要看大量的幻灯片是很痛苦的一件事，然而，我得到的所有信息似乎都只是创始人的愿景，我根本不知道他们实现了什么重大突破，也不知道这家公司处于融资的哪个阶段。有时，我看到第 42 页了，创始人才提到公司完全没有进行过融资，或者从一级风投那里拿到了 1000 万美元的投资。

我希望创业者在邮件正文中以要点的形式告诉我以下关键信息。

- 他们是如何联络到我的（如果是他人介绍的话，请告诉我介绍人的名字。或者是从活动、电视、领英等渠道以及我的书获得我的信息。无论通过哪种方式都很好，但是在邮件开头就了解到这些能节约我的时间）。
- 迄今为止公司总的融资额，请区分非创始人外部资本和创始人自有资本。
- 我听说过的其他投资人，比如知名的天使投资、风投或者企业。
- 现阶段的月利润和年利润。
- 已取得或者即将取得的重大突破，以此显示公司所处的发展阶段。
- 打算拿到的金额。
- 处于融资流程的哪一个步骤。
- 总部及团队成员所在地。

在看那 20 页的愿景介绍和投资推介幻灯片之前，我想先看到上述信息。要一一询问太麻烦，但是如果创始人将这些信息淹没在冗长的介绍中或者直接隐瞒信息，我最后只能快速浏览幻灯片去寻找这些信息，查询 Crunchbase 和其他在线数据库来确定这家公司所处的阶段以及它是否符合我们的投资战略。如果一开始就可以回答这些关键问题，那么我就可以从容地浏览幻灯片去了解问题、解决方案、愿景和投资推介等。

当我看了一个很糟糕的投资推介时，我会将邮件退回给创始人，并建议他另投他处，这样就不会占用我们团队太多时间了。在同一个风投团队中，一位创始人只能联系一个人，这就加大了我们的工作量。如果这位创始人很善于募集资本的话，那么公司就很少会发生资金短缺的情况，要知道，资金短缺可是初创企业的头号杀手。如果我花了好几分钟去了解这家公司处于何种发展阶段却没有找到，而这些信息又是我认识的人发送给我的，那么我会把邮件转发给团队中的一位联系人，让他再看一遍，然后要么转给团队中的其他成员，要么邮件联系这位创业者，告诉他我们正在处理。处理大量的交易流对每位优秀的风投来说都是一项挑战。如果你还要风投耗费额外的时间来寻找他们需要的基本信息，那么你就是在给自己找麻烦。有的创业者发邮件告诉我，他们只愿意进行面对面的会谈，可我没有得到足够的信息去判断我是否愿意与他们面谈。不参加商务会谈和会议让我有更多的时间去处理邮件，所以我很愿意不参加。要求面谈或者表示只会在面谈中详细介绍的邮件都会被我自动忽略，因为这样我就有更多的空闲时间来看邮件。

如果创业者在向我提供确切信息以供我决定是否要与他们面谈之前，就要求我签署保密协议，那我会直接拒绝，并建议他们别再要求风投签署保密协议了。如果我有更多时间的话，我其实并不介意签署保密协议，但这的确会减慢我处理其他交易流的速度，而且如果我日后想从其他风投那里为那家初创企业募资的话，这一行为会加大募资难度，因为我知道他们也会要求我的风投同行签署保密协议，而大多数风投都有不签署保密协议的规定，或者都不愿意在保密协议上浪费时间和精力。我认为还是开门见山比较好。

Masters of Corporate Venture Capital

08

通过数据看企业风险投资

成功滋生自满。自满滋生失败。唯有忧患才能生存下去。

安迪·葛洛夫（Andy Grove），英特尔公司前首席执行官

»“实事求是”最早出自《汉书》，后来因为被中国领导人引用才变得耳熟能详。在本书中，我们从行为的起源说起，提供一些重要实践者的观点。事实胜于雄辩。来自 CB Insights 的阿南德·圣瓦尔和乔纳森·谢里将分享他们的量化研究和排名表，供各位读者从数据和事实的角度了解企业风险投资。

了解更多请访问 www.cbinsights.com 。

如果黑白表格阅读有困难，请前往 http://www.slideshare.net/andrewromans 下载彩色版。

活跃的企业风险投资公司的数量从 2012 年第三季度到 2015 年第三季度几乎翻了一番。在 2015 年第三季度，有 185 家企业风险投资公司完成了投资，这一数量刷新了纪录，年增长率达 31%，较 2012 年第三季度完成投资的 94 家公司，增幅高达 97%，如图 8-1 所示。

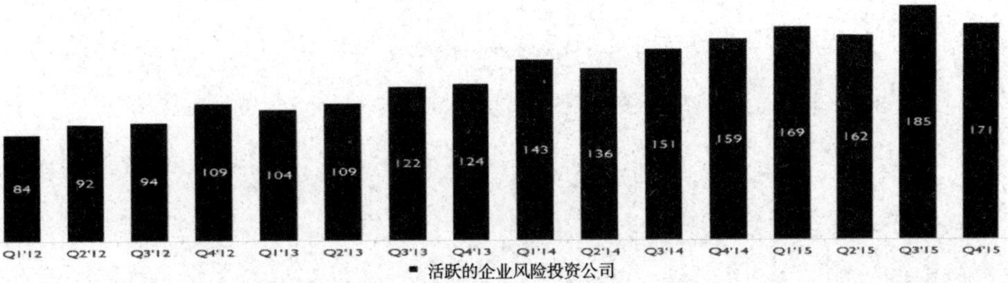

图 8-1　全球活跃的企业风险投资公司的数量（2012 年第一季度—2015 年第四季度）

2015 年，全球有 126 家企业风险投资公司至少参加过一次种子投资，大约是 2011 年的 30 家的四倍，如图 8-2 所示。

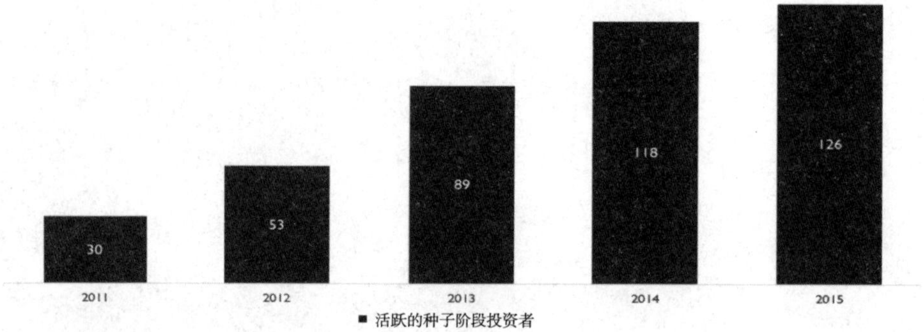

图 8-2　全球活跃的处于种子阶段的企业风投公司的数量（2011 年—2015 年）

全球有 85 家新的企业风险投资公司在 2015 年进行了首次投资，包括非常著名的 Twitter 风险投资公司（Twitter Ventures）和 Workday 风险投资公司（Workday Ventures）。从 2010 年起，新参与者的投资就一直源源不绝，如图 8-3 所示。

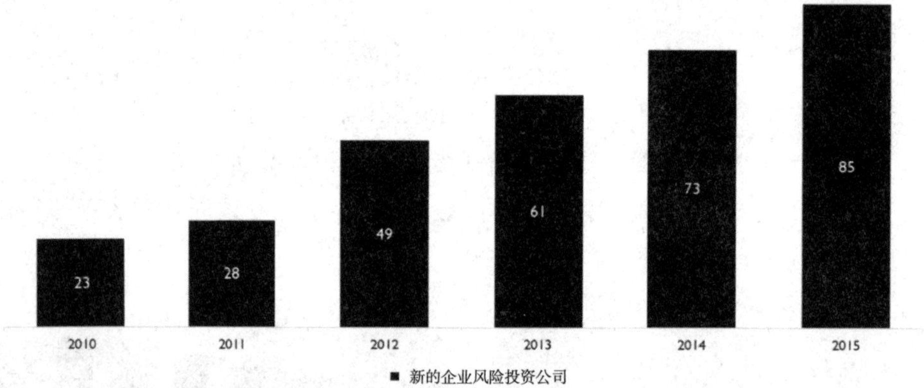

图 8-3　新的企业风险投资公司的数量（2010 年—2015 年进行首次投资）

英特尔投资公司在全球所有的企业风险投资公司中表现最活跃，它投资了超过 75 家公司，比第二名的谷歌风险投资公司多 18% 左右。它们的海外投资也进行得如火如荼。2015 年，32% 的投资都流向美国以外的公司，如图 8-4 所示。

排名	企业风投公司	近期*的新投资			
1	intel capital	DataRobot	savioke	chargifi	LISNR
2	GV	ARMO BIOSCIENCES	pindrop security	toast	UDACITY
3	QUALCOMM VENTURES	Housejoy	MindTickle	ATTUNE	CLOUDFLARE
4	salesforce ventures	bloomreach	FinanceFox	MapAnything	CARTODB
5	GE VENTURES	APX LABS	Omni-ID	MORPHISEC	omada

* 包括 2016 年初至今的投资。卢比肯风险投资公司和英特尔投资公司共同投资了 LISNR 公司。

图 8-4　2015 年最活跃的企业风险投资公司

2015 年，企业风险投资公司在 1301 笔交易中的总投资额达到 284 亿美元，超过了 2014 年。然而，到了 2015 年四季度，随着整体投资活动的放缓，企业的热情也褪去，交易数量降至 2014 年一季度以来的最低值，如图 8-5 所示。

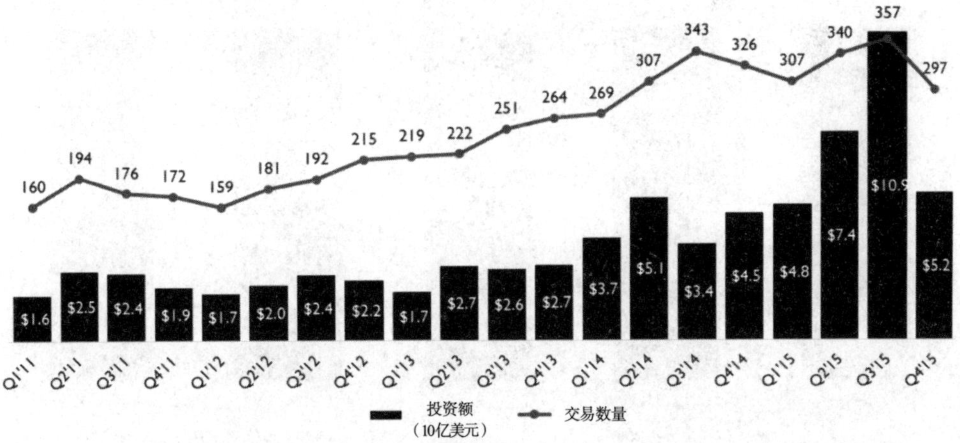

图 8-5　全球企业风险投资公司的季度融资进程（2011 年一季度—2015 年四季度）

在分析过的五个季度中，每一个季度，北美的初创企业都占据了企业风险投资交易数量的一半。然而在整个 2015 年，北美的交易份额是在逐步减少的，排在第二的亚洲和第三的欧洲反倒都有所增长，如图 8-6 所示。

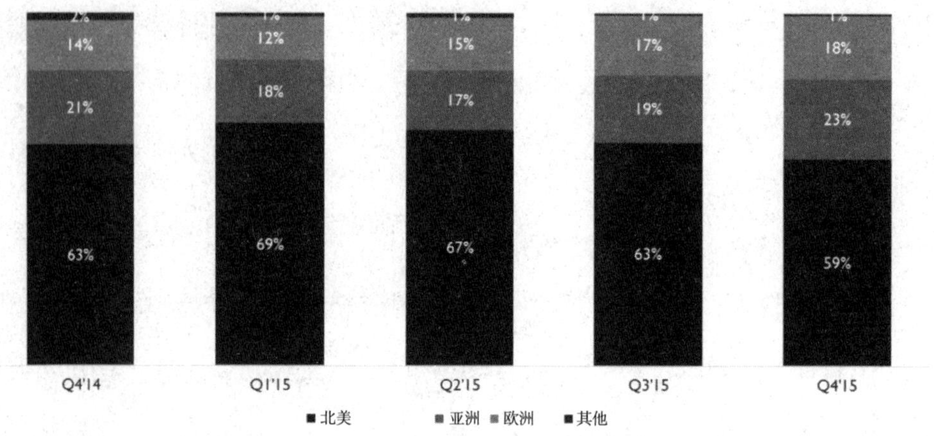

图 8-6　按大陆划分的全球企业风险投资公司的交易份额（5 个季度的趋势）

2015 年一季度表示早期阶段（种子阶段和 A 轮投资）的企业风险投资活动降到五个季度以来的最低点，交易数量占比降至 43%，而 D 轮投资交易数量涨至 14%。然而，截至 2015 年四季度，后期阶段的交易数量降至企业风险投资交易总量的 10%，早期阶段的交易数量涨回至 50%，如图 8-7 所示。

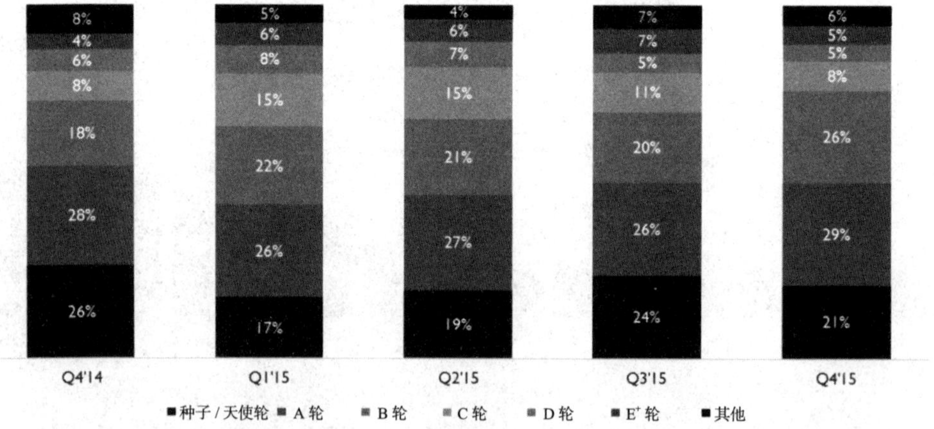

图 8-7　按投资阶段划分的全球企业风险投资的交易份额（5 个季度的趋势）

尽管绝对份额有所波动，但是互联网依然是全球企业风险投资公司的主要投资领域，在 2015 年四季度占总量的 48%。在过去 5 个季度，移动与电信初创企业的交易份额有 4 个季度均超过医疗行业，如图 8-8 所示。

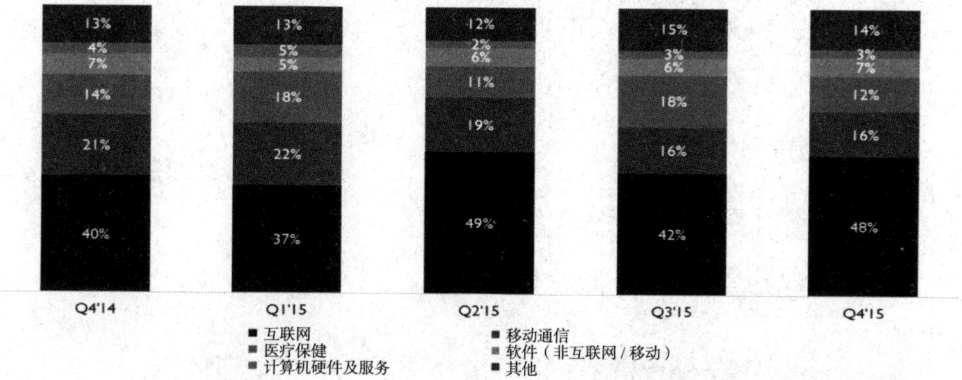

图 8-8　按领域划分的全球企业风险投资交易份额（5 个季度的趋势）

除了专业的风投部门，企业自身也会对那些有风投支持的初创企业直接投资。由中国的腾讯公司和阿里巴巴公司领投，企业一共参与了 668 笔交易，2015 年实现了 269 亿美元融资，如图 8-9 所示。

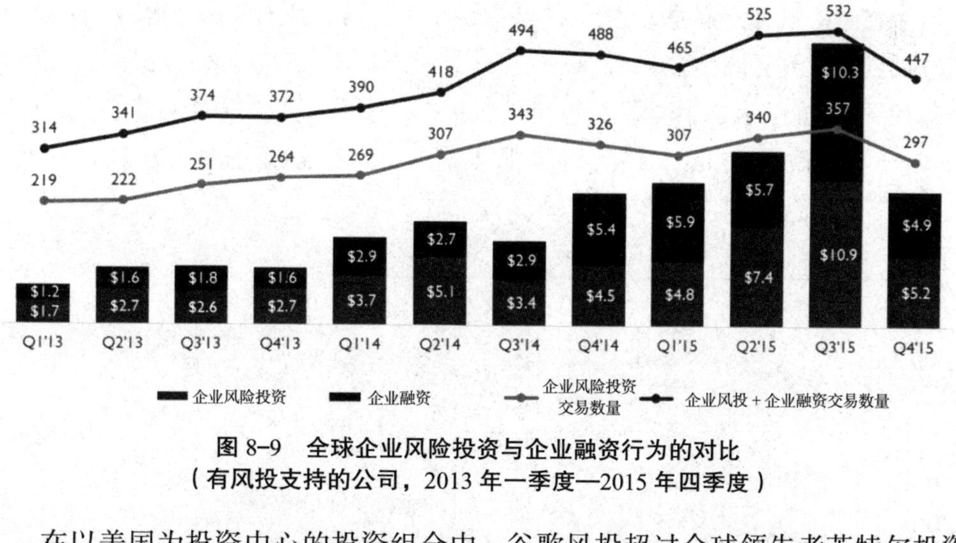

图 8-9　全球企业风险投资与企业融资行为的对比
（有风投支持的公司，2013 年一季度—2015 年四季度）

在以美国为投资中心的投资组合中，谷歌风投超过全球领先者英特尔投资公司，排名第一。赛富时公司与高通风险投资公司交换了位置，排名第三。如

图 8–10 所示。

排名	企业风险投资公司	排名	企业风险投资公司
1	G/	6	GE VENTURES
2	intel capital	7	Bloomberg BETA
3	salesforce ventures	7	F/PRIME
4	QUALCOMM VENTURES	9	SAMSUNG VENTURE INVESTMENT
5	COMCAST VENTURES	10	CISCO Cisco Investments

投资国家：英国、中国和印度

图 8–10　2015 年最活跃的企业风险投资公司（仅是美国企业的投资）

2015 年，企业风险投资公司在与总部设在英国的私人公司进行的 41 笔交易的总投资额达到了 17 亿美元，比起 2011 年的 22 笔交易和 2.03 亿美元有大幅增长，如图 8–11 所示。年度最大笔交易包括 2015 年 7 月对 O3B 网络公司（O3B Networks）[①]4.6 亿美元的 H 轮投资，以及对 Immunocore 公司 3.2 亿美元的融资。

① O3B 网络公司是由 Google、海外有线电视运营商 Liberty Global 公司和汇丰银行联合组建的一家互联网接入服务公司。——译者注

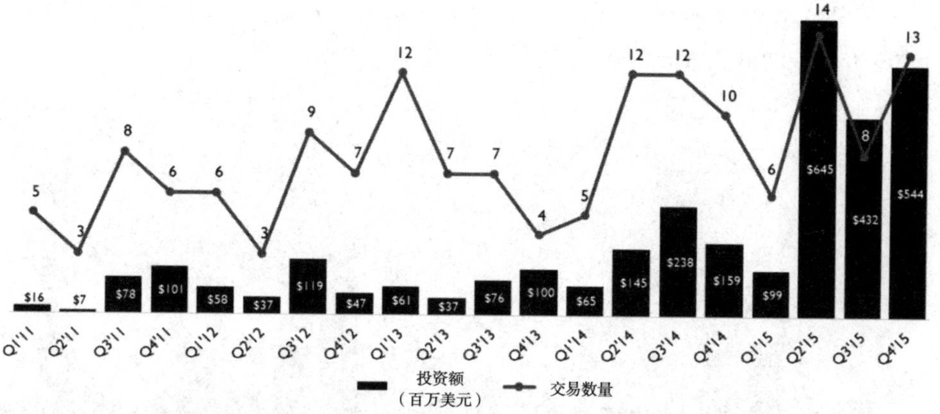

图 8-11　英国企业风险投资的季度融资进程（2011 年一季度—2015 年四季度）

企业风险投资公司在中国参与了 66 笔交易，总融资额达到 62 亿美元，比 2014 年的 57 笔交易、9.1 亿美元有大幅增长，如图 8-12 所示。企业风险投资公司在巨额交易中的表现尤为突出，包括 4 月对大众点评网（Dianping）8.5 亿美元的 E 轮融资，以及 7 月对滴滴快的（Didi Kuaidi）20 亿美元的 F 轮融资。

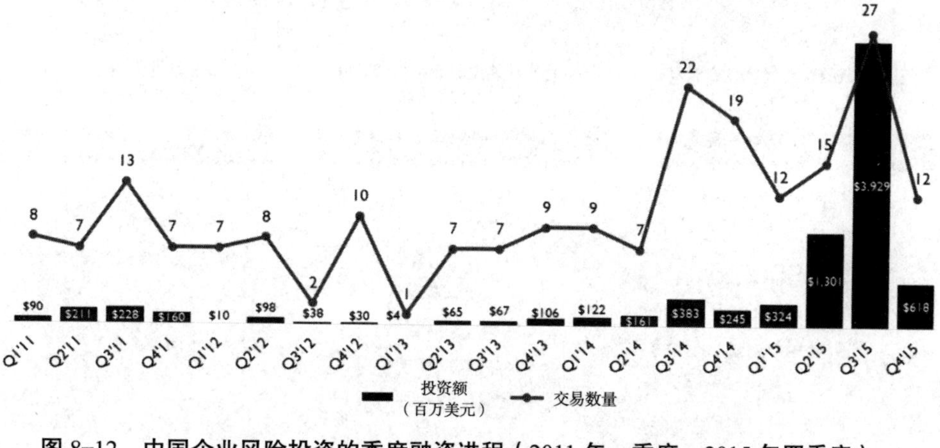

图 8-12　中国企业风险投资的季度融资进程（2011 年一季度—2015 年四季度）

在印度，2015 年，企业风险投资活动有所放缓，比起 2014 年 4.43 亿美元的投资额和 29 笔交易，2015 年的投资额和交易数量分别降至 4.21 亿和 24 笔，如图 8-13 所示。2015 年三季度的表现还不错，有 10 笔交易，但主要的投资是由家具电商 Pepperfry 和医疗搜索门户 Practo 完成的，Pepperfry 的融资额为 1 亿美元，Practo 为 9000 万美元。

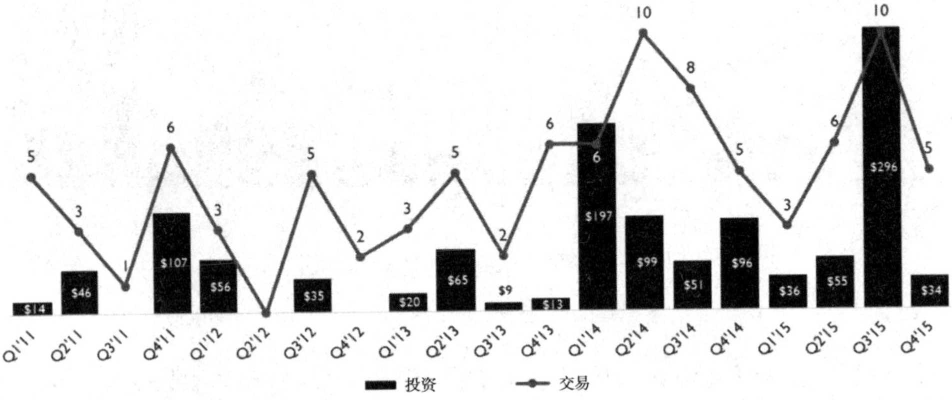

图 8-13　印度企业风险投资的季度融资进程（2011 年一季度—2015 年四季度）

高通公司在美国以外的投资一直都很活跃，自 2011 年起，它在以下这些市场中都是排名前五的投资者，如图 8-14 所示。英特尔投资公司在中国和印度最活跃，贝塔斯曼公司（Bertelsmann）的风投部门也有所表现。

英国最活跃的企业风险投资公司
2011 年—2015 年

Rank	CVC Investor
1	QUALCOMM VENTURES
2	SR·one
2	INGENIOUS VENTURES
4	Johnson & Johnson INNOVATION
4	Unilever

中国最活跃的企业风险投资公司
2011 年—2015 年

Rank	CVC Investor
1	intel capital
2	LEGEND CAPITAL 君联资本
3	BAI Bertelsmann Asia Investments 贝塔斯曼亚洲投资基金
4	QUALCOMM VENTURES
5	[illegible]

印度最活跃的企业风险投资公司
2011 年—2015 年

Rank	CVC Investor
1	intel capital
2	QUALCOMM VENTURES
3	BII Bertelsmann India Investments
3	CISCO Cisco Investments

图 8-14　高通公司在英国、中国和印度市场中的表现

2015 年，企业风险投资公司与总部设在美国的公司完成了 806 笔交易，投

资额达 174 亿美元，如图 8–15 所示。投资额年均增长 33%，但交易量只有 2% 的微增。2015 年四季度的年终放缓使企业风险投资交易数量降至自 2013 年四季度以来的最低点。

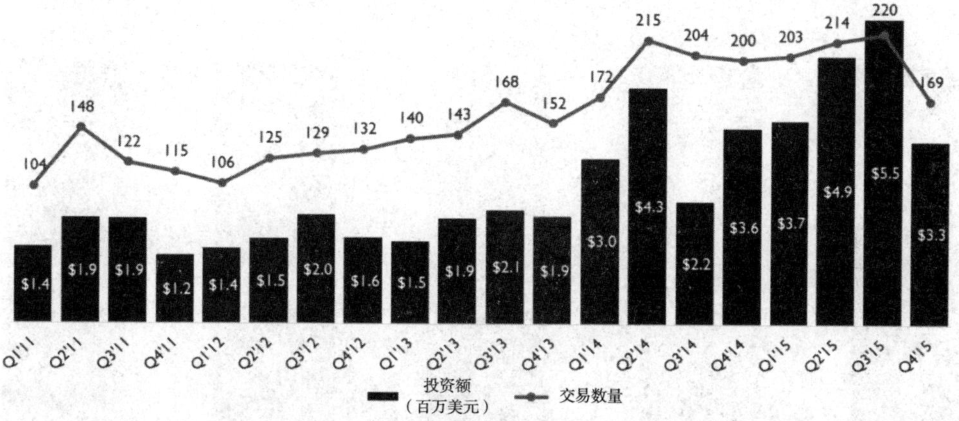

图 8–15 美国企业风险投资的融资进程（2011 年一季度—2015 年四季度）

2015 年，美国的企业风险投资交易数量有一半来自加利福尼亚州。除了在 2015 年一季度跌至 50% 以下，加利福尼亚州的企业风险投资交易一直都在美国领先，2015 年年均占比 51%。纽约排名第二，凭借一笔交易把马萨诸塞州挤了下去。如图 8–16 所示。

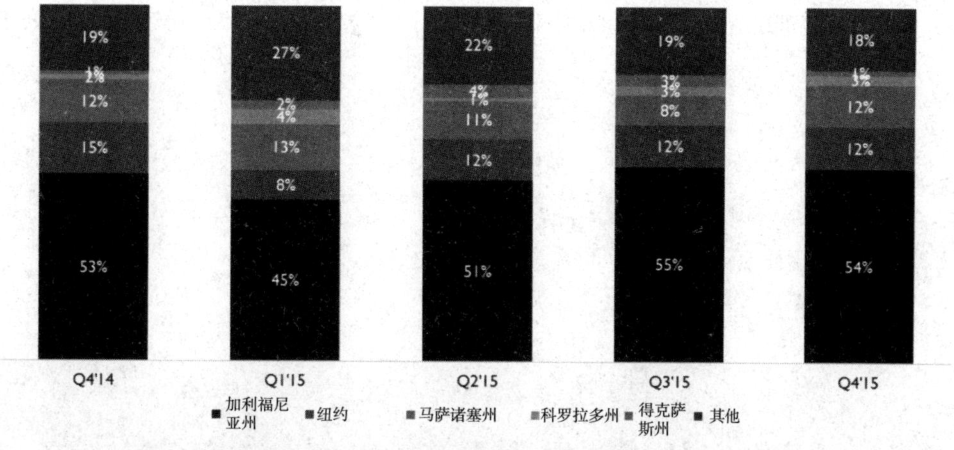

图 8–16 按州计算的美国企业风险投资交易份额（5 个季度的趋势）

2014 年四季度，B 轮融资只占美国企业风险投资交易额的 17%，但在 2015 年四季度涨至 28%。中期融资（B 轮和 C 轮）在这个季度占 38%。2015 年，美国的种子 / 天使投资数量在三季度达到峰值，其余时间企业风险投资部门进行的种子 / 天使投资不足 20%，如图 8–17 所示。

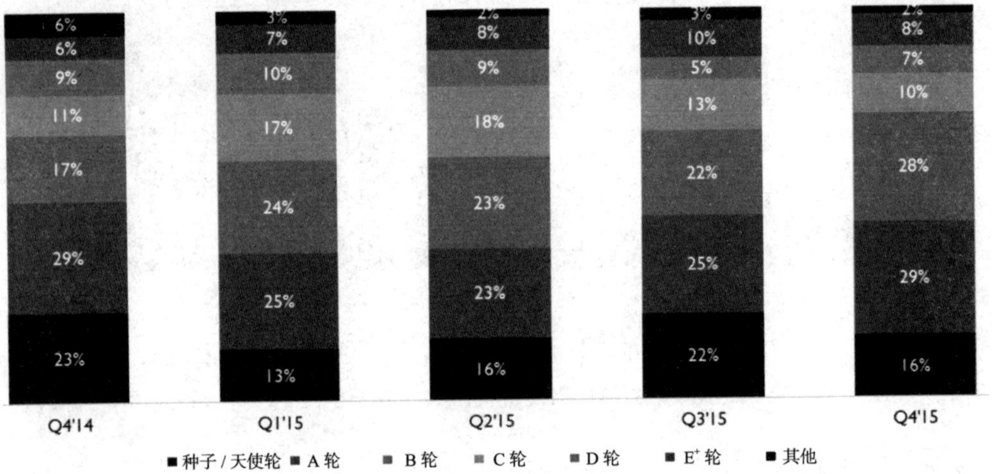

图 8–17　按融资阶段计算的美国企业风险投资交易份额（5 个季度的趋势）

企业风险投资公司如何才能达到更大的风投生态系统的标准？

2015 年，企业风险投资公司参与了所有风投交易的 1/5。2015 年 6743 轮有风投参与的融资轮中，企业风险投资公司占 19.3%，2013 年为 16.5%，如图 8–18 所示。

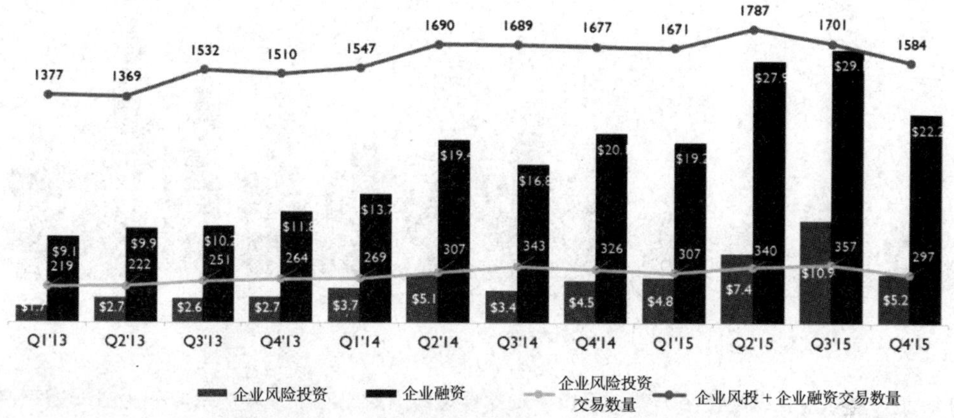

图 8-18　全球企业风险投资与所有风投融资活动的对比（2013 年一季度—2015 年四季度）

从季度看，企业风险投资的交易份额在 2015 年三季度达到了 21%，这也是风险投资泡沫的峰值，如图 8-19 所示。

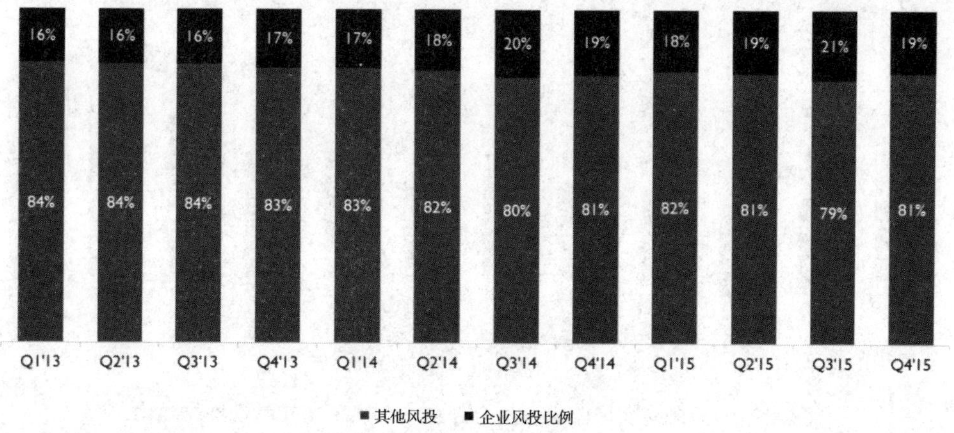

图 8-19　全球企业风险投资在整体风投交易中的份额（2013 年一季度—2015 年四季度）

企业风险投资的交易规模持续超过风投的总规模。连续三个季度，有企业风险投资公司参与的平均交易额都超过 2100 万美元（如图 8-20 所示），包括在 2015 年三季度由滴滴快的和 SoFi 公司（和其他）巨额交易所带来的迅猛增长。

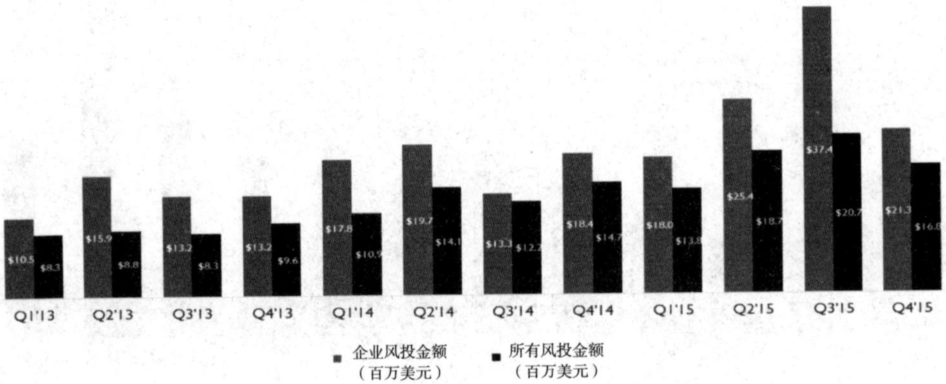

图 8-20　全球企业风险投资与整体风投平均交易规模的对比（2013 年一季度—2015 年四季度）

有企业风险投资参与的平均交易规模比美国风投总规模还要大，与全球走势一致。2013 年全年，有企业风险投资参与的平均交易规模还不足 1600 万美元，而在 2015 年最后 3 个季度就超过了 2100 万美元，如图 8-21 所示。

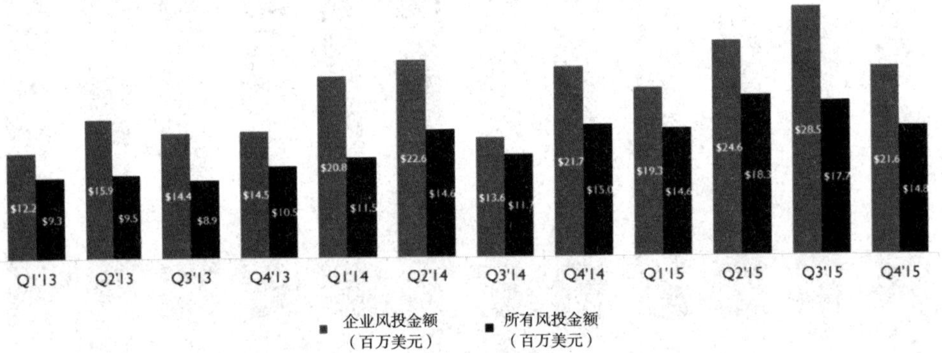

图 8-21　美国企业风险投资与全部整体风投平均交易规模的对比（2013 年一季度—2015 年四季度）

如图 8-22 所示，自 2011 年起，大多数交易都是由凯鹏华盈公司、恩颐投资公司和安德森·霍洛维茨基金（Andreesen Horowitz）以及另一家企业风险投资机构完成的。

排名	投资者	排名	投资者
1	Kleiner Perkins Caufield & Byers	11	True Ventures
2	New Enterprise Associates	12	Venrock
3	Andreessen Horowitz	13	Greylock Partners
4	SV Angel	13	Bessemer Venture Partners
5	First Round Capital	15	Sequoia Capital
6	500 Startups	16	DCM Ventures
7	Accel Partners	16	RRE Ventures
8	Atlas Venture*	18	OrbiMed Advisors
9	Draper Fisher Jurvetson	19	Norwest Venture Partners
9	Khosla Ventures	20	US Venture Partners

图 8-22　2011 年至 2015 年，完成全球企业风险投资交易数量最多的前 20 家风投公司

如图 8-23 所示，英特尔投资公司连续第三年在科技公司中排名第一。

排名	企业风投公司
1	intel capital
2	G/
3	Qualcomm Ventures
4	salesforce ventures
5	cisco Cisco Investments

图 8-23　2015 年全球科技公司企业风投排名靠前的公司

企业风险投资者	每年的交易数量（笔）	交易的平均值（万美元）	最常发生的阶段
intel capital	80~90	1200	B 轮
G/	70~90	600	种子 / 天使轮
QUALCOMM VENTURES	50~70	1000	A 轮
salesforce ventures	30~50	800	A 轮
CISCO Cisco Investments	20~30	1500	B/C 轮

图 8-24　与选出的科技公司企业风投部门对比

企业风险投资者	每年的交易数量（笔）	交易的平均值（万美元）	最常发生的阶段
venture funds	10~20	2000	A/B 轮
SR·one	10~20	2100	A 轮
Pfizer	1~10	2100	A 轮
LILLY VENTURES	1~10	1500	A 轮
Global Health Innovation	1~10	1000	B 轮

图 8-25　与选出的医疗保健公司的企业风投部门对比

企业风险投产者	每年的交易数量（笔）	交易的平均值（万美元）	最常发生的阶段
COMCAST VENTURES	20~30	1200	B 轮
BDMI Bertelsmann Digital Media Investments	10~20	400	种子 / 天使轮
HEARST ventures	5~15	1400	B 轮
TimeWarner INVESTMENTS	1~10	1100	B/C 轮
axel springer digital ventures	1~10	600	C 轮

图 8-26　与选出的媒体公司的企业风投部门对比

企业风险投产者	每年的交易数量（笔）	交易的平均值（万美元）	最常发生的阶段
T-Venture	5~15	1000	A 轮
Verizon Ventures	5~15	600	A 轮
SingTel innov8	5~10	800	A/B 轮
Telefónica Ventures	1~10	1300	种子 / 天使
TELUS ventures	1~10	900	B 轮

图 8-27　与选出的电信公司企业风投部门对比

企业风险投资产者	每年的交易数量（笔）	交易的平均值（万美元）	最常发生的阶段
citi VENTURES	5~15	2100	B 轮
AMERICAN EXPRESS VENTURES	1~10	1500	B 轮
AXA Strategic Ventures	1~10	200	种子 / 天使轮
MassMutual VENTURES	1~10	900	A 轮

图 8–28　与选出的金融科技公司企业风投部门对比

1 - 25	26 - 50	51 - 75	76 - 100
Intel Capital	Alexa Fund	Bertelsmann Asia Investments	Unilever Ventures
Google Ventures	Citi Ventures	ITOCHU Technology Ventures	Swisscom Ventures
Qualcomm Ventures	Siemens Venture Capital	MS Ventures	Boxer Capital
Salesforce Ventures	Ping An Ventures	Mitsubishi UFJ Capital	WuXi Venture Fund
GE Ventures	DG Incubation	EMC Ventures	Presidio Ventures
Comcast Ventures	YJ Capital	Sanofi-Genzyme BioVentures	Reed Elsevier Ventures
Samsung Ventures	SMBC Venture Capital	Kaiser Permanente Ventures	Shea Ventures
F-Prime Capital	Lilly Ventures	Technicolor Ventures	Motorola Solutions Venture Capital
Bloomberg Beta	Mitsui & Co. Global Investment	Kickstart Ventures	3M New Ventures
Cisco Investments	Merck Global Health Innovation Fund	Axiata Digital Innovation Fund	Nissay Capital
SR One	TIM Ventures	Zaffre Investments	CAA Ventures
Legend Capital	Roche Venture Fund	Investor Growth Capital	WestTech Ventures
Novartis Venture Funds	Robert Bosch Venture Capital	MassMutual Ventures	Time Warner Investments
GREE Ventures	Fosun Kinzon Capital	Deutsche Telekom Strategic Investments	Evonik Venture Capital
Recruit Strategic Partners	Eircom Digital Boost Initiative	McKesson Ventures	Santander InnoVentures
Bertelsmann Digital Media Investments	AXA Strategic Ventures	Ascension Ventures	Broadway Video Ventures
Verizon Ventures	American Express Ventures	Hewlett-Packard Ventures	STC Ventures
Hearst Ventures	Dentsu Digital Holdings	Baxter Ventures	Autodesk Spark Innovation Fund
Novo Ventures	Tengelmann Ventures	Monsanto Growth Ventures	Caixa Capital
Google Capital	Rakuten Ventures	Simon Venture Group	IDrive Ventures
Johnson & Johnson Innovation	BioMed Ventures	Advance Vixeid Partners	CHV Capital
CyberAgent Ventures	Takeda Ventures	Syngenta Ventures	Vorwerk Direct Selling Ventures
Pfizer Venture Investments	SingTel Innov8	NTT DoCoMo Ventures	Lazarus Israel Opportunity Fund
Renren Lianhe Holdings	BlueCross BlueShield Venture Partners	Transamerica Ventures	Infosys Innovation Fund
In-Q-Tel	Orange Digital Ventures	UPS Strategic Enterprise Fund	Telstra Ventures

图 8–29　2015 年全球最活跃 100 家企业风险投资公司

1 - 25	26 - 50	51 - 75	76 - 100
Google Ventures	Alexa Fund	Takeda Ventures	Rakuten Ventures
Intel Capital	Renren Lianhe Holdings	DG Incubation	Axel Springer Digital Ventures
Salesforce Ventures	Johnson & Johnson Innovation	Time Warner Investments	Twitter Ventures
Qualcomm Ventures	Mitsui & Co. Global Investment	Presidio Ventures	Cornerstone Innovation Fund
Comcast Ventures	AXA Strategic Ventures	CAA Ventures	Wipro Ventures
GE Ventures	BlueCross BlueShield Venture Partners	GREE Ventures	GM Ventures
Bloomberg Beta	Roche Venture Fund	Dentsu Ventures	E.ON Venture Partners
F-Prime Capital	Simon Venture Group	MRL Ventures	Boxer Capital
Samsung Ventures	Sanofi-Genzyme BioVentures	Transamerica Ventures	Randstad Innovation Fund
Cisco Investments	Technicolor Ventures	CME Ventures	Santander InnoVentures
Novartis Venture Funds	Advance Vixeid Partners	Fosun Kinzon Capital	Motorola Solutions Venture Capital
SR One	American Express Ventures	SingTel Innov8	NTT DoCoMo Ventures
Bertelsmann Digital Media Investments	UPS Strategic Enterprise Fund	Robert Bosch Venture Capital	Bialla Venture Partners
Verizon Ventures	Investor Growth Capital	Syngenta Ventures	Microsoft Ventures
Hearst Ventures	Ascension Ventures	MedImmune Ventures	Wells Fargo Startup Accelerator
Citi Ventures	Kaiser Permanente Ventures	Autodesk Spark Innovation Fund	Crawley Ventures
Google Capital	McKesson Ventures	Monsanto Growth Ventures	WME Ventures
Novo Ventures	MassMutual Ventures	Amgen Ventures	Ping An Ventures
Pfizer Venture Investments	Zaffre Investments	Brace Pharma Capital	Constellation Technology Ventures
In-Q-Tel	Broadway Video Ventures	CHV Capital	Reed Elsevier Ventures
Merck Global Health Innovation Fund	Baxter Ventures	Fletcher Spaght Ventures	3M New Ventures
Lilly Ventures	Hewlett-Packard Ventures	Workday Ventures	Gibraltar Ventures
Recruit Strategic Partners	WuXi Venture Fund	Rex Health Ventures	Orfin Ventures
Siemens Venture Capital	Shea Ventures	Capital One Ventures	Tyco Ventures
BioMed Ventures	Orange Digital Ventures	Dell Ventures	ICG Ventures

图 8–30　2015 年美国最活跃 100 家企业风险投资公司

Masters of Corporate Venture Capital

09

企业风险投资的未来

为优秀企业风险投资项目提出的建议

我觉得我的领导风格是想让人们对故步自封和一成不变有所警觉。

小路易斯·郭士纳（Louis V. Gerstner，JR）

本书开篇，我用了滚石乐队的歌词：

你不可能总是得到你想要的，
但如果你试过，
你会发现，
你已得到你想要的。

通过研究企业风险投资，从别人的成功和错误中吸取教训，总是能找到一个最佳策略。但最终，政治环境或者企业文化可能不允许实施这种最佳策略。然而，开始执行一个企业风险投资计划总好过什么都不做，对于什么是可能发生的、什么是现实的，我们需要给予重视。也许，这正是你需要的。

每家企业都应当制定出符合自身情况的战略，但是有些东西是所有企业都可以学习的。首先，列出关键目标，比如为什么你成立企业风险投资部门或者你有何预期，是把企业风险投资当成一种工具来辅助你的并购部门业务并产生大量收益更重要，还是把创新引入企业内部更重要。本书第 1 章就给出了一份进行企业风险投资的原因的清单，这份清单很全面。我建议所有企业都写一份自己的目标清单，并且把目标按轻重缓急排序，之后创建企业风险投资计划时都可以参照这份清单。清单要得到首席执行官和董事会的认可，这样你就得到了最高级别的支持，这份清单将为日后做出如何建设和运营企业风险投资部门的决策提供保障。

为企业的资产起草一份清单，比如有多少资产可以用来为初创企业增值，以及有多少资产可以从金融风投中为初创企业补足差额。微软公司和 IBM 公司是比较特殊的例子，它们有大量技术可以免费提供给初创企业，无论是软件还是云计算服务，这些技术的成本都是可以与亚马逊的云服务 AWS 竞争的。而且，它们在全球各地都有客户，无论是大客户还是小客户，商业客户还是政府客户，这些客户都可以介绍给初创企业。除了钱，每家企业还可以为初创企业提供独特的增值方式。所以，列一个关于你能拿出手的东西的清单，并纳入你的策略中。这与对你的特殊资源和能力进行审计，并将它们与竞争对手进行比较后再做出决策是一致的。制定企业风险投资策略时同样要这样做。

下一步就是要对一部分项目资金进行仔细分配。在最理想的环境下，这种分配应当至少以 10 年为目标，但是现实中，很多企业的寿命都是以季度算的，10 年不太可能。我认为，一个 10 年的目标是可以争取实现的，只不过有时候为了继续发展，你要做好妥协的打算。我会建议大部分企业考虑在未来至少 3~5 年内每年要有 2500 万 ~1 亿美元的预算，但实际上它们要想到未来 50 年的计划，而且企业风险投资应当在 10 年以内发展成一个利润中心，成为自给自足的永续项目。如果处理妥当，这个项目就不会被叫停。

接下来的这条建议不容易实现，那就是想办法得到首席执行官、首席财务官的高度认可，让他们不仅相信你做的是对的，而且还相信企业风险投资将一直是企业策略的支柱。尽量让组织里最有权力的人亲自参与进来，并且为本书第 1 章中提到的那些理由为企业风险投资做出一个长达 20 年的承诺。不要把企业风险投资项目局限在某一个业务部门，比如研发部门。可以成立一个委员会，找到一种方式让企业各个业务部门的主管都参与进来。如果知识和技术无法从初创企业转移到业务部门，或者业务部门什么也帮不上初创企业的话，企业风险投资也就失去了意义。参与企业风险投资项目的建立和长期管理的不应只有首席执行官和首席财务官，还应当包括企业发展部门和战略部门的主管。我想再强调一次，每家企业都需要制定适合自己的企业风险投资策略，但是至少要让外界觉得企业发展与企业风险投资并没有混为一谈。我相信企业发展和企业风险投资都是“全职”工作。如果对任何一方只是抱着“兼职”的态度的话，得到的结果倒不如专注一件事，所以最好还是分开管理，各有专攻。

可以用一个事件日历或者其他方式把业务部门主管与企业风险投资部门之

间的联系正式记录下来。我认为，企业风险投资部门和人力资源部门就应当保持密切的联系。我建议，每个业务部门的主管应当半年就开展一些活动，比如举办“选美大赛”，来展示一些现有的投资组合公司，而且还可以试着谈一些很有希望的投资项目以创造互动效果。这样做将会产生从业务部门到企业风险投资部门的交易流，还会在业务部门与创新初创企业之间形成合作伙伴关系。

企业的成功取决于执行，而执行的成功取决于个人的能力和团队合作。最重要的就是有对的人。企业风险投资既应当有经验丰富的专业人士，也应当有具有强大号召力和人脉的内部员工，他们的效率要非常高。如果企业发展部门和策略部门的主管能够与企业外部的金融风投公司的新老员工一起合作，那么这就是一支“梦之队”。另一种“梦之队”由首席执行官的得力助手和企业外部成功的金融风投组成，而且这位助手要能够影响首席执行官，再以此为起点扩建团队。在我看来，企业有必要从外部聘请一家金融风投公司，它们不仅需要有老练的技能，要与其他风投、律师和生态系统有着不错的关系，而且还要有很好的交易量。单纯由内部员工组建的团队可能会因多种原因失败。挑战在于，大部分非常成功的金融风投都离不开一个蒸蒸日上的2/20风投实践，却受聘于一家报酬较少、自由度较低的大企业。这是一个两难的境地。但愿你能招募到优秀人才。还有一点我要提醒一下，如果团队中有人喜欢每晚去参加三次社交活动并且混得很开的话，这会为团队带来一些活力。

补偿问题向来都是企业风险投资失败、表现不佳、不被创业者看好的原因之一。糟糕的补偿令很多企业风险投资团队无法实现较长时间的合作以建立一种潜在的沟通关系或者无法学习如何进行团队协作。大多数企业风险投资公司都没有金融风投公司赚得多，很多企业风险投资人士从开始干这一行就一直在找工作。投资一家金融风投的主要标准之一就是普通合伙人认识彼此的时间以及他们对待彼此的忠诚度。每只基金都以10年为界，也许下一笔融资或者再下一笔融资才可能会带来可观的回报。最好的风投团队会合作20年甚至30年。一位金融风投人士在一家金融风投公司的平均工作时间很短，金融风投公司的平均存续时间也是在近些年才增至5年的。

我认为，金融风投专业人士所在的整个证券公司如果效益好，他们理应得到足够的经济补偿，当然如果公司表现很差，他们也应当承担责任。我并非主张只看单笔交易，而是要看整体情况。对企业风险投资公司来说这很简单，即使它们进行的是资产负债表的表外投资。我还认为，这些专业人士的一部分奖金应当与战略价值相关，这很难量化，却都应当被重视。如果你的企业风投团队在企业风险投资中赚的钱没有金融风投团队的多，那么优秀人才会离开就很正常了。所以，咬紧牙关，要为他们支付足够的工资来阻止他们离开，而对于那些表现不好的人，要鼓足勇气解雇他们。我认为，企业应当奖励组织中那些与其他企业风投公司和投资组合公司保持良好合作关系的员工。对组织中那些与投资组合公司有成功合作的中层管理者要给予经济刺激和奖励，并且鼓励整个企业来支持那些能够使企业变得更具创新力和活力的企业风险投资项目。

这些关键问题大部分都可以通过补偿解决。想要让企业风险投资变得与金融风险投资一样优秀是一个非常明确的目标。但目前从总体看，它们还是有差距的。这种情况应当被改变。付出才有回报。

我建议，企业风险投资实践要将投资金融风投基金作为第一步。发起一个 FoF 投资项目来立刻实现第 1 章中提及的目标、学习风投的运作模式、通过你的企业风险投资品牌为直接投资获得高度过滤的交易量是有意义的。重要的是，你最初的几次投资要做对，这样你才能以一种令人满意的投资步伐开始发展和成长。创始人和其他风投会根据你的交易质量来做出评判，它们也会比较关心你的投资速度。如果创始人看到你在投资 Facebook、谷歌、赛富时以及 Twitter 等公司时，他们会觉得你很吃香，也想拿到你的投资。但是，如果他们发现你在头一年的三次投资虽然有战略性，却没有创始人和风投对此感兴趣的话，你的直接交易量可能会受到影响。一年三次投资可能会让人们觉得你不太活跃。如果创始人和风投觉得在 365 天中得到你的投资的概率只有三次，那么他们怎么会花时间见你，并且给你交易的机会呢？很多企业风险投资公司在第一年都没能做成交易，因为创始人不想浪费时间见一家成长速度很慢的企业风险投资公司。我提出的一条建议是，企业第一年可以聘请外面的律师事务所来得到一些好建议，不要依赖自己内部的法律顾问，因为他们可能会在第一个关键年度中拖慢你的流程。投资条款清单中的股息可能与你内部的法律团队所理解的股息完全不同。进行风险融资时，要选择与一家很擅长企业证券工作的律师事务所合作。一年以后，如果内部法律顾问跟上了你的脚步，那么你也可以使用他们，这样交易会迅速达成。

要好好研究你投资过的那些金融风投的交易量，学习风投的成熟技能，并且开始直接投资那些可以让你的企业与初创企业实现合作的公司，这样就可以建立你的企业风险投资品牌。随着时间的推移，提高直接投资的速度，这样做可以建立一个强大的品牌以及一套成功的、可持续的企业风险投资实践方法。很多人都在谈投资时应当有怎样的战略目标和财务目标。所有的投资在开始时，至少在财务方面要看起来很有前景，在企业风险投资的投资框架下，那些看起来不具战略性的投资就算了。在卢比肯风险投资公司，如果我们无法实现增值，那我们就不会投资。对你来说也应当如此。每一笔投资都应当经得住“给予和得到”以及财务方面的考验。

考虑投资一只风投基金，你的企业拥有这只基金 25%~50% 才能占据主要位置，但是该基金可以独立运作，为你的企业提供一些交易，而这些交易从不接受由你企业运营的企业风险投资公司的资助。西班牙电信风险投资公司作为投资者最近发起了一只新基金，它们自己投了 2 亿美元，另外 2 亿美元都是从非公司有限合伙人那里募集的。

试着让你投资的风投在一年时间内接受来自你企业的一位主管，把初创企业的创新和技术带回企业，同时学习风投技巧。最终让员工在企业风险投资公司、金融风险投资公司与你企业之间实现轮转。通过 FoF 投资以及与那些提供谨慎指导的普通合伙人保持紧密联系，自然就有机会去投资那些早期公司。这些风投都有长期的投资组合公司，有些可以与你的企业做生意，并且会直接投资你的企业风险投资部门。FoF 可以让你以 100 英里 / 小时的速度起跑，并且帮你避免犯错。试想，投资 5 家风投，每家风投目前都有投资组合，而每个投资组合中都至少有 20 家公司。这样你就可以追踪 100 多家拿到投资的初创企业，来看看你可以在哪里获得内部信息和接触的机会。这样一来，你也成了局内人。

最近，当我为一家企业做咨询时，我建议它们为 FoF 投资项目制定每年 1

亿美元的预算，并且投资旧金山 / 硅谷的五家风投基金、纽约的两家风投基金、中国和伦敦各一家风投基金以及特拉维夫的一家风投基金。把你想要投资的主要技术和主题都列出来，确保这些金融风投公司涉及这些主题。风投基金的普通合伙人应当就如何与你的企业分享信息形成书面文件。考虑未来 10 年或者更长期的预算，并且承诺至少 10 年不会取消对企业风险投资的预算。10 年，企业风险投资部门也应当实现盈利，并且做到自给自足了。

FoF 投资应当在 2~5 年内收回投资，而且它应当被视为使项目实现经济独立的利润中心。在获得高质量交易、说服首席执行官直接为你的企业风险投资项目投资、以单笔交易为基础来为你的直接投资项目开发复杂的风投技巧等方面，FoF 是最好的方式之一。大多数优秀的企业风险投资公司都是以投资 FoF 开始的，比如思科公司、威瑞森公司、西班牙电信、SAP 公司和网威公司等。

FoF 是一种成熟的商业模式。你可能在母公司的投资组合构建和投资节奏方面需要一些建议。当你进入顶级的风投基金时，你必须有一个 20 年的承诺。普通合伙人希望有限合伙人至少还要投资他们接下来的 3~4 只基金。只有一年的预算会吓走最好的风投。

只投资 FoF 两年，然后再转成直接投资是没问题的，但是希望你能尽早找到财务回报稳健的战略性投资。

很多企业风险投资公司都会犯这样一个错误，那就是投资那些后期初创企业，这些初创企业已经获得了一线风投的支持，已经实现了产品与市场的匹配，并且利用你的企业拓展其全球化业务规模。从理论上讲，比起种子轮交易，这些后期公司要不了几年就可以退出。如果你认为有责任要把项目做久，那么全部投资于种子阶段的交易会对你不利。很多公司会采用杠铃策略（Bar-bell Strategy），融合一部分后期和早期投资来平衡现金回报的时间线。种子阶段的投资会使更多初创企业失败。记住，企业风险投资失败的代价很高，这取决于投资文化。

近几年，企业风险投资公司会成立加速器并且 / 或者开始进行种子投资。实施这一策略的风投公司，比如赛富时风险投资公司，就获得了很大的成功。在后期交易中进行投资可以让你成就很多出名的成功案例，而投资前期公司会让你远离某些负面评价，这些负面评价是关于行业中那些只投资后期公司的企业风险投资的。这两种策略都有各自的好处。我建议不要让企业在这一核心部分出现意外。提出一个经过深思熟虑的投资组合构建策略，这种策略要明确你需要做多少次投资、投资的时间段以及投资的金额。要清楚投资的阶段和规模，要清楚投资策略的后续内容、每家初创企业的目标所有权占比、公司的数量以及每年或者每三年的总投资额。

做出所有这些决策时都应当充分考虑到你的目标清单。是否想要把最小规模的投资扩展到最大范围的初创企业，就像最初的赛富时风险投资公司那样。或者是否要像卢比肯风险投资公司一样，把大部分资金都投给一个广泛的投资组合赢家，并且赚到足够多的钱？赛富时风险投资公司现在正与富达集团一起，把大量的资金投向后期交易。对它们来说，这是可行的，但我还是建议你，做所有的决策时都应当考虑你的目标。

我认为，对大多数新成立的企业风险投资公司来说，最好将两种策略结合使用。参与足够多的交易来获得战略性的信息和目标，但是如果经济效益明显，可以支撑项目运作并且盈利的话，那么你就可以在更大规模的投资上多花些精力。尤其是当你的公司正在使初创企业的收入出现快速增长，而且你确定你可以快速地赚到大钱时，为什么不这样做呢？

近来成立的一些企业风险投资公司非常像金融风投公司。很多风投在投资的时候都有一条规则，那就是每一笔投资的潜在收益至少是其基金规模的 25%、33% 或者 100%。对于大多数进行表外投资的企业风险投资公司来说，我觉得没必要这样做。我建议这些公司接受更小的所有权比例来获得最好的交易和创新，从金融风投公司快速了解为什么这些是不错的投资机会，并且建立起参与了最具竞争优势的交易的好名声。如果你坚持要占大比例的所有权，你可能就无法达成那些最具竞争优势的交易，或者在你还没准备好的时候就被迫去带头交易。

我认为大多数企业风投都会犯同一个错误，那就是投资风投基金或者直接投资那些与其核心或者周边业务联系紧密的初创企业。创新和颠覆已经发生，或者将在那些无法预测的地方并且以没人知道的方式发生，所以企业风险投资部门的关注点应当再宽泛一些，应当比首席执行官认为的还要再宽泛一些。如果你是一家电信公司，并且认为只应当投资电信初创企业，那么你就错了。看看威瑞森公司购买雅虎公司互联网资产的案例吧。还是说，威瑞森公司应当一直投资一个互联网投资组合呢？很多企业风险投资公司都会从其首席执行官那里拿到一份购物清单，清单上有哪些部门、哪些内容可以投资。我觉得这是个错误。

最有效的水晶球属于那些有最好交易量的风投，而且它还拥有可以对其进行评估的网络平台。比如微软公司，它们清楚地知道，不管是固定网络还是移动网络，无处不在的互联网不仅会威胁到它们在个人电脑操作系统和微软办公软件的垄断位置，还会威胁它们在企业服务器市场的位置。所以对于微软创投公司来说，投资任何与互联网有关的公司都没错，比如它们收购了领英公司。投资雷德·霍夫曼（Reid Hoffman）的领英公司会在它们那份有局限性的购物清单上吗？对于一家大型出租车公司来说，它们会在智能手机上被优步彻底颠覆的可能性就没那么明显了。Blockbuster公司对机顶盒的视频流和网页浏览量等信息了如指掌，但是对奈飞公司的回应还是慢了，最终走向了破产。汽车行业也清楚无人驾驶汽车和拼车出行的新模式将会改变人们驾车或者坐车、买车以及修车的想法。关于汽车的一切都会被改变。也许你所在行业的情况没有汽车行业这样明显，但是我可以说，对于所有大企业来说，企业风险投资都是必需的，它可以用来保护你免遭干扰。对于大多数企业来说，我能够肯定地说，你们的核心或者周边业务都会发生巨大变化，而且这些变化无法预测。企业风险投资既是一种进攻策略，也是一种防守策略。因此，我建议列出一份购物清单，但不要有局限性。

有重点当然是好的，但不要有太多限制。内部创新总是充满了限制。不要限制你的企业风险投资项目，这些项目的目的就是要在企业外面找到创新。比起遵循一份受限制的购物清单，将重点放在转型会让你的企业受益更多。我们通过分析得到的结论就是，要坚持一个灵活的、适应投资主题的投资方案，按年度来关注团队。每一年都要与企业风险投资部门和执行委员会召开一次会议，来商量一年的核心投资主题。围绕这些主题列出你的购物清单。要计划在你的购物清单或者投资主题以外投资至少 25% 的资金。

很多企业风险投资公司都有执行委员会，所有的投资方案都需要得到执行委员会的批准。有时候企业风险投资也有一定的自由度，如果投资额在一定数额以下，就可以不经执行委员会的批准，而其他时候都需要。执行委员会一个明显的不足之处就是会拖慢企业风险投资的交易速度，有时候甚至还会使交易陷入停滞。等到执行委员会批准一笔交易的时候，初创企业可能已经完成了一轮融资或者已经被卖掉，这样企业风险投资公司就会错失机会。这样的事情传出去，我觉得所有的企业风险投资公司都可能因此遭殃，人们会认为它们行动太慢，没必要浪费时间与它们见面。但是，如果执行委员会是由重量级的人物组成，比如首席执行官、首席财务官、策略主管、研发主管、产品主管以及销售主管等，也还是有优势的。交易完成后，企业风险投资公司就会想办法让业务部门的一位主管与初创企业合作，它们可以指出，这种合作是有重要人物支持的，业务部门的中层管理者不必担心这会对其职业生涯有何不良影响，并且应当与初创企业合作。我曾给建议一家大企业，让它们为其企业风险投资团队成立一个五人执行委员会，让委员会向首席执行官报告。我还建议它们把首席财务官、策略主管、研发主管、销售主管和一个外部董事会成员（一位有经验的风投）拉进来。企业发展主管和人事主管也是可以拉进来的，但很多时候，企业发展主管是有意要与企业风险投资部门保持距离的，又或者是同一个人在两个职位上。我比较倾向于把两个职位分开。当然，如果首席执行官感兴趣、真正有求必应，那么他能加入这个执行委员会也是很不错的。

偶尔，在做决策时有必要把投资金额考虑进来。比如，200 万美元以下的投资，企业风险投资公司可以允许其投资团队快速自行决定，而不需要执行委员会的批准。200 万 ~2000 万美元的投资需要得到执行委员会的批准。2000 万美元以上的投资则需要企业发展团队的批准。我只是随便列出了一些金额，具体情况还要看企业及其目标。

几年之后，企业风险投资团队在处理交易时会更加游刃有余，首席执行官和首席财务官应当给予团队更多的信任，不用再花时间去看那些金额相对较小的交易，也不用再审视企业与初创企业投资组合的合作关系，这个时候最好解散执行委员会，授权企业风险投资团队来做决策，并且在一年或者十年的投资预算内以自己的节奏去完成交易。谷歌风险投资公司的执行委员会只有一个人，这个人就是比尔·马里斯（Bill Maris）。他是谷歌风险投资公司的首席执行官，每一笔投资都是他说了算。谷歌风险投资公司的所有合作伙伴都必须主导交易，而且必须得到马里斯先生的支持。

大多数企业风险投资公司都面临一个问题，即它们的企业风险投资团队应当设在何处。大多数企业风险投资公司的主要选择如下：

1. 在硅谷设立一间办公室；

2. 在硅谷、纽约、伦敦、特拉维夫和中国设立办公室；

3. 如果要更国际化的话，会在孟买、圣保罗、巴黎、柏林和莫斯科等地设立办公室。

硅谷的地图正在发生变化。正如德国的初创企业正在从慕尼黑迁至柏林、伦敦的初创企业正在从梅费尔区迁至肖尔迪奇区一样，硅谷的很多初创企业正在往北迁移，即从硅谷迁至旧金山。如今，旧金山已经成了硅谷的一部分。你不能期望一位创始人为了后期的种子投资就借一辆车，从旧金山开到门洛帕克的沙丘路去见一个风投。你可以期待他们在寻找千万美元的A轮投资时这样做，但是旧金山和帕罗奥图的风投会见到更多的创始人。我认为，最理想的是在旧金山设立一间办公室，如果想全面覆盖硅谷，也可以在帕罗奥图设立一间办公室。谷歌风险投资公司就位于其山景城总部，在旧金山也设有一间办公室。

旧金山湾区或者硅谷地区可以被视为科技界的好莱坞，那里吸引着最优秀的人才，也是最先进的初创企业-风投生态系统的所在地。大多数能够买入有风投支持的初创企业的科技公司都在硅谷，比如谷歌、Facebook、甲骨文和威睿公司等。这样的公司多得数不清。每一次收购都会诞生一个新的初创企业“太阳系”。这些创始人和早期员工就会带着赚到的钱和自信离开，成立新的公司，并且从天使投资人那里获得资助，而这些天使投资人通常与上一家公司合作过。每一次并购都会成就一批新的天使投资人和初创企业。无论是在瑞典的斯德哥尔摩还是在中国的深圳，这种事情都随处可见，但是没有哪个地方的规模和速度能够比得上硅谷。我认为，所有的企业风险投资公司都应当安排团队驻扎在硅谷，这样团队成员可以每个星期都能够参加夜晚的社交活动、在清晨参加早餐会，就算是星期六带孩子去练习足球都有可能遇上一些交易机会。

企业风险投资团队必须决定它们是采用在企业的资产负债表外投资的结构，还是采用普通合伙人-有限合伙人的结构。大多数企业风险投资团队选择的是前者，而我个人认为，后者更好，因为这样其他同行才会更认真地看待你，你的投资团队才更可能保持更好的投资节奏。这样基金才更有可能持续一个完整的十年期，而不是五年就结束，变成一笔统计学意义上的企业风险投资。这样做也是让你在这个充满竞争的市场中吸引和留住高质量团队的最佳机会。也就是说，我不会花太多时间来解释这一点，因为大多数做出这些决策的企业高管在与那些比他们赚得多的企业风投部门的员工打交道时都会有一点不舒服。他们应当看看那些获得美国大学体育协会（National Collegiate Athletic Association，NCAA）足球教练奖的教练们相对其大学校长的薪水所获得的补偿！

那些在特殊货币区域或者管辖范围内实现盈利的企业，也许会为了风投而利用税法和投资计划，并且通过把这些资金转移至当地的风投基金或者他们自己成立的企业风投公司来获利。

为了获得初创企业的早期创新，企业可以委派一些员工去设在美国、欧洲、以色列和中国等关键技术走廊的高端加速器项目中担任导师。你可能会发现，与像 TechStars 公司这样的合伙人成立一个有品牌的加速器或者成立一个自己的加速器都是很好的选择，但是我认为比较简单的就是让一些员工在重要地域和重点区域一些不错的加速器项目中担任兼职导师。这可以从参与最相关的加速器的体验日开始。启动一个加速器项目是一种尝试。旧金山湾区可能已经有太多加速器了。我担心，大多数加速器都有不太理想的单位经济效益。延迟退出和验证商业可行性所需的时间可能比风险投资还长。我怀疑，你们可能会面对一些有负面交易流的逆向选择。对于大多数企业风险投资公司都在创建加速器，我并不十分看好。

所有的交易都应当兼具财务性和战略性。不要两者都不兼顾就去投资。内部卖出企业风险投资要看你每年在研发上花了多少钱，要在 5~10 年内让企业风险投资不在研发上花钱，然后变成一个在外部获得研发并将其有效引入企业的长青利益中心。要耐心坚持下去。如果你从一个有限合伙人的角度来看风投，那么每年你都应当为风投投资。投资既有良性循环，也有恶性循环。如果每年你都参与，从统计学的角度看，最终你会比股市、私募基金或者任何其他资产类别表现更好。如果你做了一次有限合伙人投资，那么你可能已经到达了市场顶峰。从历史上看，企业会在市场处于峰值时步入风投资产类别，而在市场底部放弃。要保持稳健的投资节奏，要留意那些耗时的长期目标。不要在市场高点做太多投资，也不要在市场低点做太少投资。历史告诉我们，想要最好的回报就要在经济低迷时投资。

企业风险投资部门在每一家大企业都应当以某种形式积极表现，企业风险投资永远都不应当被中断。从别人的错误和成功中学习固然好，但是学习企业风险投资或者风投的最好方法还是投资，投资，再投资。

译者后记

硅谷天使投资人安德鲁·罗曼斯是百科全书式的风投大师，他的《创投帝国》一书是提供给投资人、创业者和商学院学生们的实战型风投著作，书中无处不传递出安德鲁关于企业创投的理念。书中引用了摩托罗拉、IBM、英特尔公司、瑞士电信集团、联想、沃尔沃等公司的创投案例，讲述了它们利用创投基金、孵化器、加速器和生态链进行企业创投的实践。安德鲁还分享了他对产业驱动型基金、企业家驱动型基金、财务型基金的洞察。如何能够拿到投资是创业者最关注的问题，想必创业者们都能够从本书中有所收益。创投资本的未来是投资人以及准备踏上资本之路的商学院学生和MBA最关心的问题，安德鲁也给出了自己的真知灼见，这对他们的职业生涯规划也大有裨益。

安德鲁高度关注本书的翻译，他本人非常看好中国经济的未来以及中国的创投市场，准备趁本书出版之际，在中国发起成立风险投资基金。

安德鲁是实战大师，非常重视投资实践，所以他一直希望有实战经验的中国创投人来承担此书的翻译。我和合译者唐英凯教授在本书的翻译过程中与安德鲁进行了多次交流和沟通，力求用创投人专业的理解和专业的表达来传递他的本意。

在过去的几年中，我一直忙于自己的创投公司，天道酬勤，我投出了好的项目，联合创立的科技公司也得到了发展。

感谢合译者四川大学商学院唐英凯教授以及为本书出版做出贡献的朋友们，感谢家人的默默支持。

无论如何，翻译是一项无比重要的工作。由于受到英语水平的限制，错误之处在所难免，还请各位读者批评指正。

Masters of Corporate Venture Capital: Collective Wisdom from 50 VCs Best Practices for Corporate Venturing How to Access Startup Innovation & How to Get Funded by Andrew Romans.

ISBN: 978-1530088690

北京阅想时代文化发展有限责任公司为中国人民大学出版社有限公司下属的商业新知事业部，致力于经管类优秀出版物（外版书为主）的策划及出版，主要涉及经济管理、金融、投资理财、心理学、成功励志、生活等出版领域，下设“阅想•商业”“阅想•财富”“阅想•新知”“阅想•心理”“阅想•生活”以及“阅想•人文”等多条产品线。致力于为国内商业人士提供涵盖先进、前沿的管理理念和思想的专业类图书和趋势类图书，同时也为满足商业人士的内心诉求，打造一系列提倡心理和生活健康的心理学图书和生活管理类图书。

阅想·财富

《Fintech：全球金融科技权威指南》

- 汇集全球86位金融科技前沿实践者的前沿洞见与实战经验之大成，全面透视金融技术风暴、深刻解析金融科技行业颠覆、创新与机遇的专业权威著作。
- 科技正在颠覆与重塑金融行业，FinTech无疑将成为互联网商业的下一个风口。

《约翰·博格的投资智慧》

- 一本集共同基金投资大师60年职业生涯投资智慧与思想的经典必读书。
- 约翰·博格及其创建并领导的先锋集团和指数基金不仅获得了商业上的成功，而且还在很多方面获得了成功。他一生都在奉行“投资者第一”的理念。这不仅改变了个人的投资方式，而且让成千上万投资者受益。

《一本书读懂 Fintech》

- 金融与科技的不断融合不仅使金融业的结构发生了变化，促使新的金融服务不断涌现，而且还让大众更加受益。只有那些能够提供高品质用户体验的企业才能在金融科技的世界中生存下来。
- 一本全面梳理 FinTech 前沿趋势和相关知识的入门读本，让你清晰了解 Fintech 为大众生活带来的翻天覆地的变化。
- 全球知名管理大师、日本著名管理学家和经济评论家大前研一推荐。

《世界金融简史：关于金融市场的繁荣、恐慌与进程》

- 读《人类简史》，我们可以重新审视自己；读《未来简史》，我们能够预见人类未来的命运；读《世界金融简史》，可以深刻理解贪婪和恐惧是如何影响金融市场甚至人类进程的。
- 一部深刻剖析 500 年来金融大事件的史诗巨著：对自 1600 年以来的金融市场行为以及相关的金融事件做了一次深刻全面的剖析；运用现代图表和技术分析技术阐述了外部股票是如何试图在金融市场制造极大的反应，以及这些预测性的反应又是如何给投资者和交易者提供赢利的机会；验证了每次金融历史事件来临前、进行中以及事后的市场气候。

《巴菲特投资与经营哲学》

- 一本投资者必读的、系统而全面分析巴菲特投资思想、解密“伯克希尔哈撒韦帝国”经营神话的书。
- 本书作者首次揭示了巴菲特 60 年来能够保持 20% 回报率的秘密，以及巴菲特的核心财富驱动力其实就是伯克希尔哈撒韦公司的经营哲学，全面解读了这位商界奇才的投资理念和商业思想。